책세상문고 · 고전의 세계

대중 문학론
LA LETTERATURA POPOLARE

책세상문고·고전의 세계

대중 문학론
LA LETTERATURA POPOLARE

안토니오 그람시 지음
·
박상진 옮김

책세상

일러두기

1. 이 책은 안토니오 그람시Antonio Gramsci의 《옥중수고*Quaderni del carcere*》에서 대중 문학 및 문화와 관련된 글을 뽑아 다섯 개의 주제로 나눠 편집했다.
2. 주는 모두 옮긴이가 달았다.
3. 본문 중 [ ]에는 원문의 이해를 돕기 위한 옮긴이의 글을 담았다.
4. 원서에서 홑따옴표로 강조된 부분을 그대로 표기했다.
5. 단편, 음악·미술 작품 등은 〈 〉로, 신문, 잡지, 도서는 《 》로 표기했다.
6. nazione는 '국민', popolo는 '대중'으로 번역했다. nazione는 '민족'이라는 뜻도 있으나, 그람시가 이탈리아의 근대국민국가 형성 과정에 적용하여 사용한 만큼 '민족'보다는 '국민'이 더 적절하다. 또한 popolo는 '민중'으로도 번역할 수 있으나, '대중'이라는 포괄적인 용어가 본문의 맥락에 더 적절하다. 그러나 두 경우 모두 문맥에 따라 뜻을 더 명확히 전달하기 위해 각각 '민족'과 '민중'이란 용어를 채택할 때도 있다. 이에 맞춰 'nazione'는 또한 '국가'로 번역하는 경우도 있음을 밝힌다. 예컨대 'nazionalismo'는 '민족주의', '국민주의', '국가주의'로 번역한다.

대중 문학론 | 차례

들어가는 말 | 박상진 7

제1장 문제 15
제2장 새로운 예술 35
제3장 대중의 개념 51
제4장 대중 문학 107
제5장 대중 문화 155

해제—대중 문학의 열린 지평 | 박상진 183
    1. 20세기의 가장 위대한 마르크스주의 작가 185
    2. 새로운 문화의 건설 191
    3. 대중 문학의 새로운 지평 226

주 234
더 읽어야 할 자료 292
옮긴이에 대하여 297

들어가는 말

 대중 문학이 무엇인지 한마디로 말하기는 쉽지 않다. 우선 대중의 개념이 간단하지 않고, 문학과의 관계도 따질 사항이 많기 때문이다. 가장 간단하게 대중 문학은 대중이 좋아하는 문학이라고 정의할 수 있다. 극히 포괄적이고 동어 반복적이지만, 이만큼 본질을 적절하게 표현할 길은 달리 없다. 그러나 정의보다 더 중요한 문제는 대중이 좋아하는 문학이 생산되고 수용되는 과정을 관찰하여 그 성격과 임무를 점검하는 일이다. 대중 문학은 발견의 대상이 아니라 재구성의 대상이며, 논의의 출발점이라기보다 끝없는 논의의 여정 자체다.

 20세기 초반에 활동한 이탈리아의 마르크스주의 철학자이자 문예 비평가, 사상가, 혁명가 안토니오 그람시Antonio Gramsci(1891~1937)는 문화가 사회를 이끌고 바꾼다고 생각했다. 언제나 현장에서 실천을 앞세웠던 그는 파시즘 정권에 체포되어 오랫동안 구금 생활을 해야 했다. 감옥의 열악한 여건에서 제한된 자료와 기억에 의존하여 쓴 방대한 양의 파편적 글이 나중에 '옥중수고Quaderni del carcere'라는 제목으로 편집되어 세상에 나왔다. 그 속에는 대중 문학을 고찰한 작가의 흔적이 여기저기 금맥처럼 박혀 있다. 100년 전 이탈리아의 사회역사적 맥락에서 나온 통찰이 현재 우리에게 믿을 수 없을 만큼 시의적절하게 다가온다.

그람시는 대중 문학을 보편이나 선험의 차원에서 논의하지 않는다. 20세기 초반 근대적 국민 국가를 형성하고 있던 이탈리아의 역사와 사회라는 구체적 공간에서 실제로 서야 할 자리를 모색한다. 그람시에 따르면 대중 문학의 정체성은 국민에게서 나온다. 그런데 이 말은 대중 문학의 자리를 오히려 모호하게 만드는 것 같기도 하다. 대중이라는 개념도 명료하지 않은데, 국민 역시 쉽게 손에 잡히는 개념이 아니기 때문이다.

그람시가 생각하는 국민이란 개념은 불변의 본질로 고정되어 있지 않고 시대와 상황에 따라서 얼마든지 모습을 달리한다. 그렇다고 해서 지향해야 할 국민 공동체나 민족의식이 필요 없다는 말은 아니다. 폐쇄적인 국민의 개념을 선험적으로 제시하기보다는 '지금 여기'의 현실에서 유연하게 펼쳐 나가는 일이 중요하다. 그람시가 살았던 시대에 국민의 정체성은 19세기 이탈리아의 국가 통일 운동(리소르지멘토) 과정에서 지도 계층이 주조했던 의미에서 벗어나 여러 입장에 따라 다양하게 전개되다가, 20세기 들어 파시즘의 현혹과 강압으로 무리한 이념의 틀이 씌워진 상태였다. 물론 그람시는 이런 모습의 국민을 염두에 두지 않는다. 오히려 당시 확산되던 파시즘과 범유럽주의, 제국주의의 상황에 맞서는 이탈리아 국가와 대중을 생각하면서 국민이라는 용어를 사용한다.

이때 국민은 대중과 함께 문제로 떠오른다. 파시즘 당시 국민은 하나의 신화로 제시되었고, 근대국민국가 건설의 주체로 호명된 모든 계층은 자신들이 주역으로 발탁되었다는 자의식으로 크게 고무되었으며, 급기야는 호명되는 주체가 아니라 스스로 호명하는 주체라는 마법에 걸린 모습을 보였다. 이런 상황에서 국민의 정체성을 재수립할 필요에 직면한 그람시는 대중의 개념과 역할을 도입하고 적용하고자 했다. 그러나 대중을 어떤 한 계층으로 못 박으려 하지도, 추상화되고 신화화된 무엇으로 대체하려 들지도 않았다. 국민과 대중을 서로 넘나드는 관계로 두되, 둘의 실체는 사회역사적 맥락에 따라 매우 유연하고 가변적이라 보았다.

그람시는 대중이라는 용어를 쓸 때 파시즘과 근대화, 국민국가, 지식인, 헤게모니 같은 상황과 역할을 염두에 두었다. 그는 이탈리아 대중이 국가의 중추를 이루고 있음에도 불구하고 헤게모니를 확보하지 못하고 있다고 갈파했다. 아울러 이 문제를 해결해야 할 지식인은 대중과의 접점을 상실한 채, 대중의 열망과 정서를 반영하는 문학을 장려하지 못하고 특권 계급의 위치에 안주해 있다고 비판했다.

그람시는 과거 이탈리아 문학이 대중성을 획득하지 못한 원인을 지식인의 책임이라는 뿌리 깊은 문제에서 찾았다. 그는 대중을 어루만지고 위로하는 척하면서 자신의 체제에 복속시키려는 지배 계급의 교묘한 지배 과정을 꿰뚫고 있었다. 가장 문제가 되었던 것은 의식적으로든 무의식적으로든 그 과정에 봉사하는 지식인들의 무지한 행태였다. 그람시는 대중 문학의 진정한 길은 모험의 과잉 공급을 경계하고 대중의 의식과 비판을 장려하는 가운데 열릴 수 있으며, 이는 대중이 스스로의 헤게모니를 창출하는 단계로 이어져야 한다고 주장했다. 지식인들은 대중을 현혹하여 불확실한 모험과 환상으로 무책임하게 이끌어서도, 대중에게 으름장을 놓거나 대중을 계몽하려 해서도 안 된다고 보았다.

그람시가 말하는 진정한 대중 문학은 대중을 추상적인 모험과 꿈으로 인도하는 대신 깨어 있는 의식을 갖추도록 이끈다. 이제는 하루가 다르게 세상을 업데이트하는 디지털 가상 사회와 소셜 미디어 등의 새로운 환경에서 대중 문학을 복합적으로 조망하는 일이 중요하다. 무엇보다 대중을 한 덩어리로 뭉뚱그려 딱딱하게 굳은 타자로 치환하지 않으려는 노력, 대중이라는 개념을 깔끔하게 다듬고 정의 내려 더 이상 논의의 여지가 없게 만들지 않으려는 노력이 필요하다. 그람시는 대중을 지식인의 성찰 대상으로 보는 듯하지만, 실제로는 대중의 깨어 있는 의식을 강조함으로써 스스로 성찰하라고 기대하는 듯하다. 대중과 대중 문학은 끊임없이 문제로 떠오르면서 우리에게 비로소 구체적인 관심과 논의의 대상이 된다.

이 책은 그람시의《옥중수고》가운데 대중 문학에 관련된 글을 발췌하여 번역하고 역주와 해제를 달았다. 참조한 저본은 아래와 같다.

Quaderni del carcere, in *Opere di Antonio Gramsci*, a cura di Felice Platone, 6 voll. (*Il materialismo storico e la filosofia di Benedetto Croce*, 1948; *Gli intellettuali e l'organizzazione della cultura*, 1949; *Il Risorgimento*, 1949; *Note sul Machiavelli, sulla politica, e sullo Stato moderno*, 1949; *Letteratura e vita nazionale*, 1950; *Passato e presente*, 1951), Torino, Einaudi, 1948~1951.

이 저본은 그람시가 죽은 뒤 1948년부터 1951년 사이에 펠레체 플라토네가 감수하고 편집하여 줄리오 에이나우디 출판사가 총 6권으로 묶어 출간한 것이다.

그람시는 일정한 틀이나 목표를 미리 정하고 책을 출간한 적이 없다. 더욱이 많은 글이 감옥에 갇힌 시기에 쓰였기 때문에 한정된 자료와 불완전한 기억에 의존할 수밖에 없었다. 인명, 지명, 서명 등의 정보가 불확실하거나 미비하고, 주제나 인물, 사건 등이 반복되는 경우도 많으며, 역사의 한구석에 희미하게 기록된 낯선 인물과 사건, 사례도 수없이 등장한다. 또한 서술이 체계적이지 못하고, 문장 사이에 공백이 자리하며, 내용 사이에 모순이 발견되고, 암시로 끝나거나 수없이 되풀이되는 경우도 많아 수월하게 읽기 어렵다.

쉽게 읽을 수 없는 글을 번역하는 작업은 힘든 일이었다. 그러나 어떻게든 독자가 이해하도록 하는 일이 번역가의 임무이자 과제라는 생각을 잃지 않으려 했다. 그람시의 언어를 가공하지 않고 가능한 한 날것 그대로 전달하는 동시에 독자들이 흥미를 잃지 않고 읽어가며 생각을 정리할 수 있도록 노력했다. 원문에서 벗어나지 않는 범위 내에서 번역문의 가독성을 높여 다듬고, 긴 해제를 붙이고, 파편과 같은 글들을 다섯 개의 주제 아래 나눠 담은 것은 그런 노력의 내용이다. 덧붙여, 그람시의 뜻을 제대로 이해하기 위해서는 그가 인용하는 인물, 잡지, 기사, 저서, 개념 등에 대한 배경 지식이 필요하다. 이 번역서에서 많은 역주를 달아야 했던 이유다. 그러고도 보다 충분한 이해를 위해 [ ] 속에 역자의 글을 보충했다.

그람시의 글이 지닌 힘은 당면한 역사적 현실을 예리하게 포착하고 치열하게 사색하는 과정에서 나온다. 분석과 통찰의 파장은 실로 넓고 멀리 뻗어나간다. 정치와 사회 현실에서 일정한 거리를 둔 고독한 고뇌의 산물이기에 울림은 더욱 깊고 강하다. 이 번역서가 그람시의 언어와 사유의 정수를 한국 독자들에게 온전히 전달해주기를 희망한다.

우리가 대중 문학에 초점을 맞춘 그람시의 글을 일관된 맥을 따라 한 자리에서 접하는 일은 처음일 것이다. 더욱이 그동안의 소개가 중역에 의존했다는 사실을 생각할 때 원전 번역이 지니는 의미도 적지 않을 것이다. 이 책의 의미는 편집과 번역뿐만 아니라 우리 시대의 정황을 고려하면 더 뚜렷하게 살아난다. 대중과 함께 울고 웃는 문학, 대중의 고민을 함께하고 대중의 언어로 대중을 그려내는 작가, 그리고 대중이 공감하며 찾는 예술 등의 문화 활동이 과연 우리에게 있는가 하는 물음이 절실한 상황에서 독자들의 신선한 반응을 기대한다. 이런 맥락에서 대중 문학을 넘어서 대중에 관련된 문화 전반까지 발췌와 편집의 범위를 넓혔음을 밝혀둔다.

그람시가 1929년 12월 19일 감옥에서 동생 카를로에게 보낸 편지의 한 문장이 마음에서 떠나지 않는다. "나의 지성은 비관주의지만, 나의 의지는 낙관주의다." 지성의 비관주의는 희망이 없다는 진실을 말해주고, 의지의 낙관주의는 그럼에도 불구하고 희망을 놓지 않는 실천을 가르쳐준다. 실제로 우리에게 희망이 없을 수도 있다. 그것이 비정한 진실일 수도 있다. 그러나 우리 삶을 이끄는 것은 희망으로 일구는 진실이다. 지성의 비관주의가 현실의 엄중한 인식이라면, 의지의 낙관주의는 직면한 과제에 최선을 다하려는 마음이다.

'대중 문학론'이라는 제목으로 묶인 이 작은 책이 우리 시대와 사회에서 대중과 문화의 문제, 인간다운 삶의 문제를 새롭게 생각해보는 기회가 되기를 바라는 마음 간절하다.

2025년 7월
박상진

제1장

문제

문제의 연결

일부 이탈리아 지식인들은 이탈리아의 국가 형성기와 정치적·지리적 통일을 위한 투쟁의 시기에 일어난 여러 문제에 아직도 억눌려 있다. 언어의 문제처럼 아주 오래된 것은 이탈리아가 문화적 통일을 이루기 시작했던 르네상스 이전 시기까지 거슬러 올라간다. 어쨌든 이탈리아의 전반적인 상황과 다른 나라들, 특히 프랑스의 전반적인 상황을 비교해보거나, 이탈리아반도가 로마 제국의 거점이었고 기독교의 최고 중심지였다는 등 이탈리아의 특수한 상황을 고찰할 때, 문제의 윤곽이 뚜렷해진다. 모두 근대적 유형의 국가를 만드는 과정에서 국내외 힘의 균형 상태에 발맞추지 못하고 진행된 힘겨운 경주의 소산이다.

이탈리아 국가 건설기에 나타난 여러 문제 속에 협조와 종속의 그물이 존재한다는 의식이 지식인 계층과 지배 계급에게는 없었다. 어느 누구도 이 문제들을 서로 일정한 관계를 맺고 있는 하나의 몸통으로 제시하지 않았다. 그저 그때그때의 관심사에 따라 시대적으로 뿔뿔이 흩어져 있는 개별 논점을 끄집어냈고, 그마저도 뭐가 문제인지 명확하게 표명한 적이 없었으며, 문제를 천착할 의지도 보이지 않았다. 그래서 논의는 추상화된 형태의 문화와 지성이 되어버렸고, 역사적 전망도 없었기 때문에, 구체적이고 일관된 정치사회적 해결 방식을 조망할 여지도 없었다.

한마디로 문제들을 유기적으로 통일해야 한다는 의식이 없었던 것이다. 그런데 다음과 같은 점을 고려하면 그런 상황이 당연하게 여겨진다. 문제를 끝까지 추적할 용기가 없었던 이탈리아 지식인들은 엄격하고 일관된 비판을 두려워하면서 우물쭈물하다가 막상 통일 국가가 이루어지자 갖가지 문제에 치이고 눌리는 치명적인 위험을 야기했던 것이 아닌가. 이탈리아 지식인 대부분이 떨쳐내지 못했던 소심함은 방금 언급한 측면에서 설명해야 하며, 사실상 우리 국민의 삶을 특징짓는다.

한편, 모든 문제는 살아 움직이기에 각각 따로 떼어놓고 해결할 수 없다. 이탈리아 지식인들은 아직까지 여러 논쟁거리에 골몰하지만, [문제가 살아 움직이는 것들인 만큼 그에 맞는] 유기적인 해결의 길은 보이지 않는다. 모든 것을 비판적이고 객관적인 방식으로 논의해야 이탈리아의 문화를 이루는 근본 특징들을 다시 들여다보고 문제 해결의 출발점을 정할 수 있을 것이다.

내가 말하는 문제는 구체적으로 다음과 같다. 언어의 통일, 예술과 삶의 관계, 고급 소설과 대중 소설의 문제, 지적·도덕적 개혁의 문제(독일의 종교 개혁이나 프랑스 혁명과 똑같은 역할을 하는 대중 혁명의 문제), 1915~1918년의 전쟁[1], 그리고 그에 이은 전후 국면에서 최고조에 오른 리소르지멘토[2]가 얼마나 '대중성'을 갖췄느냐 하는 문제 등이다.

우리가 검토하고 분석해야 할 주요 문제의 목록은 다음과 같다.[3]

1) 봉기[4]의 표현을 사용하자면, "왜 이탈리아 문학은 이탈리아에서 대중적이지 않은가?"

2) 이탈리아 연극은 존재하는가? 마르티니[5]가 시작한 이 논쟁은 많든 적든 방언 연극이 지닌 생명력을 함께 고찰해야 한다.

3) 만초니가 제안했던 국민 언어의 문제.

4) 이탈리아 낭만주의는 존재했던가?

5) 이탈리아에서 신교 혁명과 같은 종교 개혁이 필요한가? 즉 이탈리아에서 넓고 깊은 종교적 투쟁이 없는 이유는 근대 국가를 생장시킨 정치적 개혁이 발흥할 때 교황청이 이탈리아에 있었기 때문일 텐데, 그것은 진보의 기원인가 퇴보

의 기원인가?

6) 인문주의와 르네상스는 진보적이었나, 퇴보적이었나?

7) 리소르지멘토의 비대중성 또는 독립과 국가 통일을 위한 투쟁의 시기에 나타난 대중의 무관심.

8) '반역적 풍조', '정치적 파괴 활동', '반국가주의'라는 용어로 표현되는 이탈리아 대중의 초보적이고 원시적인 탈정치주의.

9) 엄밀한 의미에서의 대중 문학(연재 소설, 모험 소설, 과학 소설, 탐정 소설 등)의 부재와 외국어, 특히 프랑스어에서 번역된 이런 종류의 소설이 계속 '대중성'을 얻는 현상, 그리고 아동 문학의 부재, 이탈리아에서 국민 전체를 대상으로 생산되는 대중 소설은 반성직자주의 소설이거나 조직 범죄자들의 전기물傳記物. 그러나 대중음악을 첨가한 대중 소설이라 볼 수 있는 멜로드라마에서 이탈리아는 단연 선두를 달린다.

지금까지 이런 문제들을 철저한 비평의 도마에 올리는 논의는 없었다. 누군가는 고대 로마 시대부터 현재까지 이탈리아 국민이 존재해온 것은 [전통적인] 지적 우상들이 토대가 되었기 때문이라고 말한다. 그러나 이는 그저 문학 측면에 치우친 수사적 편견일 뿐이다. 그 우상들이 국민 대투쟁 시기에 힘을 결집하고 흥분시키는 정치적 동기로 '유용'했다고 해도, 비판적으로 보면 아무 쓸모가 없고, 결국 연약함의 요소가 되고 만다. 실제로 그런 생각에 젖으면, 우리는 근대 이탈리아를 세우기 위해 투쟁했던 세대들의 힘을 공정하게 평가할 수 없고, 그저 과거에 미리 결정되어 있던 미래가 도래했다는 일종의 수동적 예감과 숙명론에 빠지기 때문이다.[6]

또한 이러한 문제들은 크로체가 내놓은 미적 개념의 영향을 받아 논의가 잘못된 방향으로 빠지기도 한다. 크로체는 이른바 '예술의 도덕론', 즉 '내용'은 어디까지나 예술 외부에 있고 문화사는 예술사에서 배제되어야 한다는 생각을 견지했다.[7] 그러나 예술은 언제나 일정한 문화나 문명에 결속되어 있다. 우리는 문화 개혁과 예술의 '내용'의 변화를 위해 투쟁해야 하며, 외부가 아니라 내부 깊숙한 곳에서부터 새로운 예술을 창조해야 한다. 그러나 크로체를 따라가다 보면 언급한 사항들을 구체적으로 이해하기 힘들게 된다. 인간은 무릇 자신의 느낌, 생각, 관계의 테두리 내에서만 변화하고 표현한다.

어떤 문제는 잘못 설정되었고 해결되지도 않았다. 미래파를 보면 확실히 알 수 있다. '미래파'라는 용어는 특히 《라체르바 Lacerba》와 《라보체 La Voce》 같은 피렌체의 동인지들이 낭만주의나 대중적인 질풍노도 Sturm und Drang의 경향을 가리키기 위해 사용했다. 이는 가장 지적인 형식의 미래파를 가리키는데, 스트라파에세[8]를 마지막으로 모습을 감췄다. 그러나 마리네티[9]의 미래파든, 파피니[10]의 미래파든, 스트라파

에세의 미래파든, 다음과 같은 장애물을 넘은 것은 없었다. 바로 미래파를 무대에 올리는 사람 그 누구도 고유한 특성도, 견고한 의지도 없는, 무미건조하고 회의적인 소부르주아 지식인의 야단스럽고 촌스러운 경향을 보였다는 점이다.

지방 문학 역시 본질적으로 토속적이고 풍물적이다. [이탈리아의] '지방' 사람들은 '온정주의'에 사로잡혀 있었다.[11] 각성된 세계시민주의 정신을 지닌 외부에서 보기에도 그러했고, 지방 사람들의 생생한 모습을 포착하려고 특유의 강렬한 느낌을 찾아다니는 여행자들의 외부적 시선으로 보기에도 그러했다. 온정주의 깊은 곳에 자리 잡고 있는, 구어체의 수사로 덧입혀진 '탈정치주의'는 이탈리아 작가들에게 전혀 도움이 되지 않았다. 이런 측면에서 [역설적으로] 코라디니[12]와 파스콜리[13]는, 비록 수사와 웅변에 치중하긴 했지만 솔직한 고백 투의 호전적 국가주의를 통해 문학판에서 대중과 국민을 둘로 나눠왔던 전통적인 이분법을 해결하고자 했다는 면에서 공감을 얻었다.[14]

내용과 형식

내용과 형식. 이 두 용어의 결합은 예술 비평에서 여러 의미를 지닌다. 내용과 형식이 동일하다고 가정한다 해서 둘을 구분할 수 없다는 뜻은 아니다. 내용을 주장하는 사람들은 하나의 문화나 세계관을 다른 문화나 세계관과 대립시키며 싸운다고 말할 수 있다. 역사적으로 지금까지 자칭 '내용주의자'들은 예를 들어 고답파 시인들보다 '더 민주적'이었다. 지식인만을 위한 문학을 원하지 않았다는 말이다. [그렇다면] 내용이 형식보다 우선한다고 할 수 있을까? 예술 작품은 하나의 과정이고, 내용의 변화는 형식의 변화이기도 하다는 의미로 그렇게 말할 수도 있다. 하지만 형식보다 내용을 더 자주 거론하는 더 큰 이유는 내용은 논리적으로 요약하여 전달할 수 있기 때문이다. 내용을 경시하고 형식이 중요하다고 떠들어대는 사람들은 공허하기 짝이 없고, 문법으로도 맞지 않는 비문을 쏟아낸다(예를 들어, 운가레티[15]가 그러하다). 기교나 형식은 머리 텅 빈 비밀 집단이 내뱉는, 은어로 가득 찬 무의미한 말을 가리키는 경우가 많다.

대중 독자를 위한 글과 그렇지 않은 글 사이에 존재하는 문체의 차이도 이탈리아 국민이 겪어온 역사에서 검토해야 할 문제다. 편지, 회고록, 그리고 소수의 독자나 자신을 위한 글에서는 절제, 간결, 직접성이 두드러지는 반면, 다른 분야의 글에서는 허세, 웅변체, 위선이 지배적이다. 이런 '질병'은 굉장히 널리 퍼져 있고 대중에게도 침투해 있다. 그래서 대중이 생각하는 '글쓰기'란 사실상 '자기를 과시하는 것', 축제에 가는 것, 과장된 문체로 '꾸미는 것' 등등, 평범하지 않은 방식으로 자신을 드러내는 행동을 의미한다.

대중은 전문 작가가 아니다. 문학이라면 그저 19세기 오페라 대본만 알고 있는 대중은 스스로를 '멜로드라마화'한다.[16] 여기서 내용과 형식은 미적 의미 이상으로 '역사적' 의미를 지닌다[는 점을 강조할 필요가 있다]. '역사적 형식'은 하나의 언어 체계를, '역사적 내용'은 하나의 사고방식을 가리킨다. 이때 내용의 역사성이란 역사라는 극적 사건을 다루면서도 절제된, 노골적으로 드러내지 않으면서 표현하는 상태를 의미한다. 연극적 가식이 없이도 정열적이라는 말이다. 이런 [노골적이고 가식적인] 현상은 내 생각에 우리나라에서만 나타나는 집단적 현상이다. 물론 또 다른 개별 사례는 어디에나 있겠지만, 주의할 필요가 있다. 아르카디아 관습이 바로크 관습을 이어받은 나라이기 때문이다. 연극적이고 관습적인 형식이 늘 있었다는 뜻이다.[17]

그런데 요즘 상황이 많이 개선됐다. 단눈치오[18]는 이탈리아 대중이 겪은 마지막 병적 증상이었다. 언론은 필요에 따라 [단눈치오의] 문체를 '합리화'하는 공을 세웠지만, 그 과정에서 그의 문체가 빈약하고 피폐해진 것은 해악으로 남았다.[19] 대중 속에는 불행히도 '반아카데미를 추구하는 미래파들'은 물론 여전히 '전환기의 바로크예술가들'이 존재한다.[20]

그러나 지금 우리는 실제 발생하고 있는 해악에 맞선 현실의 투쟁이 아니라 과거를 설명하기 위한 역사적 문제를 다루고 있다. 비록 그런 해악이 장례식, 국뽕 연설, 비문碑文의 엄숙주의로 치장한 문장에서 보듯 완전히 해소되지 않고 있지만 말이다. (그런 것들을 두고 누군가는 '취향' 문제가 아니냐 할 수도 있지만, 이는 잘못된 생각이다. 취향은 '개인'이나 소집단 차원인 반면, 우리는 큰 단위의 다중을 논의하는 중이기 때문이다. 우리는 문화를, 역사적 현상을 논의해야 하며, 두 가지 문화가 존재하는 문제를 염두에 두어야 한다. '절제된' 취향은 개인에 속하지만, 멜로드라마는 국민의 취향, 즉 국민 문화로 나타난다.)[21]

이런 문제에 연연할 필요가 없다고는 말할 수 없다. 오히려 활기차고 표현적인 동시에 절제되고 균형 잡힌 문장의 구성을 문화 목표로 제시해야 한다. 이 경우에도 형식과 내용은 동일하다고 봐야 한다. 형식에 집중하는 것은 내용을 일구어내는 것이고, 전통적 수사학을 억누르기 위한 실질적 수단이다. 전통적 수사학은 모든 형식의 문화, '반수사학적' 문화까지 해치고 있지 않는가, 맙소사!

이탈리아에서 과연 낭만주의가 존재했느냐의 문제는 낭만주의를 어떻게 정의하느냐에 따라 답이 다를 수 있다. 그동안 낭만주의를 정의하는 갈래는 여럿이었다. 그러나 우리에게 중요한 것은 그 가운데 하나다. 특별히 '문학적' 측면에 한정할 필요는 없다. 낭만주의는, 여러 의미가 있지만, 지식인과 대중, 국민이 맺는 특별한 관계나 결속을 뜻한다. 낭만주의는 (광의의 의미에서) '민주주의'라는 개념이 (광의의 의미에서) 문학에 반영된 특수한 형태라 할 수 있다. 이런 측면에서 이탈리아의 낭만주의가 무엇이냐의 문제에 관심을 갖는 것이고, 나아가 우리가 계속해서 다뤄온 여러 문제와 연결된다. 예를 들어, 이탈리아 연극이 존재했는지, 언어의 문제는 무엇인지, 어찌해서 이탈리아 문학은 대중적이지 않았는지 하는 물음들과 밀접하게 연관된다.

이러한 물음들은 문화사의 문제로 다뤄야 하며, 문학사의 물음도 그보다 더 넓은 문화사의 차원에서 접근해야 한다. 따라서 낭만주의는 이탈리아에서 존재하지 않았다고 할 수 있고, 그나마 존재했다고 하더라도 표현은 매우 미미했으며, 어떤 경우에는 단순히 문학 차원에서만 나타났다고 볼 수 있다. 이탈리아에서 이런 논의가 어떻게 추상적 지식의 형태를 띠었는지도 살펴봐야 한다. '민주주의'라는 용어는 '세속적'인 의미뿐만 아니라 '가톨릭적'이거나 심지어 '반동적인' 의미로 사용해야 한다는 얘기도 있었다. 중요한 것은 대중과의 연계, 국민과의 연계를 추구하는 일이다. 수동적 예속에 따른 종속적 통일이 아니라 살아 있는, 능동적인 통일이 필요하다. 이탈리아에서는 살아 있는 통일이 부족했고, 역사적 사실이 될 정도로 충분하지 않았다. '이탈리아 낭만주의가 존재했던가?' 하는 질문의 의미를 이해할 수 있는 대목이다.

데 상티스[22]로의 복귀

"데 상티스로 돌아가자"는 젠틸레의 주장은 무엇을 의미하고, 의미할 수 있으며, 의미해야 하는가?(무엇보다 주간지 《콰드리비오Quadrivio》 제1호를 참조하자).[23] 데 상티스가 전개했던 문학과 문화 개념으로 기계적으로 "돌아가는 것"을 의미하는가, 아니면 데 상티스가 당대 문학과 삶에 대해 취했던 것과 유사한 태도를 취하는 것을 의미하는가? 이 태도를 [우리가 따라야 할] '모범'으로 본다면 다음과 같은 사항들을 살펴봐야 한다. 1) 무엇이 그러한 모범성을 구성하는가? 2) 오늘날 어떤 태도와 상응하는가? 즉, 오늘날의 어떠한 지적, 도덕적 관심이 데 상티스의 활동을 지배했고 일정한 방향으로 나아가게 했던 관심과 상응하는가?

데 상티스의 생애는 본질적으로 일관되긴 했어도 흔한 표현으로 '직선적'이라고 할 수는 없다. 데 상티스는 말년에 자연주의 또는 진실주의[24] 소설로 눈을 돌렸다. 이런 소설 형식은 지난 세기말 서유럽에서 몇몇 지식인 집단이 '대중으로 나아가기'라는 슬로건을 내걸고 지향했던 대중주의의 지적 표현이었다. 1848년 민주 체제가 저물고 도시화와 산업화로 대규모 노동자 계급이 발생한 뒤에 일어난 일들이다.

데 상티스의 논문 〈과학과 삶〉을 기억할 필요가 있다. 이 글에서 그는 좌파로 선회하는 모습을 보였고, 호화로운 형식에 가려진 반동주의적 시도를 어떻게 이끌어야 하는지 설명했다. 데 상티스의 판단을 들어보자. "믿음이 부족하니 의기가 부족하다. 문화가 부족하니 믿음이 부족하다." 여기서 '문화'란 무엇을 의미하는가? 의심의 여지 없이 일관되고 통일된 것, '인간과 삶의 개념'이 국민적으로 확산된 것이요, '속세적 종교'이며, 윤리, 삶의 방식, 시민적, 개인적 행위를 생장시킨 철학이다. 데 상티스는 '교양 계급'의 통일을 우선 요청했고, 그래서《문학계 Circolo filologico》를 창간하여 나폴리의 "교양인과 지식인 전체의 연대"를 확고히 하기 위한 작업에 착수했다. 그는 특히 대중 계급을 대하는 새로운 자세와 '국민적'인 것을 바라보는 새로운 시선을 요구했다. 더 포용적이고 덜 배타적이며, 덜 '공안적'이라는 면에서 역사적 우익의 입장과 확연히 다르다. 데 상티스의 이런 측면을 조명해야 할 필요가 있다. 문인이자 정치가로서 그의 경력에 처음부터 존재하던 씨앗이 발아하여 성장한 결과였다.

새로운 문명을 위한 투쟁과 예술

한 사회역사적 순간은 결코 동질적이지 않으며, 오히려 모순으로 가득 차 있다. 각 순간은 '개성'을, 발전의 '계기'를 획득한다. 삶의 어떤 근본적 활동이 다른 활동을 압도하고 하나의 역사적 '전기'를 나타낸다는 면에서 그러하다. 그러나 이 모든 과정은 위계, 대립, 투쟁을 전제로 한다. 압도적 활동과 역사적 '전기'를 재현하려는 사람은 역사가 부여한 순간을 재현해야 한다. 그러나 어느 누군가 다른 활동, 다른 요소를 재현하는지 어떻게 판단하는가? [누군가의] 다른 활동과 요소 역시 재현의 역할을 하지 않는가? 반동적이고 시대착오적인 요소들을 표현하는 사람들도 같은 역할을 충분히 하지 않는가? 그게 아니라면, 대립하고 투쟁하는 일체의 힘과 요소를 표현하려는 사람, 즉 사회역사적 모순을 나타내려는 사람이 우선시되어야 하지 않는가?

새로운 문화를 창조하는 투쟁으로서의 문학 비평은 새로운 문화에서 새로운 예술이 태어난다는 의미에서 예술적이라 생각할 수도 있다. 그러나 궤변에 불과하다. 바로 여기서 데 상티스와 크로체의 관계, 그리고 형식과 내용의 논쟁을 더 잘 이해할 수 있을 것이다. 데 상티스의 비평은 전투적이다. '연약하게' 미학적이지 않다. 문화적 투쟁의 시대, 삶에 대한 적대적 개념들이 서로 대립하는 시대의 비평이다. 내용의 분석, 작품의 '구조', 즉 문학적으로 재현된 느낌의 덩어리들이 논리적이고 역사적, 현실적으로 일관성을 이루는 양상에 대한 비평은 이러한 문화적 투쟁과 연관된다. 오늘날에도 데 상티스를 매우 감동적으로 받아들이게 만드는 그의 심오한 인류애와 인간주의는 바로 여기에 포함될 것이다. 도덕과 정치의 강한 확신을 감추지 않고 감추려 들지도 않는 사람의 뜨거운 정열이 데 상티스에게서 느껴진다.

크로체는 데 상티스 안에서 유기적으로 통일되고 용해되어 있던 비평가로서의 다양한 모습을 식별해낸다. 그러나 데 상티스와 비슷한 문화적 모티프들이 크로체 내에서 살아 있다 하더라도, 그 모티프들이 확장되고 개가를 올린 시기에서일 뿐이다. 크로체는 투쟁을 이어가지만, 일정한 문화의 세련을 위해서이지 삶의 권리를 위해서는 아니다. 크로체의 낭만적 정열과 열기는 예의를 갖춘 관대함과 우월한 평안함 속에 잘 정리되어 있다. 그러나 그런 상태가 영속되지는 않는다. 평안함과 관대함에 금이 가고, 가혹하고 신랄한 기운이 일어나며, 힘겹게 억눌렸다가 터져버린다. [이런 면에서 크로체의 투쟁은] 데 상티스의 투쟁과 비교할 수 없다.

요약하면 실천 철학에 토대를 둔 문학 비평은 크로체도 다른 누구도 아니고 데 상티스에게서 나왔다. 데 상티스의 문학 비평에서 새로운 문화, 새로운 인문주의를 위한 투쟁이 자리를 잡아야 한다.

문인들을 지배하는 도덕적, 지적 경향

이탈리아 문인들은 어떤 형태의 활동에 '공감'을 느끼는가? 경제 활동, 즉 개인 및 집단 생산으로서의 노동에는 왜 관심이 없는가? 작품에서 경제 주제를 다루는 경우, 생산자에 대한 '영웅'의 '지배', '통제', '지휘'의 국면이 관심을 끈다. 마찬가지로 생산과 노동은 국가 권력 차원에서 인기 주제가 된다.[25] 농민의 삶은 문학에서 더 많은 공간을 차지하지만, 노동과 수고로서가 아니라 '민속'[26]으로, 호기심을 채워주고 기이한 풍습과 느낌을 보여주는 그림으로 묘사된다. '농민'의 낭만적인 외모와 성적인 면모가 갈수록 더 많은 공간을 차지하는데, 여성이 외모를 이용하여 상류 사회로 쉽게 올라갈 수 있다는 식이다.

어떤 세대의 작가들에게 삶의 한 측면에 '공감'을 느끼라고 강요할 수는 없지만, 특정 세대 작가들이 유독 특정한 지적, 도덕적 관심사를 지닌다는 점은 주목할 필요가 있다. 특정 문화 방향이 지식인들 사이에 지배적일 수 있다는 말이다. 이탈리아 진실주의는 다른 나라의 사실주의 흐름과 다르다. 진실주의는 특별히 인간 본성의 '야수성'을 묘사하거나 (속되고 거친 의미의 진실주의), 지방 및 지역의 생활, 즉 공식적인 '근대' 이탈리아와 대조되는 현실의 살아 있는 이탈리아를 재현하기 때문이다.

[그러나] 진실주의는 노동과 수고를 깊이 있게 묘사하지 않는다. 진실주의 경향의 지식인들은 (프랑스처럼) 통일된 의미에서 '국민화된' 대중 집단과의 접점을 확립하는 것이 아

니라, 이탈리아가 아직 통일되지 않았다는 사실을 드러내는 일에 지속적으로 관심을 기울였다. 그리고 이탈리아의 북부 작가들과 남부 작가들 사이에도 차이가 있다. 예를 들어 베르가[27]는 1920년 '새로운 시칠리아' 자치 운동을 대하는 태도에서 드러나듯, 이탈리아 통일성의 감정을 강하게 드러냈다.[28]

브레시아니즘[29]은 열광적인 국가주의와 국민주의로 아무리 가리려 해도 기본적으로 반국가적, 반국민적 개인주의다. '국가stato'는 특히 대단위 국민 다수의 의식을 지배하는 기구를 의미한다. 따라서 [국가 안에서는] 반드시 다수의 감정적, 이념적 '접촉'이 일어나고, 다수의 필요와 요구에 대한 공감과 이해가 생겨난다. 현재 이탈리아에 국민-대중 문학이 부재하는 이유는 그러한 필요와 요구에 대한 관심이나 고민이 부재하기 때문이다. 이탈리아 문학 시장은 다른 나라 지식인 집단의 영향 아래 들어갔다. 자국에서 국민-대중적인 그들의 성향이 이탈리아에 그대로 적용되고 있다.

이렇게 이탈리아 대중은 프랑스의 역사-대중 소설에 빠져들고(최근 출판계도 그 열광의 분위기가 계속되고 있음을 보여준다), 프랑스의 전통 군주제 및 혁명에 열광하며, 가리발디보다 헨리 4세의 대중적 이미지를, 리소르지멘토보다 1789년 [프랑스] 혁명을, 메테르니히를 향한 이탈리아 애국자들의 비난보다 나폴레옹 3세에 대한 빅토르 위고의 비난을 더 잘 알고 있다. 이탈리아 대중은 자신의 과거가 아닌 남의 과거에 관심을 쏟으며, 언어와 사고에서 프랑스적 은유와 문화적 참조를 사용하고, 문화적으로 이탈리아보다 프랑스에 더 가깝다.

브레시아니즘 작가들이 보여주는 반민주주의는 정치적으로 중요한 의미나 일관성이 없다. 그것은 중세 봉건적 기득권 계층의 경제 조직을 받치는 정신에서 비롯된, 모든 형태의 국민-대중 운동을 거스르는 형태다.[30]

제2장

새로운 예술

예술의 '재미'

예술, 특히 서사 문학과 연극에서 '재미'의 의미가 무엇인지 분명히 해둘 필요가 있다. '재미'는 개인, 사회 집단, 일반 군중에 따라 달라진다. 따라서 예술보다는 문화의 요소다. 그렇다면 예술과 완전히 무관하고 분리된 것인가? 예술은 재미있다. 삶의 일정 요구를 충족시켜주기 때문이다. 그런데 예술이 그 자체로 재미있다는 점을 넘어서, 예를 들어 소설, 시, 연극 등의 작품이 다른 방식으로 '재미있는' 요소를 지닐 수는 없을까? 이론적으로는 무한하다. 그러나 실제로 [작품 속에서] '재미난 것'은 무한하지 않다. '재미있는' 것을 꼽자면, 소설, 시, 드라마의 '명성'에 직간접적으로 기여하는 요소들이다. 예를 들어, 문법학자는 피란델로[31] 연극에 시칠리아 방언의 어휘, 형태소, 구문적 요소가 얼마나 들어갔는지 알고 싶을 수 있다. 그런 요소들은 '재미난 것'일 수 있지만,

연극의 확산에 크게 기여하지는 않을 것이다. 또 카르두치[32]의 '야만적 운율'은 범위를 더 넓혀 전문 작가 집단, 작가 지망생들에게 '재미난 것'이어서 시집 판매량이 몇천 부씩 늘기도 했다. 이처럼 '재미난 것'은 시대와 문화의 분위기, 개인의 성향에 따라 달라진다.

　'재미'를 결정하는 가장 안정적인 요소는 분명 '도덕적' 관심이다. 이는 긍정하거나 부정하는 형태, 즉 동의나 반대의 형태로 나타난다. 여기서 '안정적'이란 구체적인 도덕의 내용이 아니라 '도덕 범주'에 속하는 얘기다. '기술적 요소'가 밀접하게 연관돼 있다. '기술적'이란, 소설과 시, 드라마의 도덕적 내용이나 갈등을 가장 즉각적이고 극적으로 전달하는 방식을 뜻한다. 드라마에서는 무대의 '충격', 소설에서는 주요 '음모'가 해당한다. 이런 기술적 요소가 반드시 '예술적'일 필요는 없지만, 그렇다고 해서 반드시 예술적이지 않은 것도 아니다. 어떤 의미에서는 예술과 관계가 없고 예술을 벗어난다. 기술적 요소는 문화사 자료로 평가되어야 한다.

　그렇게 '재미'를 추구하는 것은 이른바 상업 문학에서 실제로 일어난다. 상업 문학은 국민-대중 문학에 속한다. '상업적'이라는 말은 '재미난' 요소가 '순진하거나 자발적'이지 않다는 뜻이다. '재미'란 예술 개념에 녹아든 것이 아니라 외부에서 기계적으로 모색하고 산업적으로 즉각적인 '인기'를

얻게 해주는 확실한 요소라는 말이다.33

어쨌거나 상업 문학을 문화사에서 무시해버리기보다는, 오히려 크게 주목해야 할 필요가 있다. 왜냐하면 상업적 문학 작품의 성공(그것이 상업 문학의 유일한 지표이기도 하다)은 '시대의 철학'이 무엇인지를, 즉 '조용한' 다수 속에서 어떤 감정과 세계관이 지배적인지를 알려주기 때문이다. [이런 면에서 사실] 상업 문학은 대중의 '최면'이자 '아편'이라고 할 수 있다. (뒤마의 《몽테크리스토 백작》을 이런 관점에서 분석할 수도 있다. 이 작품은 아마도 가장 "아편적"인 대중 소설일 것이다. 평범한 사람은 누구나 권력자들로부터 부당한 대우를 받았다고 생각하고, 그들에게 가할 '징벌'을 상상하곤 한다. [《몽테크리스토 백작》의 주인공] 에드몬드 단테스는 복수극의 '모델'을 제공하고, 대중은 승리의 환희에 취해, 보편적 정의에 대한 믿음을 대체하고, 정의를 더 이상 '체계적으로' 믿지 않는다.)

레보라34는 《글을 쓰는 이탈리아*Italia che scrive*》 1932년 3월호에서 이탈리아 현대 문학이 왜 영국에서 그다지 인기를 끌지 못하는지 설명한다. "이탈리아 문학에는 객관적 서술과 관찰 능력의 결여, 병적인 자기중심주의, 낡아빠진 성적 집착이 존재한다. 많은 이탈리아 책이 여전히 불분명한 인상주의로 서술되어 있어서 언어와 문체의 혼란을 일으키는 바람에 이탈리아 독자도 불쾌하게 여기고, 외국 독자는 더욱 당황한다. 현대 [이탈리아] 작가들이 사용하는 수백 개의 단어는 사전에 나와 있지도 않고, 뜻을 정확히 아는 사람은 아무도 없다."

"특히 이탈리아 문학에 나오는 사랑과 여성에 대한 묘사는 앵글로색슨인들이 거의 이해할 수 없는 경우가 많으며, 방언이 반은 차지하는 지방적인 진실주의도 문제고, 일관성을 결여한 언어와 스타일도 문제다."

"유럽식 스타일의 책이 필요하며, 지방적이고 진부한 진실주의 류의 책은 피해야 한다."

"나의 경험에 따르면, 외국 독자(그리고 아마도 이탈리아 독자조차)들은 종종 우리 책에서 혼란스럽고 불쾌하며 혐오스러운 것들을 발견한다. 그것들이 깊고 견고한 재능을 드러내는 멋진 내용들 사이로 어떻게 섞여 들었는지 알 수 없다."

"몇몇 소설, 산문집, 희곡은 대단히 성공적이지만, 두세 페이지, 장면 하나, 또는 몇 마디는 충격적일 정도로 저속하고, 지저분하고, 혐오스러워서 전체 작품을 망쳐버린다."

"사실, 이탈리아 교수들은 아무리 애를 써도 불쾌하고 수치스러운 내용이 담기지 않은, 외국에 자랑할 만한 현대 이탈리아 책 십수 권 모으기도 힘들다. 아예 외국의 지적인 독자들 면전에 내밀지 않는 게 나을 정도다. 일부는 이런 수치와 혐오감을 '청교도주의'라는 불명예스러운 이름으로 부르지만, 사실 '좋은 취향'에 관한 문제일 뿐이다."[35]

레보라는 출판사가 문학판에 더 많이 개입해야 한다고 주장한다. 출판사의 역할이 단순한 상업적, 산업적 측면에 그쳐서는 안 되며, 문학 생산에 대한 '비판' 기능, 특히 '사회적 의미'에 대해 더욱 책임감을 가져야 한다고 역설한다.

예술과 문화

정확히 하자면, (직접적 의미에서) '새로운 예술'이 아니라 "새로운 문화"를 위한 투쟁을 말해야 한다. 예술의 새로운 내용을 위해 투쟁한다고 해도 안 된다. 예술의 새로운 내용은 형식과 분리해서 추상적으로 생각할 수 없기 때문이다. 새로운 예술을 위한 투쟁이란 새로운 개별 예술가를 만드는 투쟁을 의미할 법도 하겠지만, 불가능한 얘기다. 예술가는 인위적으로 창조할 수 없기 때문이다. 그러니 새로운 문화를 위한 투쟁, 새로운 도덕적 삶을 위한 투쟁을 말해야 한다. 삶에 대한 새로운 직관이자 현실을 보고 느끼는 새로운 형식을 위한 투쟁, '가능성 있는 예술가 및 예술 작품들'과 밀접하게 결합된 세상을 위한 투쟁이다.

새로운 예술가를 인위적으로 만들어낼 수 없다는 말은 우리가 투쟁하여 얻어낼 새로운 문화가 사람들의 열정을 불러일으킨다 해도 '새로운 예술가들'을 세우지 못한다는 뜻이 아니다. 어중이떠중이가 예술가가 된다고 할 수는 없지만, 전체를 유영하는 움직임 속에서 새로운 예술가가 태어난다고 주장할 수는 있다. 헤게모니를 쥐고, 이전에 갖지 못했던 자각과 확신을 품고 역사적 삶으로 들어가는 사회 집단은 고유의 개성을 획득하지 못할 수가 없다. 이전에는 완벽하게 스스로를 표현할 충분한 힘이 없었던 그 개성은 이제 힘을 제대로 발휘할 수 있게 될 것이다.

그렇다고 해서, 몇 년 전 유행했던 표현으로 새로운 '시적 아우라'가 형성된다고 말할 수는 없다. 시적 아우라는 이미 형성되고 드러난 예술가들의 집합체, 또는 그 형성과 드러남의 과정이 이미 시작되어 안정에 이른 상태를 표현하는 은유일 뿐이다.[36]

새로운 문화를 통한 새로운 문학(예술)을 위하여

크로체의 《17세기 이탈리아 문학에 관한 새로운 에세이》(1931)의 한 장을 읽어보자. 크로체는 예수회 시학 아카데미를 러시아에서 만들어진 '시 학교'와 비교한다(아마 퓰로프-밀러[37]에게서 영감을 받았을 것이다). 그런데 왜 크로체는 예수회 시학 아카데미[38]를 15~16세기 [이탈리아] 화가와 조각가들의 작업실과 비교하지 않았을까? 그들도 '예수회 아카데미'가 아니었을까? 왜 그림과 조각에서 일어난 일이 시에서는 일어나지 않았다고 봐야 할까? 크로체는 스스로의 시를 '소유하고 싶어 하는' 사회적 요소를 고려하지 않는다. '학교 없는' 시, '기술'과 언어를 습득하지 못한 사람들의 시를 다루지 않는다. 사실상 중요한 조건은 미적 감각을 교육하고 '비판적' 감각을 육성하는 성인들의 '학교'다.

라파엘로의 그림을 '모사'하는 화가는 [과연] 예수회 아카데미를 따르는가? 그 화가[의 목표]는 라파엘로의 예술을 가장 잘 내면화하고 재창조하려는 것이다. [그런 면에서 그 화가가 예수회 아카데미를 따른다고 볼 수 없다.] 그럼 왜 노동자들은 운율 연습을 하면 안 되는가? 그렇게 하면 운문의 음악성을 갖춘 귀를 교육할 수 있지 않겠는가?[39]

교육으로서의 예술

크로체, 《문화와 도덕적 삶》, 169~170쪽; 1911년의 '신앙과 프로그램' 장.

"예술은 예술 자체로 교육이지만, '교육하는 예술'은 교육이 아니다. 그런 경우, 예술은 아무것도 아니고, 아무것도 교육할 수 없기 때문이다. 당연히 누구라도 리소르지멘토 시기의 예술을 원하고, 예를 들어 단눈치오 시대의 예술은 원하지 않는다. 그러나 사실, 잘 들여다보면, 이 욕망 속에는 어떤 예술을 다른 예술보다 선호하는 욕망이 아니라, 어떤 도덕적 현실을 다른 도덕적 현실보다 선호하는 욕망이 들어 있음을 알 수 있다. 마찬가지로, 못생긴 사람이 아니라 아름다운 사람을 비추는 거울을 원하는 사람은 앞에 있는 대상에 따라 달라지는 거울이 아니라 아예 다른 사람을 원한다."

크로체,《문화와 도덕적 삶》, 241~242쪽; 1922년의 '과도한 철학' 장.

"한 편의 시 작품이 유통될 때, 유통은 작품을 연구하고 모방하며 변형하는 방식으로 이루어지지 않는다. 이런 방식으로는 이른바 '시학 학교', 에피고네들의 노예만 양성할 뿐이다. 시는 시를 낳지 않는다. 난자 생식은 일어나지 않는다. 남성적 요소, 즉 현실적이고, 열정적이며, 실천적이고 도덕적인 요소의 개입이 필요하다. 걸출한 시 평론가들은 이 경우에 문학적 비법을 사용하지 말고, '인간을 재건하라'고 가르쳐준다. 인간을 재건하고, 정신을 새롭게 하고, 새로운 정서의 삶이 생기면, 새로운 시가 떠오를 것이다."

크로체의 관찰은 역사적 유물론에 해당할 수 있다. [크로체에 의하면] 문학은 문학을 낳지 않고, 이념은 이념을 낳지 않으며, 상부구조는 다른 상부구조를 낳지 않는다. 오직 관성이나 수동성의 유산으로만 존재한다. '난자 생식'이 아니라 '남성적' 요소인 역사, 즉 혁명적 활동에 의해 창조된다.

거기서 '새로운 인간', 새로운 사회관계가 태어난다.

그래서 결론은 다음과 같다. 낡은 '인간'은 변화를 통해 '새로운' 인간이 된다. 새로운 관계 속으로 들어가면서 원시적 관계들이 전복되기 때문이다. 그래서 긍정적으로 창조된 '새로운 인간'이 시[의 완성된 상태]를 내놓기 전에, 부정적으로 개혁된 낡은 인간이 부르는 '백조의 노래'를 들을 수 있다. 백조의 노래가 찬란한 빛을 발하는 예는 드물지 않다. 새로움은 낡음과 결합하고, 열정은 비할 데 없이 뜨겁게 달아오른다. 《신곡》이 새로운 시대와 새로운 역사를 예고하는 중세 시대 백조의 노래가 아닐까?)[40]

예술 비평의 기준

예술은 의도적으로 드러낸 정치적 선전이 아니고 오직 예술 자체라는 생각이 어떤 문화 흐름의 형성에 장애물이 되지 않을까? 문화의 흐름은 시대의 반영이고 특정 정치 변화에 기여하기 때문이다. 달리 보면 [예술은 예술이라는] 생각은 우리가 더 근본적인 문제를 제기하고 더 효율적이고 생산적인 비평을 하게 이끈다. 예술 작품에 예술적 특성만 있다는 원칙을 설정하면 어떤 감정 덩어리나 삶에 대한 태도가 예술 작품에 어떻게 흐르고 있는지 탐구하는 일만 중요하게 된다.

이는 크로체의 경우에서 보듯, 현대 미학의 흐름들이 인정하는 바다. 여기서 예술 작품이 추상적 내용이 녹아들어 합쳐진 형식 때문이 아니라 도덕적, 정치적 내용 때문에 아름답다는 주장은 배제된다.

어떤 예술 작품이 실패했다면, 예술가가 예술 외부의 실용적인 뭔가에 관심을 쏟는 등 진지하지 못하고 불성실했기 때문이다. 이것이 논쟁의 핵심이라고 본다. 어중이떠중이가 [예술 작품을 만들 때] 특정 내용을 인위적으로 표현하려 들면 예술 작품이 되지 않는다. 어중이떠중이의 예술적 실패는 그가 미적 감수성과 진지한 실천을 쏟아붓지 않았음을 의미하며, 이는 예술가의 자질을 갖춘 다른 작품들과의 차이를 통해 증명된다. 어중이떠중이가 표출하는 내용은 '무감각하고 적대적인 질료'이고, 열정은 피상적이고 가짜로 의도된 것이다. 그런 자는 예술가가 아니라 권력자들 비위를 맞추려는 노예일 뿐이다.

따라서 순수 예술과 정치라는 두 차원이 존재한다. 비평가가 작품의 예술적 성격을 부정한다는 것은 예술가가 정치 세계에 속하지 않는다고 주장하는 것과 같다. 정치 세계가 예술가 개인의 삶에서 작동하지도 존재하지도 않는다는 말이다. 이렇게 되면 예술가는 정치적 기회주의자가 돼버린다.

정치인이 특정 문화를 표현하라고 예술가를 압박하는 것은 예술 비평이 아니라 정치 활동이다. 그 특정 문화가 실제 필요하다면, 적절한 예술가들을 찾고 반드시 확산될 것이다. 그러나 확산되지 않는다면, 그 문화는 처음부터 인위적인 허구였다는 증거가 된다. 그런 문화는 자기와 의견이 맞지 않는 위대한 인물들이 있다는 사실에 대해 불평하는, 그렇고 그런 사람들이 만든 종이 위의 사유에 불과하다.

이런 식의 문제 제기가 견고한 도덕적, 문화적 세계를 보여주는 징후일 수 있다. 이른바 '서예주의calligrafismo'는 나름의 원칙을 이리저리 떠들어도 자력으로 예술 활동을 표현할 능력이 없는 예술가들이나 고유한 내용을 담은 형식이라느니 뭐니 헛소리를 해대는 자잘한 예술가들이 스스로를 방어하는 개념에 불과하다. 정신적 범주들을 구별하고 순환시켜 통합하는 형식 원리는, 추상적일지는 모르나, 실제 현실을 파악하는 힘이 있고, 카드를 펼쳐놓지 않고서 게임을 하려 드는[41], 명령하는 자의 자리를 우연히 꿰차고 앉은 그렇고 그런 허접한 인간들의 갈팡질팡하는 허구적 삶을 비판하는 데 도움이 된다.[42]

이탈리아 문화의 대중성

《누오바 안톨로지아Nuova Antologia》, 1930년 10월 1일: 에르콜레 레지오,《왜 이탈리아 문학은 유럽에서 인기가 없는

가》

"사실 우리에게는 유명한 이탈리아 책도 많은 외국 서적과 비교할 때 별로 인기를 끌지 못한다. 이 점을 생각하면, 이탈리아 문학이 유럽에서 인기 없는 이유가 우리나라에서 대중적이지 못한 이유와 동일하다는 사실을 알게 될 것이다. 그렇다면 결국 우리가 먼저 우리나라에서 기대하지 않는 것을 다른 나라에 요구할 이유가 없다는 점도 알게 된다. 이탈리아 문학에 부족한 것은 주로, 외국에서 [이탈리아 문학을] 긍정적으로 평가하는 사람들도 인정하는 바와 같이, 평범하고 일반적인 사람들에게 소박하고 실용적인 성격으로 다가가는 내용이다. 오히려 이탈리아 문학은 그 특성과 독창성, 고유의 장점 때문에 유럽 다른 나라들의 위대한 문학이 지니는 대중성을 결코 얻을 수 없을 것이다."[43]

레지오는 이탈리아의 시각예술(음악을 제외한)만 유럽에서 인기가 있다는 사실을 언급하며, 두 가지 가능성을 질문한다. 문학과 다른 예술 사이에 깊은 차이가 존재하며, 그 차이는 설명할 수 없는가. 또는, 이 문제는 예술적이지 않은 외부 요인으로 설명할 수 있는 것인가. 두 가능성은 시각예술(음악 포함)은 유럽을 비롯한 전 세계에서 통하는 언어를 사용하지만, 문학은 국가 언어의 경계 안에만 한정된다는 맥락에서 나온다.

나는 이런 식의 질문이 타당하지 않다고 생각한다. 그보다는 다음과 같은 가정이 더 적절할 것이다. 1) 시각예술뿐 아니라 이탈리아 문학도 유럽에서 인기를 끌었던 역사적 시기가 있었지만(르네상스 시대), 그때는 이탈리아 문화 전체가 대중적이었다. 2) 이탈리아에서는 문학뿐만 아니라 시각예술도 대중적이지 않다(단, 베르디, 푸치니, 마스카니 등은 대중적이다). 3) 유럽에서 이탈리아 시각예술이 대중적이라는 주장도 상대적이다. 지식인과 일부 유럽인들에게만 인기가 있고 주로 고전적, 낭만적인 기억과 관련이 있기 때문에 대중적이지 예술로서 대중적인 것은 아니다. 4) 대신, 이탈리아 음악은 유럽과 이탈리아에서 모두 인기가 있다.

    레지오의 글은 으레 그렇듯 진부한 말 기술을 펼치기는 해도 종종 날카로운 시선이 보이기도 한다.

제3장

대중의 개념

'국민-대중'의 개념

1930년 8월 1일자 《크리티카 파시스타 *Critica Fascista*》의 공고문에 로마와 나폴리의 두 거대 일간지가 뒤마의 《몽테크리스토 백작》과 《주세페 발사모 *Giuseppe Balsamo*》, 그리고 폰테나이44의 《어머니의 고난 *Calvario di un madre*》과 같은 소설을 연재하기 시작했다는 소식이 실렸다. 《크리티카 파시스타》에 게재된 글이다.

프랑스의 19세기는 확실히 연재 소설 황금 시대다. 그러나 무려 100년 전의 소설을 다시 찍어내는 그 일간지들은 십중팔구 정확한 독자 정보를 갖고 있지 않다. 문학 취향이나 관심, 경험이 당시부터 지금까지 전혀 변하지 않았다고 생각하는 것이다. … 왜 반대 의견이 있다고 고려하지 않을까? 근대 이탈리아 소설이 있다는 사실을 왜 생각하지 않는가? 왜 조국의 불행한 운명에 대해 펜을 휘두를 준비가 된 작가들을 생각하지 않는가?

《크리티카 파시스타》지는 예술 문학이 대중 사이에 확산되지 못한 문제, 이탈리아에 대중 문학이 존재하지 않는 문제, 그로 인해 일간지들이 어쩔 수 없이 외국에 의지하는 문제를 혼란스럽게 다룬다. 대중적인 동시에 예술적인 문학이 존재할 수 있다는 것은 이론적으로 전혀 문제가 되지 않는다. 러시아의 위대한 소설가들이 오늘날에도 여전히 누리는 대중적 인기가 명백한 사례다. 그러나 실제로 이탈리아에서 예술 문학은 대중적이지 않고, 그렇다고 지방에서 대중 문학이 생산되는 것도 아니다. 왜냐하면 작가와 대중 사이의 세계관이 일치하지 않기 때문이다. 그래서 작가들은 대중적 느낌을 자기 것으로 살려내지 못하고, '국민 교육자'로서의 진정한 기능도 수행하지 못한다.[45] 그 결과 어떻게 대중적인 느낌을 체험하고 자기 것으로 만든 뒤에 다시 새로 가공하느냐 하는 문제는 설 자리를 찾지 못했고 지금도 문제로 인식되지 못한다.

《크리티카 파시스타》는 이런 문제들을 제기도 하지 않는다. 만일 100년 전의 소설들을 선호한다면 현재 대중의 취향과 이념이 100년 전과 같다는 의미일 텐데, 이 사실만으로는 어떤 '현실적' 결론도 이끌어내지 못한다. 일간지는 정치적,

재정적 조직체다. 아름다운 글이 수익을 증가시킨다고 해도 지면을 늘리지는 않는다. 연재 소설은 대중 계급에게 일간지를 확산시키는 수단이다(제노바의 《라보로Lavoro》를 기억해보라. 《라보로》는 안살도46가 주도하여 간행된 일간지로, 프랑스 연재 소설을 다시 실으면서도 다른 지면에는 고도로 세련된 문화의 냄새를 부여하고자 고심했다). [연재 소설은] 정치적 성공과 재정적 성공을 동시에 의미하기도 한다. 그래서 일간지는 그러한 연재 소설, 즉 확실하게 대중이 좋아하는 유형의 소설, 지속적이고 영구적인 고객을 확보할 수 있는 연재 소설을 찾는 것이다.

대중은 한 가지 신문만 산다. 신문의 선택은 개인보다 가족의 의견을 따르는 경우가 많다. 여성은 신문을 선택할 때 많이 견주어 보지 않고 거기에 실린 '흥미로운 좋은 소설'을 고집한다(남성이 소설을 읽지 않는다는 뜻이 아니라, 확실히 여성이 각종 사건의 연대기나 소설에 특히 관심을 갖는다는 뜻이다). 순수하게 정치적인 신문은 많은 판매 부수를 확보할 수 없다는 명백한 사실이 도출된다(정치 투쟁이 강했던 시기는 제외하자). 대개 남성이든 여성이든 정치적인 신문에 지나치게 몰두하지 않는다. 자신들의 정치적 견해가 적절한지 촉각을 곤두세우는 젊은이들, 같은 이념으로 똘똘 뭉친 소수의 가족들이나 정치적 신문을 구독한다.

일반적으로 신문 독자들은 구독하는 신문의 견해와 반드

시 일치한다고 생각하지 않으며 신문의 견해에 별 영향도 받지 않는다. 그래서 저널리즘의 관점에서 《세콜로 Secolo》와 《라보로》의 경우는 연구 대상이 된다. 이 두 잡지는 높은 구독률을 오래 유지하기 위해서 연재 소설을 세 편까지 실었다. 대다수 독자는 연재 소설을 교양 계급의 문학으로 여기지 않는다. 그러나 《라스탐파 La Stampa》에 실린 소설을 안다는 것은 수위실이나 3등 관람석의 '세속적 의무' 같은 것이었다.[47] 거기에 실리는 소설들은 매번 화제를 모았고, 심리적 직관, 즉 '가장 유별난 자들'이 직관적으로 드러내는 논리적 능력이 빛을 발하곤 했다. 확실히 독자는 연재 소설에 흥미를 보이고, 연재 소설 작가에게 최고의 경의와 인간적인 관심을 드러낸다. 그런 경의와 관심은 이른바 교양인들이 살롱에 모여 앉아 단눈치오의 소설에 대해, 또 피란델로의 작품에 대해 보인 관심 이상이었다.

그러나 흥미로운 문제는 따로 있다. 1930년대 이탈리아 신문이 판매 부수를 늘리고자 한다면(또는 유지하고자 한다면) 왜 한 세기 전의 연재 소설들(또는 같은 종류의 현대 소설들)을 찍어내야 하는가? '국민적인' 문학이 장사가 되는데도 어째서 이탈리아에는 국민 문학이 존재하지 않는가? 여러 언어에서 '국민적'이라는 말과 '대중적'이라는 말이 동의어나 그에 버금가는 유사어라는 사실은 주목할 만하다(러시아어에서도 그렇고, '국민적'이라는 의미의 독일어 'völkisch'는 '인종적 친밀성'을 뜻하며, 슬라브어에서도 거의 마찬가지다. 프랑스어로 '국민적'이라는 말은 '대중적'이라는 말에 이미 상당히 정치적인 색깔을 입힌 예다. 대중적이라는 말은 지배권에 연결되는데, 국민적 지배권과 대중적 지배권은 동등한 가치를 지니기 때문이다).

그러나 이탈리아에서 '국민적'이라는 말은 이념적으로 매우 편협한 의미를 지니며, 어떤 경우에도 '대중적'이라는 말과 일치하지 않는다. 이탈리아 지식인들은 카스트의 전통에 매여 대중, 즉 국민에게서 멀리 떨어져 있기 때문이다. [이탈리아의] 카스트 전통은 아래로부터 솟구치는 대중적인 또는 국민적인 강력한 정치 운동에 흔들린 적이 전혀 없다. [이탈리아에서] 카스트 전통은 '학구적이고'[48] 추상적이다. 현대의 전형적 지식인은 풀리아와 시칠리아의 농민보다는 카로와 핀데몬테에 더 가깝다고 느낀다.[49] 현재 이탈리아에서 '국민적'이라는 말은 지적이고 학구적인 전통에 더욱 매여 있다.[50] 그래서 나랏일에 대해 낡고 좀먹은 생각을 지닌 사람을 싸잡아서 '국민적'이라고 부르는 것은 어리석고, 근본적으로 위험하기까지 하다.

1930년 7월 《이탈리아 레테라리아 *Italia Letteraria*》에 실린 프라키아[51]의 글과 1930년 8월 《페가소 *Pègaso*》에 실린 오예티[52]의 〈비평과 관련하여 프라키아에게 보내는 편지〉는 주목할 만하다. 프라키아의 하소연은 《크리티카 파시스타》의 하소연과 놀랄 만큼 비슷하다. 이른바 '예술적인' '국민' 문학은 이탈리아에서 대중적이지 않다는 것이다. 누구의 잘못인가? 책을 읽지 않는 독자들의 잘못인가? 문학적 '가치'를 독자들에게 소개하고 드높이지 못하는 비평의 책임인가? 아니면 '이탈리아 현대 소설'[53]을 연재로 내보내는 대신 낡아빠진 《몽테크리스토 백작》을 찍어내는 신문들의 잘못인가? 다른 나라에서는 글을 읽는데 이탈리아 독자들은 왜 읽지 않는가? 아니 그 전에, 이탈리아에서 글을 읽지 않는다는 것이 사실인가? [그런데 프라키아의] 문제 설정은 좀 치밀하지 않은 듯하다. 이렇게 말해보자. 이탈리아 독자들이 외국 문학(대중적이든 비대중적이든)은 읽으면서 이탈리아 문학은 읽지 않는 이유가 무엇인가? 프라키아는 정부 시책을 핑계로 외국 작품을 출판하는(달리 말해 팔아야만 하는) 출판업자들에게 최후 통첩을 보내지 않았던가? 내무부 차관 비앙키의 활동을 보면 정부의 개입 시도가 적어도 부분적으로는 있지 않았던가?[54]

이탈리아 대중이 외국 작가를 편애한다는 말은 무슨 뜻인가? 이탈리아 대중이 외국 지식인들이 확보한 지적·도덕적 헤게모니 아래에 있다는 말인가? 다시 말해 이탈리아 대중이 자기 나라 지식인보다 외국 지식인들에게 더 큰 연대감을 느끼고, 그래서 이 나라에는 지적·도덕적인 국민 유대가 없다는 말인가? [이탈리아에] 대중 출신의 지식인은 없다. 간혹 있긴 하지만, 그들은 대중과의 연대감을 느끼지 않는다(수사적으로 느낄지는 모르겠다). 지식인들은 대중을 모르고 대중의 필요를 느끼지 못하며, 대중의 열망과 정서도 모른다. 그래서 지식인들은 대중의 저편에 서 있는, 따로 떨어져 공중에 흩어진 무엇과도 같다. 지식인은 특권 계급이며, 대중과 유기적인 관계를 맺지도, 주어진 역할을 해내지도 못한다.

이런 문제 의식을 서사 문학에만 국한할 게 아니라 국민 문화, 대중 문학 전반으로 확산할 필요가 있다. 연극도 그렇고, 과학을 쉽게 풀어 설명하는 문학(자연과학, 역사, 문학이 접합된 형태를 말한다)도 마찬가지다. 왜 이탈리아에서는 플라마리옹[55] 같은 작가가 나타나지 않는가? 왜 프랑스를 비롯한 다른 나라들처럼 쉽게 풀어 쓴 과학 문학이 생겨나지 않는가? 번역된 외국 서적들은 대단한 선풍을 일으키면서 읽히고 연구되고 이름을 알린다.

이 모든 것이 의미하는 바는 [이탈리아의] '교양 계급'이 지적인 활동에서 예외 없이 대중-국민과 분리되어 있다는 사실이다. 대중-국민이 지적인 활동을 보여주지 않아서가 아니다. 또 가장 하급(연재 통속 소설 따위)부터 가장 고급의 단계까지 지적인 활동을 다양하게 펼치지 않아서도 아니다. 그것은 이탈리아 토착의[56] 지적 요소가 이탈리아 대중-국민에게 전해지는 외국의 이질적 문화보다 더 이질적이기 때문이다. 하지만 현재 이런 문제 의식은 싹도 보이지 않는다.

대중 문학론 59

사실 그 필요성은 이탈리아 건국[57] 이래 계속 제기되어왔다. 또 그 문제가 반도의 정치적·국민적 통일을 늦춘 원인이라는 설명도 줄기차게 있었다. 이탈리아 문학의 비대중성에 대한 봉기의 책이 설명하듯 말이다. 또 만초니도 언어 문제를 제기하여 국민과 국가의 지적 통일을 언어의 통일 측면에서 들여다보고 있다. 물론 언어의 통일은 국민 통일에서 필수 사항이 아니라 어느 정도 부수적 양상이기는 하다. 언어의 통일은 하나의 결과이지 원인이 아니기 때문이다.[58] 이런 상황에서 지금까지 말한 문제 의식이 연극에서, 나아가 문학 전체로 발전되어간다고 주장한 마르티니의 저술은 특기할 만하다.

이탈리아에서 국민-대중 문학은 과거의 서사 문학을 포함한 다른 어떤 장르에서도 존재하지 않았고 지금도 존재하지 않는다. (시 문학에서도 프랑스의 널리 퍼진 대중 가요 같은 형식이나 베랑제[59]는 존재하지 않는다.) 물론 대중적이었고 높은 명성을 누린 작가들이 있기는 했다. 명망을 얻은 작가 궤라치[60]의 작품들은 계속 간행되고 퍼져가고 있다. 인베르니치오[61]는, 비록 테라유[62]나 몽테팽[63]만큼은 아니지만 널리 읽혔고, 아마 지금도 그럴 것이다. 마스트리아니[64]도 인기 있는 작가였다. (파피니는《카를리노의 여생*Resto del Carlino*》에서 인베르니치오에 대한 글을 썼다. 전쟁 중인 1916년쯤에 썼는데, 책으로 묶여 나왔는지는 모르겠다. 파피니는 대중 문학의 이 햇병아리[인베르니치오]에 대한 이 흥미로운 글에서 하층민이 어떻게 대중 문학을 읽게 되었는지를 분석했다. 아마도 팔미에리의 글에 실린 (파피니에 대한) 참고 문헌 소개에서 파피니 글의 출간 날짜를 발견할 수 있을 텐데, 어쩌면 기록이 내 기억과는 다를 수도 있다.)

기초적이고 별로 대단치 않은 형식이긴 하지만, 일부 하층민에게는 지적이고 예술적인 욕구가 어쨌든 존재한다. 자신만의 '근대적' 문학을 갖지 못한 그들은 지적이고 예술적인 필요를 나름의 여러 방식으로 충족시킨다. 중세의 기사 소설—《프랑스의 제왕들*Reali di Francia*》,《가난뱅이 궤리노*Guerino detto il Meschino*》 등—은 특히 남부 이탈리아와 산악 지대에서, 오월회[65](여기서 나온 내용은 피아 데이 톨로메이[66]의 이야기처럼 소설과 특히 대중화된 전설로 읽혔다. 오월회의 소설들은 여러 판본으로 현존한다)는 토스카나에서 널리 퍼졌다.

세속인들[67]은 대중-국민으로서의 지성과 도덕 의식을 교육하고 체계화하는 역사적 임무를 소홀히 했고, 따라서 대중의 지적 요구를 충족시킬 수 없었다. 세속 문화를 표출하지 못한 채, 낡아빠지고 유약하며 추상적이고 지나치게 개인주의적이거나 카스트에 얽매인 상태에서 벗어나지 못했기 때문이다. 이탈리아에서 대단히 널리 퍼져 있는 프랑스 대중문학은 반대로 어느 정도 공감을 얻을 수 있는 방식으로 근대 인문주의와 속세 문화를 표현한다. 궤라치와 마스트리아니를 비롯한 이탈리아 대중 작가들이 그런 일을 담당한다. 그러나 세속인들이 실패했다고 해서 가톨릭 교도들이 더 나은 성공을 거둔 것은 아니다. 가톨릭 서적들의 의기양양한 확산에 정신을 뺏길 필요는 없다. 광범위하고 강력한 교회 조직이 확산시킨 것이지, 내부 팽창력 때문은 아니다. 사람들은 시도 때도 없이 열리는 예식에서 선물로 가톨릭 서적을 받고는, 일종의 형벌로, 억지로, 또는 절망하며 읽는다.

모험 문학 분야에서 가톨릭 교도들의 표현 방식이나 내용이 너무 나약하다는 사실은 무척 놀랍다. 가톨릭 교도들도 여행이나 활동적인 생활, 선교사의 풍부한 경험 등등에서 비옥한 샘을 갖고 있을 텐데 말이다. 모험의 지형을 보여주는 소설이 널리 확산되던 시절에도 가톨릭 문학은 나약했고, 프랑스와 영국, 독일의 세속 문학에 전혀 견줄 수가 없었다. 추기경 마사야[68]가 아비시니아에서 겪은 고난기가 가장 두드러진 책이고, 이미 예수회 신부가 된 미오니[69]의 책들이 나타났을 뿐이었지만, [대중의] 이런저런 요구에 미치지 못하기는 마찬가지였다.

과학 대중 문학에서도 가톨릭 교도들은 이렇다 할 만한 것을 내놓지 못했다. 단지 세키[70] 신부(예수회)와 같은 위대한 천문학자가 있을 뿐이다. 천문학은 대중의 관심을 끄는 과학이다. [그러나] 가톨릭 문학에서는 마치 사향노루의 주둥이에서처럼 예수회의 호교적 냄새가 배어 나온다. 그 초라한 나약함에 구역질이 날 지경이다. 가톨릭 지식인의 수가 충분하지 못하고 그들 문학도 별 명성을 누리지 못하는 현실은 종교와 대중 사이에 존재하는 깊은 단절을 거침없이 말해준다. 종교와 대중의 단절은 살아 있는 정신적 삶의 부재와 무관심주의라는 극도로 비참한 상황에서 나온다. 종교는 미신의 상태로 남지만, 그렇다고 인문주의적이고 세속적인 새로운 도덕성에 자리를 내주지도 않는다. 그것은 세속 지식인들의 무능력 때문이다([이탈리아에서] 종교는 다른 나라에서처럼 근본적으로 변화되지도 않았고 국민 속에 스며들지도 않았으며 다른 무엇으로 대체되지도 않았다. 미국의 예수회가 그런 상황이다. 이탈리아 대중은 반동 종교 개혁으로 형성된 상황에 아직도 철저하게 젖어 있다. 요컨대 이탈리아 종교는 이교적인 민속과 결합된 상태로 남아 있다).

이탈리아 국민 문화

1930년 8월 《페가소》에 실린 〈비평에 대해 움베르토 프라키아에게 보내는 편지Lettera a Umberto Fracchia sulla critica〉에서 우고 오예티는 두 가지 탁월한 주장을 펼친다.

1) 우선 티보데[71]가 비평을 직업적 비평가의 비평, 작가 자신의 비평, '정직한 사람들', 즉 '계몽된' 독자의 비평이라는

세 가지 부류로 나눈다는 사실을 상기시킨다. 프랑스에는 문학계의 모든 변화를 소화하고 좇아가는 세심한 독자층이 단단하게 존재한다는 점을 생각하면, 독자의 비평은 문학 가치의 진정한 보고라고 할 수 있을 것이다. 그런데 이탈리아에는 독자의 비평이 부족하다(다시 말해 이탈리아에는 프랑스에 존재하는 계몽된 중류 독자가 없거나 너무 드물다). 우고 오예티는 이렇게 말한다.

작가가 국민적 중요성을 지닌 작품을 완성해낸다는 확신, 혹은 적어도 환상조차 없다. 이는 프라키아가 말하듯이 "작가는 매년이든 매일이든 자기 문학을 언제나 똑같이 고수했고, 지금도 고수하고 있으며, 앞으로도 계속 그러할 것이기 때문이다. 오늘 상황이 이렇다고 내일도 그럴 거라고 기대하거나 예언하거나 상기시키는 일은 이치에 맞지 않는다. 모든 시대는 언제나 자기 시대의 작품을 찬미했다. 게다가 그 중요성, 위대함, 가치, 지속성을 서슴없이 과장하기까지 했다". 옳은 말이다. 그러나 이탈리아에서는 아니다.

(오예티는 프라키아가 볼페[72]에게 보낸 공개 편지에서 힌트를 얻는다. 1930년 6월 22일자 《이탈리아 레테라리아》에 실린 편지에서 프라키아는 문학상을 배분하는 학술원 심의 대상에까지 오른 볼페의 주장을 언급한다. 볼페는 이렇게 말했다. "위대한 회화 작품,

위대한 역사물, 위대한 소설이 솟아오르는 현상은 쉽게 보이지 않는다. 그러나 주의 깊게 바라보는 사람은 현재의 문학에서 잠재력을 볼 것이다. 상승을 갈망하는, 어떤 전도유망한 실현을 갈망하는 힘을 알아볼 것이다.")

2) 오예티는 이런 주장도 했다. "우리의 과거 문학, 즉 우리의 고전에는 대중성이 빈약하다. 반면 영국과 프랑스의 비평에서는 살아 있는 작가와 고전 작가를 비교하는 글이 심심찮게 나온다." 이런 주장은 현재의 이탈리아 문화에 대한 역사적 판단을 내리는 하나의 토대가 된다. 즉 [이탈리아에서] 과거는 현재에 살아 있지 않고 현재의 필수 요소가 아니며 국민 문화의 역사에는 지속성과 통일성이 없다는 것이다. 지속성과 통일성을 확인하려 한다면 단지 수사학적인 확인이거나 암묵적으로 선전하는 효과를 낼 뿐이다.

그런 수사와 선전은 살아 움직이는 현실을 만들어내지 못하고, 존재하지 않는 것을 인위적으로 만들어낸다(어떤 방식의 지속성과 통일성은 리소르지멘토부터 카르두치와 파스콜리에 이르기까지 존재하는 것 같다. 라틴 고전 문학까지 가닿는다고 말할 수 있는 그들의 문학은 단눈치오와 그 계승자들과 함께 사라졌다). [그런 식의 흐름에서] 과거는 문학으로 이해하고 표현하는 살아 있는 요소가 되지 못한다. 단지 책에 기초를 둔 학구적인 문화의 요소로 남을 뿐이다. [이탈리아에서] 국민적 정서가 최근에 일어났다는 사실은 무엇을 의미하는가? 이탈리아에서 문학은 국민적 사실이 아니라 '세계시민주의적' 특징이라고 강변하면서 국민 정서가 아직 형성 중일 뿐이라는 주장은 적절하지 않다.

이에 대해 프라키아가 볼페에게 보낸 공개 편지에서 다른 구절을 가져와보자.

> 조금만 더 용기를 내시고, 포기하시고 믿으시면 귀하께서 현재 문학에 대해 마지못해서 그냥 해버리는 칭찬을 활짝 열린 칭찬으로 바꾸실 수 있을 겁니다. 현재 이탈리아 문학은 잠재적 힘만이 아니라 눈에 보이게 드러난 힘도 있으며, 그 힘을 무시하는 자들이 인정하기를 기다린다, 등등의 칭찬 말입니다.

앞서 볼페는 쥬스티의 기지에 찬 구절을 '진지하게' 바꿔 말했던 적이 있다. 쥬스티의 싯구는 이러하다. "시인. 영웅들이여, 영웅들이여, 무얼 하고 있소이까? 영웅. 나중을 봅니다." 프라키아는 실천이 실천으로 인정되지도, 평가받지도 못하는 현상을 못내 한탄한다.[73]

프라키아는 이탈리아 작가를 보호하기 위한 법적, 상업적 조치를 남발하는 출판사들을 여러 차례 비판했다(내무부 차관인 비앙키 의원이 발표한 법적 조치는 평가 과정을 거쳐 폐기되었는데, 이 과정에서 프라키아의 여론 조성이 큰 역할을 했던 예를 기억해보라). 앞서 인용했듯, 프라키아는 이렇게 주장한다. 모든 시대 모든 순간에는 그만의 문학이 있고, 그 고유의 문학을 찬미한다.[74] 문학사가들은 당대에 최대의 찬사를 받았지만 오늘날에는 아무런 가치도 없다고 판정되는 많은 작품들을 평가해야만 했다. 사실 크게 보아 잘못된 것은 없다. 그러나 당대의 문학 현실이 자기 시대를 해석할 줄 모른다는 점을 생각하면, 그런 문학은 국민의 실질적 삶에서 떨어져 나온 것으로 봐야 한다. 그리고 아마 예술적으로 전혀 인정할 수 없는 작품들은 '실용적 이유'에서마저 찬사를 받지 못할 것이다. 시대에 뒤떨어진 실용성이기 때문이다.

[현재 이탈리아에서] 널리 읽히는 책이 사실상 없지 않은가? 있긴 있다. 그러나 외국 문학, 번역된 문학일 뿐이다. 레마르크[75]의 책이 그 예다. 실제로 오늘날 우리 시대는 시대의 깊고 기본적인 필요에 부응하는 문학을 갖고 있지 못하다. 왜냐하면 지금 존재하는 문학은, 극히 예외가 있기는 하지만 국민과 대중의 삶에 연결되어 있지 못하고 주변만 맴도는 아주 제한된 집단에 연계되어 있기 때문이다. 프라키아는 대작의 관점에만 서 있는 미학 이론을 완성하느라 희박해진 비평을 불평한다. 그러나 책이 문화사의 관점에서 검토된다면 대작의 관점 아니면 그보다 더 나쁜 어떤 관점을 불평해야 한다. 왜냐하면 그러한 관점은 당대 현실에 충실한 문학의 이념적·문화적 내용을 거의 갖고 있지 않을 뿐 아니라 모순되

고 신중하리만치 예수회적이기 때문이다.

이탈리아에 '독자 비평'이 없다는 지적(오예티가 프라키아에게 보낸 편지에서 썼듯이)도 사실이 아니다. 이탈리아에도 독자 비평은 있다. 다만 자기 방식으로만 존재한다. 독자는 많이 읽고 자기 성향에 따라 존재하는 작품 가운데에서 선택을 한다. [그런데] 왜 이러한 독자가 아직도 뒤마와 인베르니치오를 선호하고 추리 소설에 탐욕스럽게 달려들까? 이러한 독자 비평은 이탈리아에서 자기 조직을 갖고 있다. 출판업자들, 일간지와 대중 잡지의 편집자들이 조직의 대표를 맡고 있다. 게다가 독자 비평은 연재물의 선택과 외국 서적의 번역, 극단 레퍼토리에도 반영된다. 오로지 외국 선호만 성행하는 것은 아니다. 같은 독자가 음악에서는 베르디와 푸치니, 마스카니를 원하기 때문이다. 분명히 문학판에서 이들 음악가에 견줄 만한 작가들은 없다. 또한 외국에서는 청중이 베르디와 푸치니, 마스카니를 자기 나라 국민 음악가보다 선호하기도 한다. 이런 사실은 이탈리아에서 독자와 작가는 분리되어 있고, 이탈리아 독자는 '자신의' 문학을 나라 밖에서 찾는다는 결정적인 증거를 보여준다.

[이탈리아 독자들이] '자신의' 문학을 외국에서 찾는 이유는 이른바 국민 문학보다 더한 '자신의 것'을 외국에서 느끼기 때문이다. 모든 시대 모든 순간이 고유한 문학을 가진다 해도, 반드시 국민 공동체에 의해서 생산되는 것은 아닐 테

다. 모든 대중은 그들만의 문학을 갖지만, 그 문학은 다른 대중에게서 올 수도 있다. 즉 한 대중은 다른 대중의 지적·도덕적 헤게모니에 종속될 수 있다. 이것이 국민주의의 억압적, 독점적 경향에서 나올 수 있는 역설이다. [국민주의의] 거만한 헤게모니 단계가 구성되는 동안 자신이 외부 헤게모니의 대상이 된다는 사실을 깨닫지 못하는 것이다. 마찬가지로 제국주의 단계가 진행되는 동안 다른 제국주의가 대두한다. 정치 중심부가 현실의 상황을 제대로 이해하지도 못하면서 극복하려는 것인지 우리는 대체 알 수가 없다. 그러나 이 경우 문인들이 어떠한 노력으로도 정치 중심부를 돕지 않으며, 빈 두뇌로 국민주의 찬양에 광분하느라 자신들의 헤게모니가 어디에 의존하는지, 어디서 억압받는지를 느끼지 못한다는 사실은 명확하다.

문어와 구어의 언어적 표현과 기타 예술

데 상티스는 단테의 칸토 한 편에 대한 에세이를 쓰거나 강의를 하기 전에 여러 번 소리 높여 읽고 암기하는 과정을 거친다고 한다. 이는 데 상티스와 같은 대가도 처음 읽을 때는 작품의 예술적 요소를 곧바로 알아챌 수 없다는 점을 보여준다. 초벌 읽기는 작가의 문화와 감정 세계에 들어가는 기회다. 그러나 특히 현대 작가가 아닌 경우에는 작가의 세계가 현재와 다를 수 있기 때문에 그런 기회조차 어려울 수 있다. 예를 들어, 식인종의 인육 만찬의 기쁨을 노래한 시는 미적으로는 아름답게 여겨질 수도 있지만, 예술적 감상을 위해서는 자기가 속한 문화에서 일정한 심리적 거리를 두어야 한다.

예술 작품은 특정한 문화와 감정 세계 외에도 '역사적' 요소들을 내포한다. 여기서 언어는 단순히 말의 표현만은 아니다. 언어는 특정 시간과 장소에서 문법적으로 포착할 수 있는 것뿐만 아니라, 문법에 포함되지 않는 이미지와 표현 방식의 집합으로 이해해야 한다. 이러한 요소들은 다른 예술에서 더욱 뚜렷하게 나타난다. 일본어는 한눈에도 이탈리아어와 다르게 보이지만, 회화, 음악 및 시각 예술의 언어는 그렇지 않다. 그러나 예술 언어에도 차이가 존재한다. 그 차이는 예술가의 예술적 표현에서 민속의 예술적 표현으로 내려갈수록 더욱 두드러지고, 그때 예술의 언어는 가장 토착적이고 원시적인 요소가 된다(예를 들어, 어떤 화가가 그린 흑인의 옆모습을 다른 흑인들이 얼굴이 반만 나왔다고 비웃는 일화를 기억하자).[76]

문화 역사적 관점에서 볼 때, 문자 및 구어의 표현과 기타 예술의 언어 표현 사이에는 큰 차이가 있다. 문학 언어는 국민-대중의 삶과 밀접하게 연결되어 있고, 매우 천천히, 점진적으로 발전한다. 각 사회 집단이 모두 자체의 '언어'를 지닌다고 말할 수 있다 해도, 대중의 언어와 지식인 계층의 언어 사이에는 지속적인 일치와 교환이 이루어진다는 점(물론 드문 예외를 제외하고)을 주목할 필요가 있다.

그러나 기타 예술에서의 언어 표현은 같은 방식으로 발전하지 않는다. 예술의 언어에서는 두 가지 현상이 발생한다. 첫째, 과거의 표현 요소들이 문학 언어에 비해 훨씬 더 큰 비율로 살아 있다. 과거 모든 시대가 여전히 예술 언어에 반영되어 있다는 말이다. 둘째, 예술 언어는 다양한 국가에서 나온 기술적, 표현적인 요소들을 흡수하여 빠르게 세계시민적 언어로 형성된다. 예를 들어, 바그너는 독일 문학이 역사적으로 남긴 것보다 더 많은 언어적 요소를 음악에 도입했다.

이러한 현상[77]이 발생하는 이유는 대중이 국제 엘리트 계층이 주도하는 예술 언어 생산에 거의 참여하지 않기 때문이다. 그래도 대중은 (개개인이 아니라 집단적으로) 그 언어를 빠르게 이해할 수 있다. 이 모든 것은 정신의 형식과 활동에서 원초적이라 할 수 있는 순수한 미적 '취향'이 실제로는 그렇지 않다는 사실을 말해준다.[78]

어떤 이는(예를 들어 프레촐리니의 저서 《미 파레...》를 보라[79]) 연극이 예술이 아니라 기계적 오락에 불과하다고 주장한다. 그런 주장에 따르면, 관객은 드라마를 미적으로 감상하지 못하고, 그냥 줄거리와 사건에만 관심을 보인다. 잘못된 관찰이다. 문학만 연극 예술의 요소가 아니고, 작가만 창작자가 아니다. 물론 작가는 대사와 지문을 통해 배우와 연출자의 해석을 제한하면서 극적 재현에 개입한다. 그럼에도 불구하고 실제 현장에서 문학 요소는 새로운 예술 창작의 기회가 되고, 작가와 연출자가 함께 만드는 복합 무대의 중요성은 점점 더 커져가고 있다.

그런데 작가가 만든 대로 극을 감상하기 위해서는 반복적인 읽기가 필요하다. 결론은 다음과 같다. 예술 작품은 도덕, 문화, 감정 요소가 국민의 도덕성, 문화, 감정과 얼마나 잘 일치하는지에 따라 '예술적으로' 대중적일 수 있다. 여기서 국민의 도덕성, 문화, 감정은 정적인 것이 아니라 지속적으로 발전하는 활동으로 이해해야 한다. 연극은 단순한 오락이 아니라 텍스트, 해석, 그리고 관객의 수용 사이에서 깊은 상호작용을 요구하는 복합 예술이며, 예술적 가치는 보편적인 경험과 감정을 전달하는 능력과 본질적으로 연결되어 있다.

소위 "언어의 문제"[80]

단테의 《속어론 *De Vulgari Eloquentia*》은 본질적으로 문화와 국민 차원에서 진행된 정치 행위로 고려해야 한다(당시 단테가 이해한 국민의 의미에서). 이른바 '언어 문제'는 [이탈리아 역사에서] 언제나 정치 투쟁의 한 양상으로 간주되어왔다는 측면에서 비로소 연구할 만한 흥미로운 주제가 된다. '언어 문제'는 이탈리아에서 '국민적 균형'이라는 이름으로 유지된 정치적 통일이 붕괴하는 현상에 대해, 그리고 11세기 이후 코무네 체제와 함께 형성되어 있었던 정치, 경제 계층이 해체되는 흐름에 대해 지식인들이 보여준 하나의 반응이었다. 이는 지식인들이 [문화와 국민에 대한 스스로의 유기적] 역할을 보존하고 강화하려는, 상당히 성공적이라 할 수 있는 시도였다. [그 결과] 지식인의 존재는 18세기와 19세기(리소르지멘토 시기)에 작지 않은 의미를 지니게 되었다.

단테의 이 작은 책도 집필된 당시에 상당한 의미를 지녔다. 사실로만 아니라, 사실을 이론으로 바꿔봐도 같은 판단이 든다. 코무네 체제가 가장 번영했던 시기의 이탈리아 지식인들은 라틴어와 '결별하는' 동시에 라틴어식의 '엘리트주의적 언어'[81]에 맞서 속어를 찬양하고 정당화했다. 그 과정에서 속어는 위대한 예술적 선언을 이뤄냈다. 단테의 시도가 엄청나게 중요한 혁신이었다는 사실은 나중에 [즉, 르네상스 시기에] 라틴어가 교양인들, 즉 배운 사람들의 언어로 다시 복귀하면서 드러난다. 이때 나타난 인문주의와 르네상스의 이중적 모습은 [신중하게] 고찰해야 할 문제다. 본질적으로 인문주의 르네상스는 국민-대중 관점에서는 반동적이었고, 이탈리아와 유럽 지식인 집단이 문화 발전을 어떻게 표현했

던가 하는 관점에서는 진보적이었다.[82]

언어 혁신의 확산

1) 학교. 2) 신문. 3) 예술적 작가와 대중적 작가. 4) 연극과 유성 영화. 5) 라디오. 6) 각종 공개 모임, 종교 모임. 7) 배운 사람들과 못 배운 사람들 등 다양한 사회 계층 사이의 대화적 관계(사람들이 운문화한 말, 즉 시를 어떻게 기억하여 습득하는지 하는 문제는 무척 중요하다. 대개 시를 노래나 오페라 아리아 등을 통해 기억으로 습득한다). 8) 여러 의미로 접근해야 할 지역 방언(가장 좁은 지역 방언부터 더 넓은 지역을 포함하는 방언까지. 예를 들어, 남부 이탈리아의 나폴리 방언, 시칠리아의 팔레르모나 카타니아 방언 등).

국가의 단일 언어[즉, 국어]의 형성, 확산 및 발전은 복잡한 과정을 통해 이루어지므로 세세하게 들여다봐야 한다. 그래야만 그 과정에 능동적으로 개입하여 최대의 결과를 얻을 수 있기 때문이다. 개입이 결정적이니 목표를 구체적으로 달성하리라 상상해서는 안 된다. 어떤 '하나의 통일된 언어'의 도출을 보장할 수 없다는 말이다. 그 언어가 필연적이라면 도출될 것이고, 개입이 조직적이라면 도출 시간은 단축될 것이다. '통일된 언어'가 무엇이어야 할지 미리 예측하거나 결정할 수는 없다. 만약 ['통일된 언어'를 결정하려는] 개입이 '합리적'이라면, 그 언어는 전통과 유기적으로 결합된 형태일 것이다.

만초니파와 '고전주의자들'. 그들에게는 우선해야 할 언어가 있었다. 그들의 언어 논의가 쓸모없고 오늘날 문화에 별 영향을 미치지 않았다고 말하는 것은 옳지 않다. 사실 지난 세기 동안 통일된 문화가 확산되었고, 공통의 단일 언어도 확립되었다. 그러나 이탈리아의 국가 형성은 속도가 너무 느렸다. 언어의 문제는 여러 다른 문제와 관련되어 다양한 방식으로 고개를 쳐들고 있다. [이런 상황에서] 지도 계층의 형성과 확대, 지도 계층과 국민-대중 집단 사이의 더 친밀하고 확고한 관계의 구축, 즉 문화적 헤게모니의 재조직화가 필요하다.

독자와 이탈리아 문학

《일라보로 *Il Lavoro*》에 실린 글(1928년 10월 28일 《피에라 레테라리아 *Fiera Letteraria*》에 요약되어 다시 실림)에서 레오 페레로[83]는 이렇게 썼다.

이런저런 이유로 이탈리아 작가들은 더 이상 독자층이 없다고 말할 수 있다. … 독자층은 책을 구입할 뿐만 아니라 작가들을 찬미하는 개인의 총체를 의미한다. 문학은 찬미의 분위기 없이는 피어날 수 없는데, 찬미는 알다시피 보상이 아니라 노동의 자극이다. … 찬미하는 독자층, 그야말로 마음으로 기쁘게 찬미하는 독자층, 찬미하는 행복을 누리는 독자층(관습적인 찬미의 해악이 전혀 없는)은 문학의 가장 위대한 찬미자다. 여러 정황으로 보아 독자들이 이탈리아 작가들을 포기하고 있다는 사실은 정말 확실해 보인다.

페레로가 말하는 '찬미'는 단지 하나의 은유로서, 관계의 복잡한 체계를 가리키는 '집단 명사'다. 그것은 국민과 작가들이 서로 접촉하는 형식을 가리킨다. 오늘날 [이탈리아에서] 이런 접촉은 사라졌다. 즉 [이탈리아] 문학은 국민적이지 않다. 대중적이지 않기 때문이다. 우리 시대의 역설이다.

한편, 문학 세계에서 위계란 것은 없다. 문화 헤게모니를 틀어쥐고 행사하는 뚜렷한 개성[84]은 [사실상] 존재하지 않는다. 이는 문학이 왜 대중적이어야 하고 어떻게 대중적일 수 있는지의 문제와 관련이 있다. '미(美)'로는 충분하지 않다. 지적이고 도덕적인 일정한 내용이 필요하다. 지적, 도덕적 내용을 갖춘 문학은 일정한 독자층이 지닌 가장 깊은 열망이자, 일정한 역사적 발전 단계에 있는 국민-대중이 고상하게 완성시켜 나타낸 자기 표현이다. 문학은 문명을 실질적으로 이루는 요소인 동시에 예술 작품이어야 한다. 그렇지 않으면 예술 문학보다 연재 문학이 선호된다. 연재 문학은 실질적 차원에서 나름대로 문화를 이룬다. 끝이 어디인지 모를 만큼 퇴화된 형태일 수 있으나 느낌만은 강력한 문화다.[85]

대중 소설의 여러 유형

대중 소설은 여러 유형이 있다. 유형마다 확산도 되고 유행도 타긴 하지만, 특이하게도 어느 하나가 우세하고 더 오래간다. 그런 흐름을 보면 대중 취향이 어떻게 변화하는지 뿌리부터 확인할 수 있다. 또한 여러 유형의 유행이 동시에 일어나는 현상을 보면 대중 안에 다양한 문화 층이 존재한다는 사실을 증명할 수 있다. 층마다 다르게 두드러지면서 여러 '군(群)의 감성'으로 나타나는가 하면 대중적인 여러 '영웅 모델'로 나타나기도 한다. 이런 유형의 목록을 만들고, 각 유형이 역사적으로 많든 적든 유행을 탔다는 사실을 기록하는 것이 이 글의 중요한 목적이다.

1) 빅토르 위고-외젠 쉬의 유형(《레 미제라블》,《파리의 비밀》). 현저하게 이념적·정치적인 특징을 지니는데, 1848년이 이념과 결부된 민주주의적 경향을 보인다.

2) 감성적 유형. 좁은 의미에서 탈정치적이지만, '감성적 민주주의'라고 정의할 수 있는 것을 표현한다(리슈부르[86]와 드쿠르셀[87] 등).

3) 음모 유형. 음모를 다루긴 하지만 이념적으로 보수·반동의 내용이다(퐁테팽).

4) 뒤마와 테라유의 역사 소설. 역사적 특징이 두드러지며, 적게나마 이념적·정치적 특징도 지닌다. 보수 반동으로서의 귀족 체제와 충직한 노예를 찬미하는 테라유의 작품은 뒤마의 역사물과는 전혀 다른 특징을 보인다. 뒤마는 민주주의 정치 경향을 뚜렷이 보이지만, 전반적으로는 오히려 '수동적인' 민주주의 감성을 띠고 있고 때로는 '감성적' 유형에 다가선다.

5) 이중적 측면을 지닌 추리 소설(르코크 시리즈, 로캉볼 시리즈, 셜록 홈스 시리즈, 아르센 뤼팽 시리즈).[88]

6) 신비 소설(환상, 베일의 성 등. 래드클리프[89] 등).

7) 지리 공상 과학 소설. 객관성을 갖추지 못했거나 단순히 줄거리 위주인 것(베른과 부스나르[90]).

대중 소설은 나라마다 다양한 유형으로 나타난다(예를 들어 미국에서 모험 소설은 개척자의 서사시다). 아주 뚜렷하게 표현되지는 않지만, 각 나라가 생산한 [문학] 전반을 보면 국민적 감정이 이야기에 교묘하게 스며들어 함축되어 있는 양상을 관찰할 수 있다. 쥘 베른이 대표하는 프랑스의 모험 소설에서는 반(反)영국적 감정이 식민지 상실이나 해전에서 겪은 패배의 곪은 부분과 연결되어 생생하게 살아난다. 모험 소설에서 프랑스인이 충돌하는 대상은 독일인이 아닌 영국인이다. 프랑스의 반영국적 감정은 역사 소설에서, 심지어 감성 소설(예를 들어 상드91)에서도 살아 있다. (이는 백년 전쟁과 잔 다르크의 처형, 그리고 나폴레옹의 최후에 대한 반응이다.)

이탈리아에서 이런 유형의 작가들은 전혀 두각을 나타내지 않았다(문학적으로 두드러지지 않았다는 말이지만, 솜씨 좋게 줄거리를 꾸며내는 창작의 측면에서는 상업적 가치가 있다. 줄거리는 복잡해도 나름대로 합리성을 갖추고 잘 만들어졌다). 이탈리아에는 범죄 소설 작가도 없다. 국제적으로 범죄 소설이 크게 유행하는 현상(작가와 출판사 입장에서 큰 수입원이 된다)과 대조적이다. 수많은 작가, 특히 역사 소설을 쓰는 [외국] 작가들은 이탈리아와 이탈리아 여러 도시의 역사적 변천, 여러 지방의 제도와 사람들을 주제로 삼았다. 그래서 베네치아의 역사와 정치, 사법, 치안 조직 등은 전 세계 대중 소설가들에게 예나 지금이나 여전히 글감을 제공하고 있다. 이탈리아만 예외다. 범죄 조직의 생활을 그린 대중 문학이 이탈리아에서도 유행했지만, 작품의 가치는 대단히 낮다.

가장 최근에 나온 대중 문학의 유형은 생활 소설92이다. 문화적으로 더 간교해진, 그래서 뒤마식의 이야기에 만족하지 못하는 대중의 문화적 요구를 어떻게든 충족시키려는 무의식적인 시도다. [그러나] 이탈리아에는 이런 문학에서조차 내로라할 작가들이 없는 형편이다(마추켈리[93], 자르디니[94] 등만 겨우 꼽을 수 있다). 이탈리아 작가들은 양으로 보나 작품으로 보나, 그리고 문학을 향유하는 능력치로 보나, 프랑스, 독일, 영국 작가들에 견줄 바가 못 된다. 뿐만 아니라 더 의미심장한 현실은 이탈리아 작가들이 특히 프랑스의 역사 소설을 읽고 자란 이탈리아 대중의 취향에 맞추기 위해 주제를 이탈리아 밖에서 찾는다는 점이다(마추켈리와 자르디니는 프랑스에서, 모밀리아노[95]는 영국에서).

이탈리아 작가들은 전기 소설을 쓸 때 독자들이 믿고 생각하게 하기 위해서 진저리나고 과장된 '깁고 때우고 덧붙인 파편'들을 욱여넣어야 한다는 신조를 갖고 있다. 이탈리아 작가들은 그래야만 마사니엘로와 란도, 리엔초[96]를 주인공으로 하는 전기 소설을 쓸 수 있을 것이다. 생활 소설의 명성이 높아지자 많은 출판사가 전기를 시리즈로 펴내기 시작했다. 그러나 《몬차의 수녀》[97]에서 《몽테크리스토 백작》을 떠올리듯이, 생활 소설에서 떠올리게 되는 책이 무엇인지 생각해보아야 한다. 평범한 평전의 구조와 문헌학적 정확성을 구비한 책이 많은 독자를 확보할지는 몰라도 대중적이지는 않다.

대중 소설의 일부 유형은 연극과 영화와 통한다. 연극에서 니코데미[98]의 인기는 분명히 그런 종류에 속한다. 니코데미는 대중적 이념[99]과 뚜렷하게 결속한 암시와 모티프를 극적으로 표현하는 능력을 지녔다. 《찌꺼기》, 《볏》, 《비행》을 보면 잘 알 수 있다.[100] 포르차노[101]에게도 비슷한 점이 있기는 하지만 테라유식의 보수적 경향을 지닌다. 이탈리아에서 대중적으로 대성공을 거둔 연극 작품은 자코메티[102]의 《시민의 죽음》이다. 이 작품은 이탈리아적인데도 이렇다 할 만한 모방작이 뒤를 잇지 않았다. 우리는 이 연극에서 대중 관객도 아주 좋아할 만한, 지대한 문학적 가치를 지닌 일련의 드라마투르기[103]를 주목할 수 있다.

입센[104]의 《인형의 집》은 도시 대중에게 큰 환영을 받았다. 입센이 표현하는 도덕적 감성과 경향은 대중의 심리에 깊은 울림을 준다. 이런 연극이 아니라면 무엇이 이른바 '이념극'일 수 있는가? '이념극'이란 관습과 엮인 정열을 '진보적' 카타르시스를 보여주는 극적 해결로 표현하는 극을 뜻한다.[105] 사회의 지적이면서 도덕적으로 더 향상된 부분을 드라마로 보여주며, 현존하는 관습에 내재한 역사적 발전을 표현한다. 그러나 관습과 엮인 정열과 지적·도덕적인 연극은 표현되어야 하는 것이지 논문이나 선전 담론처럼 전개되어서는 안 된다. 그래서 작가는 자신이 사는 현실 세계가 요구하는 모순을 껴안고 살아야 하고, 책에서만 흡수한 감정을 표현해서는 안 된다.

이탈리아인들과 소설

'이탈리아인들과 소설'이라는 주제로 가티[106]가 했던 강연 글 일부가 1933년 4월 9일자 《이탈리아 문학*Italia Letteraria*》에 실렸다. 그 가운데 도덕주의자와 소설가의 관계를 프랑스와 이탈리아로 나눠 비교한 부분이 흥미롭다. 이탈리아인들이 생각하는 도덕주의자는 프랑스의 경우와 현저하게 다르다. 이탈리아의 도덕주의자는 '정치적' 성격을 띤다. 이탈리아인들은 어떻게 '지배할 것인가', 어떻게 더 강하고, 더 능숙하고, 더 교활할 것인가를 파고드는 반면, 프랑스인들은 어떻게 '이끌 것인가', 즉 '자발적이고 능동적인 동의'를 얻고 적용하기 위해 어떻게 '이해할 것인가'를 생각한다. 귀차르디니의 《정치와 시민의 회고*Ricordi politici e civili*》가 바로 이탈리아의 유형에 속한다.[107] 이탈리아에 고위층이 갖춰야 할 태도에 주목하는 《갈라테오*Galateo*》[108]와 같은 책은 널려 있어도, 프랑스의 위대한 도덕주의자들(혹은 고치[109]와 같은 하위 작가 계열)의 글처럼 정교하고 세밀한 분석을 담은 책은 없다. 이 차이는 이탈리아 소설이 국민-대중적인 또는 보편적인 인간에 관한 내용이 없이, 더 피상적이고 저속한 이유를 말해준다.

이탈리아 문학에 대한 관료들의 기여

이탈리아에서는 (프랑스나 다른 나라와 달리) 국가 공무원 (군인과 민간인)이 자신의 활동과 관련하여 가치 있는 문학을 만들어낸 적이 없고, 해외에서 활동하는 외교관, 전선에서 복무하는 장교들의 문학도 없다. 있다면 대개 '변호'의 성격을 띤다. 프랑스나 영국의 장군과 제독들은 국민을 위해 쓰지만, 우리나라의 장군과 제독은 오직 상급자를 위해 쓴다. 이탈리아 관료주의는 국민적 특성을 결여하고, 계급적 특성을 띠고 있다는 뜻이다.

나는 모든 이탈리아 공무원들이 자신들이 행하는 전문적이고 특수한 활동에 대해 얼마나 쓰지 않는지 언급한 적이 있다. 바레[110]의 〈극동 일기Pagine di un diario in Estremo Oriente〉는 《누오바 안톨로지아》 1928년 9월 16일과 10월 1일 및 16일 치에 실린 글이다. 몇 등급인지는 모르지만 중국 주재 이탈리아 외교관이었던 바레는 1928년 또는 1929년에 이탈리아 정부와 장제스 정부 사이의 협정을 체결한 인물이다. 그가 남긴 일기는 문학은 말할 나위도 없고 모든 면에서 참담한 수준이다. 나는 외교관들이 정치뿐만 아니라 정치와 관련된 모든 형태의 출판을 하지 말아야 한다고 생각한다. 전문가들로 구성된 검토 기구의 승인 없이는 출판을 못 하게 해야 한다. 외교적이지 못한 엉터리 글은 정부에 해를 끼칠 뿐만 아니라, 그들을 외교 대표로 임명한 국가의 명예도 실추시킬 수 있기 때문이다.

대중의 변화

베를이 쓴 《부르주아 사상의 죽음Mort de la pensée bourgeoise》이라는 책이 아마도 나라를 떠들썩하게 만든 것 같다.[111] 1929년 그는 메당에 있는 졸라의 집에서 '졸라의 친구들'(민주주의자, 공화주의자, 종교를 초월한 젊은 사람들 등등)의 연례 방문을 기회로 대담을 가졌다. "졸라와 조레스[112]가 죽고 나서 아무도 더 이상 대중의 진정성을 논할 줄 모르고, 우리 '유미주의자들의 문학'은 자아중심주의 때문에 죽는다." 졸라는 문학에서, 조레스는 정치에서 대중의 마지막 대변자였다. 앙프[113]도 대중에 대해 말하기는 하지만, 그의 책은 연구자들만 읽는다. 마르그리트[114]는 대중에게 읽히지만, 대중에 대해 이야기하지는 않는다. 졸라의 전통을 이어받은 유일한 프랑스 책은 바르뷔스의 《포화Le feu》다.[115] 왜냐하면 프랑스에서는 전쟁으로 일종의 형제애가 생겨났기 때문이다.

오늘날 대중 소설(대중 소설은 대체 무슨 뜻일까?)은 문학에서 점점 더 분리되어, 유미주의 문학으로 변한다. 대중에서 분리된 문학은 말라 죽는다. 정신적 생명을 박탈당한 프롤레타리아트가 스스로 존엄을 잃는 것과 같다(!). 문학이 대중에게서 멀어져 특권 계급의 현상이 되는 것이다. 그러나 이는 대중의 더 큰 존엄을 불러온다. '형제애'는 프랑스의 전통이자 문학적 보헤미안의 표현이었고, 1848년부터 1870년까지 프랑스 문화의 한 축이었다가 졸라와 함께 부활했다.[116]

그리고 주변에서 대중이 점점 더 사라지는 느낌이다. 사라지는 대중을 해결할 방도가 없는데도 불구하고 심문을 당하고, 압박을 받으며, 당연한 듯 고통을 받는다. 거대한 공장에서 일하는 노동자들은 일터에서 빠져나올 수 없고, 공장 밖에 있는 지식인은 그 공장을 침입할 수 없는 무풍 지대로 규정하는 것처럼 보인다. 너무나 거리가 벌어져서 노동 계급 출신 지식인이라도 전혀 통로를 찾을 수가 없다.

게노[117]는 다음과 같이 썼다. "어려운 믿음, 어쩌면 불가능한 믿음이다. 기대와 달리 장학생은 프롤레타리아트와 부르주아지 사이에 결코 다리를 놓아주지 않는다. 부르주아지가 하나 더 늘어난다면 그것도 좋을 것이다. 그러나 부르주아지 동료들은 늘어난 사람을 인정하지 않는다. 자신들의 일원이라고 생각하지 않는다. 대중이 지식인들의 표현 방식에 전혀 참여하지 못하듯이, 그 사람은 부르주아지와 대립하거나, 자신의 고유 언어로 자기만의 일종의 국적을 만들거나, 아무 언어도 갖지 못하거나, 아니면 일종의 미개 상태에 빠져야 하는 것이다."118

잘못은 순응주의자로 변한 지식인들에게 있다. 그에 반해 졸라는 혁명가였다(!). 저널에 기고하는 작가들이 세련되고 호화로운 문체를 구사한 데 반해, 졸라는 서사적으로 접근했다. 그러나 세계는 변했다. 졸라가 알고 있던 대중은 오늘날 더 이상 존재하지 않거나 적어도 중요성을 상실했다. 고도로 발전된 자본주의를 대표하는 테일러화된 맞춤형 노동자가 예전의 대중을 대체한다. 소부르주아와 별반 다르지 않았던 옛날의 대중은 졸라, 프루동,119 위고, 상드, 쉬의 문학에 등장하는 인물들이었다. 졸라는 태동하는 산업 사회를 묘사했다. 그보다 더 어려운 작가의 임무가 있을까? 바로 그래서 졸라를 무시할 수 없다. 결국 졸라로 돌아가는 것은 대중으로 돌아가는 것이다.

졸라와 함께하지 않는 것은 곧 그 무엇과도 함께하지 않는 것이다. 형제애가 아니면 죽음이다. 그것이 우리의 좌우명이고, 그것이 우리의 꿈이며, 그것이 우리의 법이다.

조반니 체나

체나[120]는 두 가지 관점에서 연구되어야 한다. 하나는 '대중적' 작가이자 시인으로서의 모습이고, 다른 하나는 농민 교육 기관을 만들고자 하는 실천가로서의 모습이다(안젤로 첼리, 안나 첼리와 함께 아그로 로마노와 팔루디 폰티네의 학교를 설립했다).[121] 조반니 체나는 1870년 1월 12일 몬타나로 카나베세에서 태어나 1917년 12월 7일 로마에서 죽었다. 1900년에서 1901년까지 《누오바 안톨로자》의 파리 및 런던 통신원이었고, 1902년부터 죽을 때까지 《누오바 안톨로자》의 편집장을 지냈다. 그라프[122]의 제자(프렌치[123]의 《불멸성의 도전자들 Candidati all'Immortalità》에 체나의 자서전적인 편지가 하나 실려 있다) 체나의 글 〈무엇을 할 것인가 Che fare?〉를 기억하라 (1912년 《보체》에 실려 있다).[124]

이탈리아 문화의 경향, 조반니 체나

조반니 체나에 대한 글 가운데 1929년 11월 24일자 《이탈리아 레테라리아》에 실린 카유미[125]의 〈조반니 체나라는 별난 경우 Lo strano caso di Giovanni Cena〉는 매우 흥미롭다. 한 부분을 발췌한다.

조반니 체나는 1870년에 태어나 1917년에 죽었다. 사실 이탈리아 부르주아 상당수는 프랑스와 러시아에서 건너온 새로운 사상을 퍼뜨리는 지적 운동에 참여했는데, 체나가 대표 인물이다. 프롤레타리아(!혹은 농민?) 출신인 데다 가난한 시절을 겪어서인지 매섭고 정열적이었다. 야만스러운 고향과 아버지에게서 기적적으로 빠져나와 고학을 한 체나는 프랑스에서 대중을 향한 흐름에 무의식적으로 가담한다. 당시 프랑스는 프루동에서 시작해 발레스[126]와 코뮌주의자[127]를 거쳐 졸라의 《사대 복음서 Quatre évangiles》[128]와 드레퓌스 사건, 알레비[129]에 이르는, 그리고 오늘날에는 게노(무엇보다도 도미니크[130]를 위시한 다른 사람들)로 지속되는 전통이 있던 곳이었다(카유미는 과거 일상의 질서로 짜였던 포퓰리즘적 언어를 전한다. 과거 프랑스는 대혁명 이후 졸라까지 대중과 작가 사이에 어떤 분열도 없었다. 상징주의자의 반동으로 대중과 작가, 작가와 삶 사이에 웅덩이가 생겼으며, 아나톨 프랑스[131]는 자유 특권 계급 작가의 가장 완벽한 유형이다). 우리 사람(조반니 체나)의 독창적 위치는 대중에 뿌리를 두고 있지만, 투쟁 환경은 언제나 같다. 프람폴리니[132]의 사회주의가 자리 잡았던 곳이다. 그것은 이탈리아 통일 이후 소부르주아의 이차 성장이었다(일차 성장에 대해서는 연대기 작가 몬티[133]가 《산소시 Sanssossi》에서 모범적으로 쓴 바 있다). 그 성장은 지배적인 보수 계급의 정치학에 이질적이었고, 카르두치보다는 데 아미치스나 스테케티에 더 결속되고 단눈치오와는 거리가 먼 문학에서 일어났다.134 소부르주아의 이차 성장은 예술가보다는 사상가로 인정되었던 톨스토이를 자양분으로 삼고, 바그너를 발견하며, 상징주의와 사회시, 지속적 평화에 애매한 믿음을 보이다가 관료들을 이상주의가 아니라는 이유로 비난하게 되는데, 1914년의 포격을 겪고도 자기 꿈에서 깨어나지 못하게 된다 (모든 것이 좀 틀에 박히고 왜곡된 느낌이다).

믿을 수 없을 정도로 궁핍하게 자란 체나는 부르주아도 대중도 아닌 수륙 양용의 묘를 터득했다. 〈무엇을 할 것인가?〉라는 글에서 조반니 체나는 민족주의자들을 자신과 같은 철학적 사회주의자들과 연합시키고자 했다. 그러나 근본적으로 이런 데 아미치스식의 소부르주아 사회주의는 민족사회주의로 자라날 씨앗이 아니었다. 민족사회주의의 씨앗은 이탈리아에서 여러 방향으로 싹을 틔우고 있다가 전후에 비옥한 토양을 찾은 것이 아닐까?135

이탈리아 문학의 비국민-비대중적 성격

이 주제를 위해서는 크로체의 《대중 문학과 예술 문학, 14세기부터 16세기까지의 이탈리아 문학 연구 *Poesia popolare e poesia d'arte. Studi sulla poesia italiana dal Tre al Cinquecento*》(바리: 라테르차, 1933)를 봐야겠다. 크로체의 책에서 대중의 개념은 내가 말하는 것과 다르다. 문제가 되는 것은 심리적인 태도다. 크로체는 대중 문학은 상식을 추구하고 의식 없는 인식 위에 놓여 결백한 순결을 지향하는 반면, 예술 문학은 비판적 사고를 추구하고 훈련된 인식 위에서 신중하고 예리한 관대함을 지향한다고 주장한다.

그러나 이 책 가운데 《크리티카 파시스타》에 발표된 논문들을 읽어보면 다음 사실을 짚어볼 수 있다. 14세기부터 16세기까지 대중 문학은 앞에서 말한 성격에 비추어봐도 주목할 만하다. 11세기 이후에 나타나기 시작한 대중 문학은 코무네[136]에서 정점에 이른 사회적 저항력에 강력히 밀착되어 있었지만, 16세기 이후에는 이 같은 저항력을 완전히 상실하여 대중의 관심이 《궤리노 메스키노》[137]나 유사한 문학만으로도 충족되는 지경까지 쇠퇴하고 말았다. 16세기 이후에 지식인과 대중은 급격하게 분리된다. 이것이 내 글의 기본 주제이며, 이탈리아의 근대 정치와 문화의 역사에서 매우 중요한 사안이다.

궤리노 메스키노

1932년 1월 7일자 《코리에레 델라 세라》에는 〈대중의 고전. 메스키노[138]라 불린 궤리노I classici del popolo. Guerino detto il Meschino〉[139]라는 글이 라디우스[140]라는 이름으로 실렸다. 글의 큰 제목 '대중의 고전'은 모호하고 불확실하다. 《궤리노》는 비슷한 시리즈 어디에서나 발견할 수 있다(《프랑스의 왕들》, 《베르톨도Bertoldo》, 도둑 이야기, 기사 이야기 등). 《궤리노》는 대중 가운데에서도 뒤처지고 '고립된' 계층(특히 남부와 산악 지대 등의) 사이에 널리 퍼진, 아주 기초적이고 초보적인 대중 문학을 대표한다. 《궤리노》의 독자는 뒤마나 《레 미제라블》을 읽지 않을 뿐 아니라 셜록 홈스는 아예 모른다. 민속이나 '상식' 같은 것들이 이 계층에 적합하다.

라디우스는 이 책을 그다지 좋은 뜻으로 읽지 않았다. 더욱이 문헌학을 잘 알지도 못하고서 《궤리노》에 엉뚱한 의미를 부여하고 만다. "대대로 내려오는 끔찍한 가난을 빗대어 주인공에게 메스키노라는 별명이 붙었다." 라디우스는, 중세에 그런 말들이 있었고 단테에게서도 발견되듯이(내 분명한 기억으로 그는 《새로운 삶Vita nova》을 거론했다)[141], 궤리노는 왕족 혈통이지만 운명이 그를 노예, 즉 '불행한 사람(메스키노)'으로 만든다고 설명한다. 이는 노예 신분으로 떨어진 왕자가 스스로의 의지와 능력으로 원래 신분을 회복하는 이야기이며, 극히 비천한 '대중'은 이렇게 불행이 주인공을 엄습하면 '동정 어린' 공감을 보내다가 주인공이 불행에 맞서서 사회적 위치를 되찾으면 감동적인 지지를 보내는 등 이른바 출신에 순종하는 전통이 있다는 주장이다. 이는 이 책에 들어 있는 대중의 심리를 무시하고 책에 대한 대중 독자의 심리적·감성적 입장을 바꿔버리는 심각한 오류다.

《궤리노》를 '이탈리아식' 대중 문학으로 간주하고 보면 책이 얼마나 거칠고 맛이 나지 않는지, 교정하고 다듬는 작업이 얼마나 없었는지, 대중을 대중 자신에게 맡겨서 어떤 식으로 문화적 고립을 야기했는지 하는 문제들을 제기할 수 있다. 아마도 이 지점에서 왜 《궤리노》에 에로티시즘이나 사랑 이야기가 전혀 없는지, 이유가 설명되는 것 같다.

《궤리노》를 '대중적 백과사전'을 통해서 들여다보면 《궤리노》를 읽는 부류의 문화가 얼마나 천박한지, '지리'에 대해 얼마나 관심이 없는지, 또 《궤리노》에 만족할 뿐, 좀 더 진지하게 대하는 노력이 얼마나 없는지 하는 문제들을 제기할 수 있다. 《궤리노》를 '백과사전'으로 분석할 때, 우리는 아직도 사육되고 있는 대중 대부분이 보여주는 정신적 공황과 문화적 무관심을 다룰 적절한 지침을 얻을 수 있을 것이다.

문학 비평

《에두카치오네 파시스타*Educazione Fascista*》1933년 3월호에는 새로운 문학이 지적·도덕적인 개혁 전반에서 어떻게 솟아오르는지의 문제를 놓고 아르고[142]와 니장[143]이 벌인 논쟁〈경계를 넘어선 사상Idee d'oltre confine〉이 실려 있다.[144] 니장은 문화적 전제의 전면적 개혁이 무엇인지 정의하는 일에 연구의 초점을 맞춰 문제를 상당히 잘 포착하는 듯하다. 아르고가 제기하는 유일한 반대 의견은 다음과 같다. 아르고는 새로운 문학의 국민적이고 자생적인 단계를 생략하는 것은 불가능하고, 니장의 의견이 '세계시민주의'의 위험을 지닌다고 강조한다. 이런 관점에서 볼 때 니장이《누벨 르뷔 프랑세즈*Nouvelle Revue Française*》의 동인들부터 '포퓰리즘' 성향의 지식인들,《몽드*Monde*》의 동인들까지 프랑스의 지식인들에게 가한 수많은 비판을 다시 돌아봐야 한다. 비판이 정치적으로 올바르게 행사되지 않아서가 아니다. 새로운 문학은 다양하게 조화를 이루고 줄을 맞추는, 다소 혼합주의적인 형태를 통해 '국민적으로' 표명되기 때문이다. 객관적으로 검토하고 연구해야 할 흐름이다.[145]

한편 문학과 정치의 관계를 볼 때 다음 기준을 염두에 둘 필요가 있다. 문인은 정치인보다 세밀하지도 정확하지도 않은 전망을 지녀야 한다. 이 말은 덜 '분파적'이어야 한다는 뜻이지만, '모순적'인 방식으로 그럴 필요가 있다. 정치인은 선험적으로 '고정된' 모든 이미지를 반동적이라 간주하고, 모든 움직임[이미지의 변화]을 변화하는 양상 속에서 고려한다. 반대로 예술가는 이미지를 일정한 형식 속에서 주조된 그대로 '고정시킨다'.

정치인은 사람을 있는 그대로 상상하는 동시에 결정된 목적에 다다르기 위해 이러저러해야만 할 모습으로 상상한다. 정치인의 일은 바로 사람을 움직이도록 유도하는 것이다. 즉 제시된 목표에 다다를 수 있는 집단 능력을 갖추도록 하기 위해 사람들이 현재 상황에서 빠져나오게 하는 것이다. 목표에 '스스로를 순응시키는' 것을 의미한다. [반면] 필연적으로 예술가는 개인의 어떤 순간, 예를 들어 비순응주의 등등과 같은 상태 속에 '있는 그 자체를' 사실적으로 재현한다. 그래서 정치적 관점에 서 있는 정치인은 예술가에게 전혀 만족할 줄 모르고, 예술가처럼 될 수 없을 것이다. 정치인의 눈에는 예술가가 언제나 시대에 뒤처지는 시대착오적인 모습으로, 당대 현실의 흐름에서 낙오하는 모습으로 들어올 것이다. 역사가 해방과 자기 의식의 지속적 과정이라면, 역사의 모든 단계(이 경우에는 문화의 모든 단계)는 그때마다 계속해서 뒤로 남겨질 것이고 더 이상 관심의 대상이 되지 않을 것이다. 니장이 [앞서 말한 프랑스의] 여러 집단에 대해 내렸던 판단을 평가할 때 방금 말한 점을 염두에 두어야 한다.

그러나 객관적 관점에서 볼 때, 어떤 부류의 사람들은 오늘날에도 볼테르가 살아 있다고 여기고, 마찬가지로 문인 집단들이 연합하여 보여주는 모습이 오히려 눈앞에 살아 있다고 생각할 수도 있다. 이때 객관적이라는 말은 지적, 도덕적 개혁의 발전이 모든 사회 계층에서 동시에 일어나지 않는다는 사실을 인지해야 한다는 의미다. 다시 말해 요즘도 많은 사람들은 코페르니쿠스식이 아니라 프톨레마이오스식이라는 말이다([반면] 수많은 '순응주의자들', 새로운 순응주의를 위한 수많은 투쟁, 다양하게 펼쳐지는 입장과 무엇이 되려고 의도적으로 취하는 입장 사이의 다양한 조화에 입각해 일하는 사람들도 많다).146

'유일한' 진보 운동 노선의 관점만 고집하는 것은 커다란 오류다. 모든 성과물은 진보적 흐름 위에서 비로소 축적되고 또 다른 새로운 성과물로 계속 이어지기 때문이다. 이렇게 다양한 노선 뿐 아니라, '가장' 진보적인 노선에서 뒤처진 걸음들도 확인할 필요가 있다. [이런 면에서] 니장은 이른바 대중 문학의 문제 의식을 설정할 줄 모른다. 연재용 문학(모험, 범죄, 추리 소설 등)이 국민-대중의 한가운데서 누리는 인기와, 영화와 신문으로 성취한 인기가 무엇을 의미하는지 생각하지 못한다. 그러나 새로운 문학은 지적·도덕적 개혁의 표현이므로 새로운 문학이 동반하는 문제의 대부분은 대중 문학에 대한 문제 의식으로 나타난다. 왜냐하면 새로운 문학의 문화적 기반을 창조하기 위한 필요 충분 조건인 대중은 연재 문학의 독자들에 의해서만 선별될 수 있기 때문이다.

  내가 볼 때 문제는 이것이다. 쉬와 술리에가 도스토예프스키에게 필적하고, 범죄 소설에서 도일과 월리스가 체스터턴에게 필적하는 사실을 생각할 때, 연재 문학에 예술적으로 가까이 서는 작가 집단을 창출하는 작업이 중요하다. 이 목적을 위해서는 많은 편견을 버려야 하고, 특히 독점이 가능하지 않다는 점을 생각해야 한다. 뿐만 아니라 출판의 이해 관계가 무섭게 얽혀 있는 현실에 대항해야 한다. 가장 흔한 편견은 이것이다. 새로운 문학은 미래파처럼 지적 기원을 지닌 예술 사조와 일치해야 한다는 주장이다. [물론] 새로운 문학의 전제는 역사적이지 않을 수 없고 정치적이지 않을 수도 없으며 대중적이지 않을 수도 없다. [그러나] 새로운 문학은 이미 존재하는 것을 논쟁적으로, 혹은 다른 다양한 방식으로 일구어내도록 해야 한다. 새로운 문학이 있는 그대로의 대중 문학의 토양에 해당 문화의 심미안과 경향, 도덕적·지적 세계—시대에 뒤떨어지는 것이든 관습적인 것이든 상관없이—와 함께 뿌리를 깊이 내리는 과정이 중요하다.

문인들과 예술적 '보헤미아'

리나티[147]가 1929년 2월 《오늘의 신간 *Libri del giorno*》에 쓴 글을 참조하자. 리나티는 [일반적으로] 책을 흥미롭게 만드는 '그 무엇quid'이 어떻게 구성되는지 자문하지만 대답을 찾지는 못한다. 정확한 답은 당연히 찾을 수 없다. 적어도 리나티가 의도하는 바에서는 그렇다. 리나티는 흥미로운 책을 쓸 준비가 된, 혹은 사람들이 그런 준비를 하게 도와주는 '그 무엇'을 찾고자 한다.

리나티는 최근 들어 문제가 '긴박'해졌고 실감 나게 되었다고 말한다. 이탈리아에서도 국민주의 감정이 생기게 되었다. 따라서 왜 이탈리아 책은 읽히지 않는지, 왜 이탈리아의 책은 '지겨운' 반면 외국 책은 '흥미'가 있는지 등의 문제가 나오는 것은 당연하다. 이렇게 국민주의적 감정이 생겼을 때, 우리는 이탈리아 문학이 대중적이지 않다는 의미에서, 또 외국의 헤게모니를 대중적으로 체험한다는 의미에서, 이탈리아 문학을 '국민적'이지 않다고 느끼게 된다.

수많은 계획과 논쟁과 시도가 있지만 아무 결과도 이끌어 내지 못한다. 전통에 대한 엄중한 비판이 필요하고 새로운 문학을 태동시킬 문화적 · 도덕적 개혁이 필요하다. 그러나 그런 것이 모순 하나 때문에 일어날 수 없다. [이탈리아에서] 국민주의적 감정이 깨어난다는 말은 과거를 찬미한다는 의미였던 것이다. 마리네티는 아카데믹하게 되었고, 과자 부스러기 같은 전통에나 대항하는 투쟁으로 변질되었다.[148]

브레시아니 신부의 졸개들[149]

확실히 이탈리아에서 문화의 개념은 순전히 책에서 나온다. 문학 관련 정기 간행물은 온통 책이나 책을 쓰는 사람들로 도배되어 있다. 집단의 삶이나 사고 방식, '시대의 상징', 풍습의 변화 등에 대한 인상을 기록한 글은 전혀 읽히지 않는다. 이탈리아 문학과 다른 나라 문학의 차이는 바로 이것이다. 이탈리아에는 회고록을 쓰는 사람들이 없고, 평전이나 자서전을 쓰는 작가들도 드물다. 살아 있는 사람, 당대 현실의 삶에 관심이 없다(오예티의 《보이는 것들 *Cose viste*》[150]은 오예티가, 작가들에게 더 많은 돈을 지급하고 더 큰 명성을 부여하는 문학 조직체였던 《코리에레 델라 세라》의 편집장으로 있던 시절부터 쓰기 시작한 대작이 아니던가. 적어도 대략 수년 전에 내가 읽은 이 책에서도 작가들에 대한 언급이 일부 나온다. 다시 볼 수 있을 것이다). 이는 이탈리아 지식인이 대중과 국민이라는 현실에서 떨어져 나와 있는 현실을 보여주는 또 다른 상징이다.

프레촐리니는 지식인들을 같은 식으로 갈파한 글을 1922년에 발표했다(아마 16쪽인 듯…).

우리의 지식인은 기생충이다. 금으로 된 작은 새장에 갇힌 어린 새와 같아서 한 줌의 곡물 알갱이와 사료로 연명해야 한다. 조금이라도 노동과 비슷하면 경멸하고 보는 여전한 태도, 안에서 고약한 고름 냄새가 풍겨도 언감생심 낭만적 사고를 고대하느라 치르는 대가가 막대하다. 지식인들은 문학이 병에 걸리거나 쓸모없던 적이 전혀 없었던 그 좋은 시절, 흥미진진한 가장 행렬의 좋은 시절이 지나가버렸다는 사실을 깨달아야 한다.

지식인은 문학을 하나의 '직업'으로 이해한다. 그래서 성과물 하나 없어도 문학은 '보상'을 받아야 하고 연금을 받을 권리도 가져야 한다고 생각한다. 그런데 아무나 나와서 자기가 진짜 '문인'이고 사회가 자기 '대작'을 기다리고 있으니 자기를 대접해야 한다고 주장한다면 어쩔 것인가? 문인은 경제적인 돈 걱정은 제쳐놓고 '태만'('태만과 할 일 없음otium et non negotium')[151]하게 지내고 여행하며 공상할 권리를 요구한다. 이런 사고 방식은 궁정의 자기 과시적인 예술 장려 정책mecenatismo[152], 아니 그보다 더 나쁜 정책과 관련이 있다. 왜냐하면 르네상스의 위대한 문인들은 글 쓰는 일 외에도 어떤 식으로든 노동을 했기 때문이다(뛰어난 문인이었던 아리오스토[153] 역시 행정과 정치 업무를 담당했다). 우리가 알고 있는 르네상스 문인의 이미지는 거짓되고 잘못됐다. 오늘날 문인

은 교수이거나 저널리스트 혹은 그냥 문인이다(문인이 되려 하고 문인의 역할을 담당한다는 의미에서).154

문학은 사회적 역할을 담당해야 한다. 그러나 문인 한 사람 한 사람이 사회적 역할을 충실히 수행하는 것은 아니다. 역설적으로 들릴 수 있는 얘기다. 다른 직업은 집단적 성격을 띠고 있어서 그 집단에 속한 개개인이 사회적 역할을 어떻게 수행할 것인지 혼란을 느낄 수도 있지만, 문학에서는 그런 일이 일어나지 않는다. 누군가는 '도제(徒弟)'의 문제라 말할 수도 있다. 전통적으로 도제 제도가 문학과 예술 종사자들의 사회적 역할을 자연스럽게 규정했다는 점을 생각할 수도 있겠지만, 그런 생각을 뛰어넘어야 한다. 작가와 예술가는 생산적 작업, 즉 경제 활동을 수행해야 한다. 다만 그들의 문학과 예술 활동 자체가 생산적임을 보여주는 경우에는 경제 활동에서 제외될 수도 있을 것이다. 그렇게 해도 '예술'은 해를 입지 않을 테고, 오히려 [그렇게 예술 자체의 생산성을 보장하는 편이] 예술에 필요할 것이다. 다만 예술적 '보헤미안'이 좀 해를 끼치겠지만, 그것도 전혀 나쁘지는 않을 것이다.

전쟁 문학

전쟁 문학에서 '브레시아니'적 경향은 어떤 생각을 낳았을까? 전쟁은 예외적 삶의 형태 속에서 다양한 사회 계층이 서로 접근해서 알고 존중하며 함께 괴로움을 나누고 저항하도록 만든다. 그때 사람들은 '생물학적' 인류에 더 진지하고 가깝게 접근한다. 문인들은 전쟁에서 무엇을 배울까? 보통 작가와 지식인 대부분의 기반이 된 계급은 전쟁이 낳은 것일까? 이에 대한 연구는 두 방향에서 이루어질 수 있다.

1) 사회 계층과 관련된 방향이다. 이런 방향의 연구 대부분은 오모데오[155] 교수가 《크리티카 파시스타》에 기고했다가 나중에 책으로 엮은 《전쟁 살이의 순간들. 전몰자의 일기와 편지 Momenti della vita di guerra. Dai diari e dalle lettere dei caduti》에 들어 있다. 이 책은 국민-대중이라 부를 수도 있는 경향에 따라 미리 선별한 자료를 담고 있다. 오모데오는 이 책을 통해 국민-대중 의식이 이미 1915년에 얼마나 튼튼하게 자리 잡고 있었는지 증명하려는 의도를 감추지 않는다. 일찍이 자유로운 민주주의 전통 위에서 형성된 국민-대중 의식이 전쟁의 고통 속에서 표면화되어 나왔다는 것이다. 따라서 오모데오는 전쟁이 끝나고 난 지금 전쟁의 고통을 통해 국민-대중 의식을 회복하자는 요구가 궤변이라고 주장한다.

오모데오가 비평가로서 임무를 수행한 것은 또 다른 문제다. 그의 국민-대중 의식은 너무나 협소하고 빈약하다. 그의 문화적 출발점은 쉽게 추적할 수 있다. 오모데오는 온건한 전통의 대표자로서, 민주적 혹은 더 정확히 말해 '부르봉 왕조의 반동적이고' 단단한 무늬에서 자유로울 수 없는 어떤 색채를 지니고 있다. 오모데오는 국민-대중 의식의 문제는 현실적으로 주도적 지식인과 대중이 맺는 민주적이고 단단한 연대의 문제로 볼 수 없다고 생각한다. 대신 국민에 대한 고고한 무관심이나 희생 정신의 단계에서 나오는 각 개인 의식의 문제로 간주한다. 우리는 여전히 도덕적인 '주의주의'의 찬미에 머물러 있는 셈이다. 그것은 엘리트들 자신에 의해 고갈되는 엘리트들의 사고다. 엘리트 사이에서 이루어지는 비슷한 유형의 논의에서 전체 국민과 유기적으로 연결되는 문제는 설 자리가 없다.

2) 출판을 목적으로 글을 쓰는 '직업적인' 작가들과 관련된 방향이다. 이 경우, 전쟁 문학은 이탈리아에서 부침이 심했다고 봐야 한다. 휴전 후 전쟁 문학은 곧바로 사그라졌고 별다른 반응이나 평가를 얻지 못했다. 당시의 전쟁 문학은 바르뷔스의 《포화》에서 영감의 원천을 찾았다. 무솔리니의 《전쟁 일기Il diario di guerra》는 국민-대중에 관련된 정치 사상의 계보를 추적하기 위해 연구해볼 만한 매우 흥미로운 책이다. 그 사상은 몇 년 전 로카고르가에서 일어난 학살과, 1914년 6월의 사건을 통해 절정에 이르렀음을 선언한 어

떤 운동 이후 실체를 형성했다.[156] 그러다가 제2의 전쟁 문학 물결이 시작되었다. 그것은 [독일을 대표하는 반전 작가] 레마르크의 책이 국제적으로 성공한 뒤 시작된 유럽의 움직임과 일치했고, 내용은 레마르크식의 반전 정신을 차단하려는 것이었다. 이렇듯 새롭게 일어난 문학은 예술로서든, 문화적 단계로서든, 대중에게 부과해야 할 '정서와 감성의 덩어리'로 만들어낸 실질적 결과물로서든, 전반적으로 조악하다. 이런 문학은 대부분 '브레시아니' 유형에 완벽하게 들어맞는다. 앞서 지적한 말라파르테[157]의 《저주받은 성인들의 반란*La rivolta dei santi maledetti*》이 좋은 예다.

1914년 이전에 이미 근대적인 국민-대중 의식을 만들어내자는 합의를 일구어나간, '보치아니'라고 불리는 작가들[158]이 문학에 기여한 점은 기억할 만하다. 대표적인 작품들을 쓴 '비주류' 작가들 중에서 특히 스투파리치[159]가 두드러진다. 소피치의 책[160]은 전통적 형식보다 더 나쁜, 일종의 새롭다는 수사 형식 때문에 좀 지겨운 맛이 있다. 브레시아니적 경향을 논의할 때는 전쟁 문학을 검토하는 작업이 필요하다.

통계

과연 얼마나 많은 이탈리아 작가의 소설이 널리 유통되는 정기 대중 간행물을 통해 발표될까? [지금 말하는] 대중 간행물이란 《로만초 멘실레*Romanzo Mensile*》, 《도메니카 델 코리에레*Domenica del Corriere*》, 《트리부나 일루스트라타*Tribuna Illustrata*》, 《마티노 일루스트라토*Mattino Illustrato*》를 가리킨다.[161] 《도메니카 델 코리에레》는 간행 기간(약 36년) 동안 게재된 100여 편의 소설 가운데 [이탈리아 작가의 소설은] 한 편도 싣지 않았을 것이다. 《트리부나 일루스트라타》는 [이탈리아 작가 가운데] 누군가의 소설을 실었을 수도 있다(최근에 피냐텔리 왕자[162]의 범죄 소설을 떠올릴 수 있다). 그러나 《트리부나 일루스트라타》는 《도메니카 델 코리에레》보다 판매 부수가 훨씬 적다는 점을 유념할 필요가 있다. 편집 상태도 조악하고 싣는 소설의 유형도 큰 호응을 얻지 못한다.

지금까지 [이탈리아의 정기 대중 간행물을 통해] 출판된 모험 소설의 유형과 작가들의 국적을 보면 흥미롭다. 《로만초 멘실레》와 《도메니카 델 코리에레》는 수많은 영국 소설(동시에 프랑스 소설도 두드러진다)과 범죄물(셜록 홈스와 아르센 뤼팽)을 실었고, 뿐만 아니라 독일과 헝가리(오르치 남작[163]은 대단히 유명한데 프랑스 혁명을 다룬 그의 소설은 《로만초 멘실레》에서도 여러 차례 판을 거듭하면서 널리 확산되었다), 심지어

오스트레일리아의 작품도 실렸다(부스비[164]의 작품이 실렸을 때는 여러 판을 찍어야 했다). 확실히 범죄 소설이나 비슷한 유형이 주류를 이룬다. 대체로 보수적이고 반동적인 사상에 젖어 있거나 그저 그만그만한 줄거리에 기초를 둔다.

《코리에레 델라 세라》[165]의 편집국에서 이런 소설들을 선택하는 책임을 누가 졌는지, 담당자가 어떠한 지침을 적용했는지 하는 문제는《코리에레 델라 세라》의 분위기가 학구적이라는 사실을 생각하면 무척 흥미롭다.《마티노 일루스트라토》는 나폴리에서 간행되면서도《도메니카 델 코리에레》성격의 소설들을 싣는데, 재정적인 문제에 좌우되거나 때로 문학적 야심이 개입하는 경우도 있다(그런 이유에서 콘래드, 스티븐슨, 런던과 같은 작가의 작품들을 출판했을 것이다)[166]. 토리노의《일루스트라치오네 델 포폴로 *Illustrazione del popolo*》도 똑같은 경우다. 상대적으로, 그리고 아마도 절대적으로,《코리에레》[167]의 경영은 대중 소설 확산의 전반에 걸쳐 중심적인 역할을 했다. 적어도 1년에 열다섯 판을 찍어냈던 데다가 발행 부수도 많았기 때문이다.

그 뒤를 잇는 손초뇨[168]는 정기 간행물 발행도 겸하는 곳이다. 손초뇨의 출판 활동을 시기별로 비교해보면 대중 독자의 취향에 생긴 변화를 대략 짐작해볼 수 있다. [그러나] 그러한 조사 연구는 어렵다. 왜냐하면 손초뇨는 출판 연감을 발간하지 않고 중판 횟수도 빼놓는 때가 많기 때문이다. 그래서 목록을 샅샅이 검토해야만 신빙성 있는 결론을 얻을 수 있을 것이다. 50년 전(《세콜로》가 절정에 올랐을 때)의 목록과 현재의 목록을 비교하는 일은 흥미로운 작업이다. 눈물을 짜내는 감상적인 소설은 망각 속으로 사라졌다. 아직 저항하고 있는 몇몇 '대작'은 제외한다(리슈부르의 《물방앗간의 각종 새 Capinera del Mulino》[169]를 떠올릴 수 있다). 한편 그런 책을 지방의 어떤 계층은 아직 읽고 있기도 하다. 그곳은 '편견 없는 사람들'이 아직도 폴 드 코크[170]를 음미하는 곳이고, 《레 미제라블》의 철학에 대해 열정적으로 토론하는 곳이다. 또 문학상(文學賞)으로 연결되어 돈벌이가 괜찮은 연재 소설과 명상 서적의 출판을 추적하는 일도 흥미로울 것이다.

다양한 대중 소설을 많이 출판한 사람으로는 페리노[171]가 있고, 더 최근에는 네르비니[172]가 있다. 이들은 모두 반성직 자주의와 궤라치의 전통[173]에 기반을 두고 있다(살라니[174]는 대중 문학 출판가로 아주 뛰어나지만 그 사람까지 기억할 필요는 없겠다). 대중 출판가들의 [전체] 목록을 짜보는 작업이 필요하다.

제4장

대중 문학

작가들의 '능동적' 국민 감정

오예티의 《앉아 있는[175] 작가들에 관해 피에로 파리니[176]에게 보내는 편지Lettera a Piero Parini sugli scrittori sedentari》에서 발췌(1930년 9월 《페가소》에 실림).

"우리 이탈리아인들은 단순 육체 노동이 아닌 노동을 전 세계로 퍼뜨렸다. 멜버른에서 리우데자네이루, 샌프란시스코에서 마르세유, 리마에서 튀니스까지 우리 이민자들로 빽빽하다. 그런데 어찌하여 우리만 우리 풍습과 의식이 외국인들의 풍습 및 의식과 어떻게 다른지 드러내는 소설, 살고 싸우고 설움받고, 때로는 이겨내는 우리의 삶을 보여주는 소설이 없는가? 이탈리아인들은 하층과 상층, 노동자나 은행가, 광부나 의사, 웨이터나 엔지니어, 벽돌공이나 상인으로 세계 구석구석에 퍼져 있다. 그러나 우리가 가장 문학답다고 하는 문학은 사실 그들을 무시해왔다. 영혼의 갈등이 없는 소설이나 드라마는 없듯이, 두 인종 사이의 갈등이 이보다 더 깊고 구체적일 수 있는가? 그리고 두 인종 가운데 더 오래된 인종, 즉 기억이 어려울 정도로 풍부한 전통과 의식(儀式)을 지닌 인종이 추방되어 오로지 자기만의 에너지와 저항으로 살아가는 상황이 가장 첨예한 갈등이 아닌가?"[177]

오예티의 글에 몇 가지 추가할 의견이 있다. 이탈리아에서는 이민을 사회와 경제 현상으로 다룬 출판물이 엄청나게 많았지만, 그에 상응하는 예술과 문학은 없었다. 모든 이민자는 이탈리아를 떠나기 전에 이미 드라마를 간직한다. 작가들이 해외 이민자를 다루지 않는 것도 놀랍지만, 이민자들이 이민을 떠나기 전의 상황, 즉 이민을 떠날 수밖에 없었던 조건들을 다루지 않는 현실은 더 놀랍다. 작가들은 대량 이민이 이탈리아에서 어떤 피눈물을 의미했는지 다루지 않는다.

해외 이탈리아인들에 관한 문학이 빈약(그마저도 대부분 수사적인 면이 강)하다면, 외국에 관한 문학이 부족하다는 점도 언급해야 한다. 오예티가 쓴 것처럼, 이탈리아 이민자들과 이민 국가의 사람들 사이에서 일어나는 갈등을 재현하려면 양쪽을 충분히 이해해야 한다.

쥘 베른과 지리-과학 소설

 베른의 책에서 완전히 불가능한 것은 하나도 없다. 베른의 영웅들이 펼쳐내는 '가능성'은 당대 현실에서 실제로 존재하는 가능성보다 한 수 이상이다. 그렇다고 과학이 정복하고 발전하며 실현해가는 노선에서 지나치게 벗어나지는 않는다. 베른의 상상은 전혀 '자의적'이지 않다. 그래서 과학은 자연의 힘이 조절하고 지배하는 데 따라 숙명적으로 발전한다는 생각에 이미 사로잡혀 있는 독자의 환상을 자극한다.

 웰스와 포의 경우는 다르다. 그들을 전반적으로 지배하는 특징은 바로 '자의성'이다. 논리적, 구체적, 과학적인 현실의 바탕 위에서 출발했다 해도 웰스와 포의 자의성은 무척 두드러진다. 베른은 인간의 지성과 물질적 힘을 연결하는 반면, 웰스와 포는 인간의 지성을 우위에 놓는다. 그래서 베른은 웰스와 포에 비해 대중이 더 이해하기 쉽다. 그러나 동시에 베른이 소설을 구상하는 과정에서 유지하는 균형은 대중성 면에서는 한계가 된다. 예술적 가치가 빈약하기도 하다. 과학은 베른을 넘어섰고, 베른의 책은 더 이상 '심리적 자극'을 일으키지 않는다.[178]

 범죄 소설도 상황은 비슷하다. 코넌 도일을 생각해보자. 범죄 소설은 한동안 자극적이었지만 지금은 거의 그렇지 않다. 이유는 많다. 도일은 평화로운 독자들에게 유독 범죄와 경찰을 둘러싼 세계를 드러내 관심을 끌었지만, 그런 세계는 오늘날 [일상에서] 더 뚜렷하게 나타나고 있기 때문이다. 특히 셜록 홈스 시리즈에서 보듯, 지성과 과학이 합리적인 균형을 지나칠 정도로 유지하고 있는 상황도 범죄 소설이 자극을 일으키지 못하는 이유가 된다. 요즘은 개인 영웅이 등장하는 설정이 훨씬 더 흥미롭다. 포와 체스터턴처럼, '심리' 기법에 능한 작가들이 인기를 끄는 이유다.[179]

1928년 2월 19일 《마르초코》에서 파지[180]는 쥘 베른의 소설에서 뚜렷이 나타나는 반영국적 특징을 보면 프랑스와 영국이 경쟁하다가 파쇼다 사건[181]에서 정점을 이루었던 때로 되돌아간 느낌이 든다고 말했다(〈쥘 베른에게 받은 인상〉). 이런 주장은 잘못일뿐더러 시기도 맞지 않는다. 반영국주의는 프랑스 대중의 심리 근저에 [오래전부터] 자리한 요소였고(아마 지금도), 반독일주의는 상대적으로 최근의 일이다. 반독일주의는 프랑스 혁명 이전에는 존재하지 않았고, 1870년 이후, 즉 프랑스가 더 이상 서유럽에서 군사적·정치적 최강국가가 아니라는 패배감과 고통스러운 자각이 생긴 이후에 퍼지게 된다. 독일은 연합의 형태가 아니라 혼자서도 프랑스를 격파했기 때문이다.

[이에 비해] 반영국주의는 통일과 근대화를 이룬 근대 프랑스의 형성, 즉 백년 전쟁과 잔 다르크의 영웅적 위업의 대중적 상상을 곱씹어보는 데까지 거슬러 올라간다. 반영국주

의는 대륙과 세계의 헤게모니를 장악하려는, 프랑스 혁명과 나폴레옹과 함께 절정에 이른 여러 전쟁을 통해 근대에 들어 더 강해졌다. 파쇼다 사건은 매우 심각했지만, 프랑스 대중 문학 전체가 이렇게 인상적으로 증명하는 [오랜] 전통에 비하면 그닥 중요하게 볼 일은 아니다.

범죄 소설에 대하여

범죄 소설은 '유명 사건'이라는 문학의 변두리에서 태어났다.[182] 흥미롭게도 여기에는 《몽테크리스토 백작》류의 소설도 포함되어 있다. 그 소설이 법의 집행을 둘러싸고 대중적인 이념이 채색된, 특히 정치적 열정이 섞인 '유명 사건'에 속한다는 점이다. 《방황하는 유대인》에 등장하는 로댕은 '사악한 음모'를 주도하는 인물이다.[183] 그는 어떠한 범죄와 살인 앞에서도 정체를 드러내지 않는다. 그에 비해 로돌프 왕자[184]는 음모와 범죄를 제거하는 '대중의 친구'가 아닐까?

[어쨌든] 이런 유형의 소설은 순수 모험 소설로 이행하고 민주주의 이념과 소부르주아의 요소들로 덧칠되어, 결국 구성에서 주로 음모만 드러난다. 선하고 단순하며 관대한 대중과 전제 군주(이를테면 예수회, 또는 국가적 이유나 권력자 개인의 야심에 충성을 바치는 비밀 경찰) 사이의 음험한 권력 싸움은

사라져 없어지고, 직업적이거나 전문화된 위법 행위와 사적 또는 공적 차원에서 실정법을 기반으로 작동하는 사법 질서 사이의 싸움이 들어선다. 인기를 끈 이 '유명 사건'에 상당하는 시리즈는 프랑스 외에 다른 나라에도 있었다. 프랑스 시리즈는 부분적으로나마 이탈리아어로 번역되었다. 유럽 전역을 뒤덮은 떠들썩한 재판이나 리옹에서 온 배달부의 암살과 같은 예가 있다.[185]

'사법(司法)' 행위는 지금까지도 계속 관심을 끈다. 법 장치와 위법을 대하는 사람들의 감정과 자세(사람들은 언제나 불신에 차 있었기 때문에 사립 탐정이나 아마추어 탐정의 인기가 치솟았다)는 여러 방식으로 변화했거나 적어도 다양하게 윤색되었다. 위대한 범죄자는 법 장치보다 더 우월한 존재로 표현되는 때가 많았고, '진정한' 법의 대표자로 나타나기까지 했다. 실러의 《메시나의 신부 *Die Braut von Messina*》, 호프만과 래드클리프의 단편들, 발자크의 인물 보트랭 같은 낭만주의가 영향을 미쳤다.[186]

《레 미제라블》에 나오는 자베르[187]는 대중 심리의 관점에서 볼 때 흥미로운 인물 유형이다. 자베르는 '진정한 법'의 관점에서 잘못을 저질렀지만, 위고는 그를 동정적으로 묘사하여 '추상적' 의무에 충실한 '인격자'로 추어올렸다. 아마도 경찰관이 '존경스러울' 수 있는 전통이 자베르에게서 생겨나는 것 같다. [이러한] 경찰관의 복권(復權)을 테라유는

로캉볼로, 가보리오는 '르코크 씨'로 계속 이어나가며, 셜록 홈스에게 길을 터준다.[188]

영국인이 범죄 소설에서 법을 옹호하는 반면, 프랑스인은 위법을 찬미한다는 말은 틀렸다. 어쨌든 범죄 소설이 교양 계층에서도 확산된다는 사실이 특기할 만하다. 일종의 '문화적' 이행이다. 중산 계급 출신의 민주주의자들 사이에서 널리 읽힌 쉬가 전문 범죄를 억제하기 위한 완벽한 체계를 고안했던 사실을 기억하자.

이러한 범죄 소설에는 예술적 범죄 소설과 음모가 담긴 기계적 범죄 소설이라는 두 유형이 늘 존재했다. 오늘날 체스터턴은 전에 포가 그러했듯이 '예술적' 양상의 대표자다. 발자크는 보트랭이라는 인물을 내세워 범죄 주제에 몰두하는 것처럼 보이지만 '기법 면에서' 범죄 소설 작가는 아니다.

1) 앙리 자고의 작품 《비도크Vidocq》(베르제-르브로 출판사, 파리, 1930)는 주목할 만하다. [주인공] 비도크는 발자크의 보트랭에 실마리를 주었고 뒤마에게도 영감을 주었다(위고의 장 발장에도 어느 정도 영향을 주었고, 특히 로캉볼에 미친 영향은 지대하다).[189] 비도크는 위폐범으로 잡힌 뒤 스무 차례나 무리한 탈출을 시도해 8년 형을 선고받았다. 1812년 나폴레옹의 경찰에 들어가 황제를 위해 특별히 창설된 행동대를 15년 동안 지휘했다. 필리포[190]에 의해 해임되어 사설 탐정 사

무실을 차렸지만, 별다른 성공을 거두지는 못했다. 그의 활동은 국가 경찰 신분에 국한되었다. 1857년에 사망한 그는 과장과 자만으로 가득 찬 《회고록》을 남겼는데, 혼자 쓴 글은 아니다.

2) 1930년 8월호 《페가소》에 실린 소라니의 〈범죄 소설의 유행과 코넌 도일〉이라는 글은 읽어볼 만하다. 이 글은 범죄 문학에 대한 지금까지의 분석과 다양한 설명을 정리해놓았다는 면에서 주목된다. [그러나] 소라니는 체스터턴의 브라운 신부 연작 소설을 논하면서도 문화적 차원이라면 반드시 고려해야 할 두 요소를 염두에 두지 않았다.

첫째, 소라니는 풍자적인 분위기를 언급하지 않았다. 이는 《브라운 신부의 결백》에서 두드러지게 나타나는 특징인데, 항상은 아니지만 완벽하게 표현되면 체스터턴의 범죄 소설을 예술로 승격시키기도 한다. 둘째, 소라니는 브라운 신부가 인간 영혼의 모든 성향을 알도록 교육받은 로마의 성직자인 만큼 이 신부를 주제로 한 연작 소설이 가톨릭 교리를 옹호하는 분위기를 저변에 깔고 있다는 사실을 지적하지 않았다. 가톨릭을 옹호하는 분위기는 이 작품(《브라운 신부의 결백》)에서 고백 성사를 하는 데에서도 나오고, 인간과 신성을 매개하는, 영혼의 안내자 역할을 하는 브라운 신부의 자의식에서도 나온다. 이는 프로테스탄트인 도일의 '과학주의' 및 실증주의 심리학과는 대립된다.

소라니는 자기 글에서 범죄 소설의 기법을 완벽하게 설명하기 위해 앵글로색슨 문화에서 나타난, 문학적으로 지대한 의미가 담긴 갖가지 시도를 소개한다. 과학자와 심리학자라는 두 가지 근본적인 특징을 지닌 그의 원형은 셜록 홈스다. 둘 중 하나 또는 둘 모두를 완벽하게 수행한다는 말이다. 체스터턴은 브라운 신부를 중심으로 연역과 귀납의 유희를 통해 정확한 심리적 요소를 주장했지만, 시인이자 탐정이었던 가브리엘 게일[191] 같은 유형을 보면 브라운 신부의 성향을 과대포장했던 것 같다.

소라니는 사회의 모든 국면에서 일어난 범죄 소설의 유례없는 호황을 묘사하고 심리적 기원을 확인하고자 한다. 어쩌면 근대적 삶의 기계성과 표준화에 대항하는 반동의 표현인 동시에 일상의 잡동사니에서 빠져나오는 방법이었을 것이다. 그러나 이런 설명은 대중적이든 예술적이든 모든 형식의 문학에 적용될 수 있을 것이다. 기사시의 경우에도 해당되고 (돈키호테는 사실상 스페인 시골의 일상적인 잡동사니와 표준화에서 탈주하려는 것이 아닐까?), 여러 장르의 연재 소설에도 해당된다. 무릇 모든 문학과 시는 일상의 진부함에서 벗어나려는 마약 같은 수단이 아니겠는가? 그러나 어떻게 보더라도 소라니의 글은 장차 이런 장르의 대중 문학을 더 치밀하게 연구하기 위해 꼭 읽어보아야 한다.

문제는 이것이다. 범죄 소설은 왜 인기를 누리는가? 비예술적 문학이 왜 인기를 누리는가 하는 더 일반적인 문제의 특수한 양상인가? 범죄 소설이 그렇게 인기를 누리는 것은 두말할 필요도 없이 실질적이고 문화적인(정치적이고 도덕적인) 이유 때문이다. 물론 대략적인 한계는 있지만, 방금 언급한 대답은 일반적이기는 해도 아주 정확하다. 그러나 예술적인 문학이 인기를 얻는 것도 실질적이고 정치적이고 도덕적인 이유 때문인가? 그래서 예술적인 취향이나 아름다움을 연구하고 즐기기 때문에 예술적인 문학이 인기를 얻는 것은 간접적인 이유밖에 되지 않는다는 말인가? 현실에서 사람들은 책을 실제적인 충동 때문에 읽고 (어떤 충동이 왜 다른 무엇보다 더 보편적인지 탐구해야 한다), 예술적 이유 때문에 '다시' 읽는다. 처음부터 미적 감정 때문에 책을 읽는 경우는 거의 없다.

연극에서 훨씬 더 분명하게 확인되는 현상이다. 관객이 흥미를 느끼게 되는 다양한 요소에서 미적 감정이 차지하는 비율은 가장 낮다. 왜냐하면 관객은 무대에서 다른 요소들을 즐기기 때문이다. 대부분은 지적인 것이 아니라 단순히 인상적인 것, 예를 들면 '성적 유혹' 같은 것이다. 연극의 미적 감정은 문학 작품이 아니라 배우와 연출가의 해석에서 나온다. 그러나 이런 경우 해석에 지침을 주는 드라마의 문학 대본은 '어렵'지 않아야 하고 심리 탐구는 제외되어야 한다. 반면 표현된 열정은 가장 근원적으로 '인간적'이고 직접 경험한 것

(복수, 명예, 모성애 등)이라는 의미에서 '기초적이고 대중적'이어야 한다. 따라서 이 경우에도 분석은 복잡해진다. 위대한 전통 배우들은 복잡한 심리적 기제보다는《시민의 죽음》, 《두 고아》,《마르틴 교황의 등광주리》에서 환영받는다. 후자들의 경우에는 지체 없이 박수가 터져 나오지만, 전자의 경우 배우는 관객과 상연 작품에서 더 차갑게 분리된다.[192]

대중 소설의 인기를 다룬 소라니의 글과 비슷한 논지는 부르치오가 뒤마의《삼총사》에 대해 쓴 글에서도 발견된다. 1930년 10월 22일자《스탐파》에 실린 뒤 1930년 11월 9일자《이탈리아 레테라리아》에 요약되어 다시 게재됐다. 부르치오는《삼총사》를《돈 키호테》나《미친 오를란도》처럼 모험적 신화가 지극히 행복하게 의인화된 경우로 본다.[193] 그는 이렇게 말한다.

즉, [삼총사]를 근대적 삶에 점점 더 적응하지 못하는 우리의 본성을 표현한 것으로 본다는 말이다. 실존이 합리적이 될수록(또는 강제적으로 합리화된다는 말이 낫지 않을까? 지배하는 집단에게 합리적이라면 지배받는 계급에게는 합리적이지 않기 때문이며, 경제적·실천적 활동과 연계될 때 그 강제성은 간접적이긴 하지만 '지식인' 계층에게도 행사되기 때문이다), 또 일정하고 예측 가능한(그러나 역사적 위기나 재난 상황에서 나타나듯이 지도 계급에게는 예측 가능하지 않은) 개인에게 부과되는 엄격한 사회 규율과 책무가 조직화될수록, 사유 재산의 숨 막히는 장벽 사이에서 모두를 위한 자유로운 숲과 같은 모험의 여백은 축소된다. … 테일러주의는 멋진 일이고 인간은 적응하는 동물이지만, 아마 인간의 기계화에는 한계가 있을 것이다. 누가 내게 서구가 겪는 불안의 근본 이유를 묻는다면, 나는 주저하지 않고 믿음의 쇠퇴와 모험의 쇠진 때문이라고 대답하겠다.

테일러주의가 이길까, 삼총사가 이길까? 이는 또 다른 논의이고 대답은 다를 수 있다. 30년 전에는 분명했지만, 지금은 잠시 보류해두는 쪽이 낫겠다. 문명이 실제로 파멸하지 않는다면, 우리는 아마도 그 둘의 흥미로운 혼합물을 목격하게 될 것이다.

문제는 이것이다. 부르치오는 인간의 활동이 언제나 테일러화되어 있었고 엄격한 규율에 지배되어왔다는 사실을 고려하지 않고 있다. 또 인간은 자신을 짓누르는, 실재하는 조직체의 협소한 한계로부터 꿈과 환상을 통해 탈주하고자 해왔다는 사실을 잊고 있다. 인간 집단이 창조한 가장 큰 모험, 가장 큰 유토피아, 가장 위대한 종교는 '현세'에서 탈주하는 길이 아니겠는가? 발자크가 모험을 재난을 잊는 마약 같은 것으로 말한 이유는 그런 의미가 아니었을까?(《문화론*Argo-*

menti di cultura》[194] 1장을 참조할 것). 그러나 가장 주목할 점은 돈 키호테 곁에는 '모험' 대신 삶의 확실성을 원하는 산초 판차가 있다는 것이며, 수많은 사람들이 예측 불가능한 미래가 가하는 억압, 일상적 삶의 불확정성, 다시 말해 '가능한 모험'의 과잉으로 인해 괴로움을 맛본다는 사실이다.

근대 세계에서 이런 문제는 실존의 강제적 합리화가 중산 지식인 계급에게 유례없이 점점 더 강하게 침투함에 따라 과거와는 다르게 나타난다. 그러나 중산 지식인 계급에서도 문제는 모험의 쇠진이 아니라 일상적 삶의 과도한 모험성, 즉 실존의 과도한 불확정성에 있다. 그러한 불확정성에 맞서는 개인의 방어책은 없다. 따라서 우리는 주도권을 자유로이 행사하여 '추하고' 불쾌한 모험을 거부할 때, 그리고 다른 사람들이 하지 않은 새로운 상황을 만들 때, '멋지고' 흥미로운 모험을 경험할 수 있다.

소라니와 부르치오에 대한 나의 보완은 스포츠 열풍을 설명할 때도 적절하다. 너무 설명하려다 보니 아무것도 설명하지 못한다. 우리가 보아야 할 스포츠 열풍 현상은 적어도 종교처럼 케케묵거나 일방적이지 않고 다면적이다. 자신을 우월하게 유지하는 삶의 방식을 교육받으려는 욕망, 이상적인 모델을 제시하여 스스로의 개성을 고양하려는 욕망(《문화론》에서 초인의 기원이 대중에 있다는 주장을 참조할 것), 삶이 허락하는 힌 더 많은 세계와 사람들을 알고자 하는 욕망, 그에 더해 스노비즘 등등이 우리가 살펴봐야 할 현상이다. '대중의 마약으로서의 대중 문학'이 암시하는 바는 뒤마의 소설 《몽테크리스토 백작》에 대한 [부르치오의] 글에 잘 나타나 있다.

백일몽

《몽테크리스토 백작》을 연재 소설의 전형적 모델로 보면서 내가 쓴 글을 참조하라. 연재 소설은 대중의 공상을 대체하는 (동시에 조장하는) 일종의 백일몽이다. 프로이트와 정신분석학자들의 백일몽에 대한 주장을 보자. 이 경우 대중의 공상은 (사회적) '열등감 콤플렉스'에 따라 좌우된다고 말할 수 있다. 열등감 콤플렉스는 금지된 죄악을 저지르는 사람들에게 형벌을 내리고 복수를 꿈꾸는 오래된 공상을 받쳐준다. 《몽테크리스토 백작》은 그 공상을 부추겨서 악의 감각을 달래고 누그러뜨리는 마취제로 가득 차 있다.

'초인'의 대중적 기원

니체를 찬미하는 사람을 만나면 반드시 물어보고 파고들

어야 할 문제가 있다. '초인' 개념이나 관습적 도덕에 맞선 다는 등등 니체의 생각이라 알려진 것들이 정확히 니체 자신에게서 나왔는지, 다시 말해 과연 '고급 문화'의 범위에 속할 만한 사상이 체계화된 산물인지, 아니면 훨씬 더 소박한 것, 예를 들면 연재 문학과 관련된 무엇에서 나오지는 않았는지 하는 물음이다(니체 자신은 과연 프랑스 연재 소설에서 아무런 영향도 받지 않았을까? 연재 문학이 지금은 수위실에서나 읽히는 문학처럼 퇴락했지만 적어도 1870년까지는 오늘날의 이른바 '추리' 소설처럼 지식인 사이에 널리 퍼졌다는 사실을 기억해야 한다). 수많은 자칭 니체적 '초인'이 어떻게 보아도 차라투스트라가 아니라 뒤마의 《몽테크리스토 백작》을 정통한 기원과 모델로 삼는다는 점은 분명해 보인다. 《몽테크리스토 백작》에서 뒤마가 완벽하게 표현한 [초인의] 유형은 뒤마의 다른 소설에서도 매우 여러 번 복제되었다. 예를 들어 《삼총사》의 아토스, 《주세페 발사모》의 주세페 발사모는 물론이고, 다른 작품의 등장 인물들에게서도 같은 유형을 확인할 수 있을 것이다.

따라서 어떤 사람이 발자크 찬미가라 한다면, 발자크에게서도 연재 소설의 냄새가 다분히 난다는 부분에 주목할 필요가 있다. 보트랭도 발자크의 방식에서 보면 일종의 초인이고, 그가 《고리오 영감 Le Père Goriot》의 라스티냐크에게 하는 얘기도 대중적 의미에서는 다분히 니체적이다.[195] 라스티냐크나 뤼뱅프레196도 마찬가지다(모렐로197는 대중의 초인을 만들어내면서 라스티냐크라는 필명으로 대중적 명성을 날렸고 코라도 브란도198를 옹호했다).

니체의 명성은 매우 복합적이었다. 그의 전집은 모난니199가 편집했기 때문에 모난니와 모난니의 열렬한 고객들의 문화적·이념적 기원이 묻어 있다.

보트랭과 '보트랭의 친구'는《군중Folla》의 작가 발레라의 문학에 깊은 흔적을 남겼다(《군중》에 나오는 '보트랭의 친구' 토리노인을 기억하라).200 뒤마의 소설에서 따온 '삼총사'의 이념은 대중적으로 많은 추종자를 거느렸다.

뒤마와 발자크의 소설로 우리의 생각201을 정당화하는 일에 일종의 수치심을 느끼는 현상은 쉽게 이해할 수 있다. 그런 식으로 니체에 대한 생각을 정당화하면 발자크는 연재 소설 형식의 창시자로서가 아니라 예술 작가로 찬미받는 일이 일어나기 때문이다. 그러나 니체와 발자크를 연재 소설에 문화적으로 연결하는 것은 분명 가능한 일이다. 싸구려 낭만주의의 전형적인 '숙명론', 아토스와 발사모에게 더욱 억압적으로 나타난 '숙명론'의 특이한 후광에서 벗어난 몽테크리스토는 '초인'의 유형이다. 몽테크리스토는 [탈주에 성공하여 복수를 위해] 정치로 나아갔을 때 분명 몹시도 생생하게 그려지고 '사사로운 적'과의 싸움이 감칠맛 나게 느껴진다.

[연재 소설은] 어떤 나라에서는 다른 나라에 비해 지방적

이고 시대에 뒤떨어진다. 그리고 우리는 그 과정을 관찰해볼 수 있다. 셜록 홈스는 유럽 대부분 지역에서 이미 낡은 인물이 되었지만, 어떤 나라들은 아직도 몽테크리스토와 쿠퍼202의 수준('야만인', '강철끈' 등을 참조하라)에 머물러 있다는 것이다.203

마리오 프라츠의 책《낭만주의 문학에 나타난 육체, 죽음, 그리고 악마 La carne, la morte e il diavolo nella letteratura romantica》를 참조하자. 프라츠의 책에 더하여 다음과 같은 연구가 필요하다. 대중 문학에서 '초인'이 당대 현실의 삶과 관습(소부르주아와 소지식인은 특히 낭만적 이미지에서 영향을 받았다. 그들의 '아편'이자 '만들어진 천국', 그 낭만적 이미지는 당대 현실에 깊숙이 젖어든 삶이 보여주는 불행이나 속박과 대조된다)에 미치는 영향을 고찰한 연구를 말한다. 여기서 등장한 격언이 명성을 얻는다. "백 년을 양으로 사느니 하루를 사자로 사는 것이 낫다." 이 격언은 어쩔 수 없이 양으로 살아가야 하는 사람들 사이에서 특히 큰 인기를 얻었다. 얼마나 많은 양들이 이렇게 말했을까. "아! 내가 하루만이라도 그런 힘을 가졌으면…." 집념 강한 '재판관'이고자 하는 열망은 몽테크리스토의 영향을 받은 사람들이 느끼는 감정이다.

오모데오는 문화에 일종의 "부동산의 영구 사유(私有)"가 존재한다는 점을 관찰했다.204 이는 문화에서 하나의 지위가 영원한 점유를 누린다는 뜻으로, 종교 문학에서 일어나는 현상이다. [그런데] 이런 현상이 국민적·대중적 삶에서 아무런 중요성도 지니지 않고 아무런 역할도 하지 않는다는 듯, 아무도 염려하지 않는 것 같다. 한편으로 "부동산의 영구 사유"라는 풍자가 존재하고 자신의 특별한 문학이 비판적으로 검토되지 않아 기뻐하는 성직자가 존재한다. 다른 한편으로는 아무도 염려하지 않고 아무도 적극적으로 비판하려 들지 않는, 국민적·대중적인 문화 생활이라는 또 다른 국면이 존재하는데, 그것은 바로 의미를 넓혀 고찰해야 할 연재 문학이다(이런 의미에서 위고와 발자크도 여기에 포함된다).

[뒤마의] 《몽테크리스토 백작》에는 연재 문학의 '초인'에 대해 드러내놓고 논의하는 장이 두 개 있다. 몽테크리스토가 빌포르 검사와 만나는 장면이 나오는 '이념'이라는 장과, 몽테크리스토가 파리를 처음 여행할 때 모르세르프 백작의 집에서 식사하는 장면을 묘사한 부분이다. 뒤마의 다른 소설에서 비슷한 종류의 '이념적' 실마리들이 있는지 살펴볼 만하다. [역시 뒤마의] 《삼총사》에 등장하는 아토스에게는 질 낮은 낭만주의에 흔히 등장하는 숙명적 인간의 무엇이 있다. 이 소설에서 개인적이고 대중적인 분위기는 무엇보다 모험으로 가득 차 있는데, 법망을 뛰어넘는 삼총사의 활동으로 더욱 고조된다. 《주세페 발사모》에서 개인의 능력은 마술의 음울한 힘과 유럽 비밀 결사의 지지를 받는다. 그래서 대중 독자는 쉽게 실감을 느끼지 못한다.

[이에 비해] 발자크의 인물들은 예술성을 더 구체적으로 띠고 있기는 해도 대중적 낭만주의의 분위기가 난다. 라스티냐크와 보트랭은 절대로 뒤마의 인물들과 혼동될 수 없기 때문에 영향력은 발레나 그의 책《군중》에 나오는 인물의 측면에서도 더 주목할 만하고, 모렐로와 같은 중급 지식인의 측면에서도 더 주목할 만하다. (그러나 나는 모렐로 같은 중급 지식인들이 '고급 문화'에 속한다고, 혹은 많은 사람들이 그렇게 기억한다고 판단한다.)

발자크에 버금가는 작가 스탕달의 소설에 자주 등장하는 소렐이라는 인물과 그 외 여러 인물을 눈여겨볼 수 있다.

니체의 '초인'을 보면, 프랑스 낭만주의의 영향(과 전반적으로 나폴레옹 찬미) 외에도 고비노와 체임벌린, 범독일주의(트라이츠케, 힘의 이론 등)에서 절정에 이른 인종주의 경향을 살펴볼 수 있다.[205]

그러나 아마도 뒤마식의 대중적 '초인'에는 인종주의라는 봉건적 기원을 지닌 사상에 대한 '민주주의적' 반응이 자리하고, 쉬의 소설에서 이루어진 '프랑스어법gallicismo'[206]의 분출에 합류하는 무엇이 있는 것 같다.

이러한 프랑스 대중 소설의 경향에 대한 반응으로 도스토예프스키가 단연 눈에 띈다. 그의 작품에 등장하는 라스콜리니코프는 범슬라브 기독교인이 비판하는 몽테크리스토다. 프랑스 연재 소설이 도스토예프스키에게 끼친 영향을 알고 싶으면 《쿨투라》의 도스토예프스키 특집을 보면 된다.

'초인'의 대중적 특성에는 연극적이고 외적인, 다시 말해 초인보다는 '프리마돈나'식의 요소들이 풍부하게 담겨 있다. '주관적이고 객관적인' 형식주의와 '최고 계급'이고자 하는, 특히 그렇게 기억되고 널리 사람들 입에 오르내리기를 바라는 유아적 야망이다.

저질 낭만주의와 근대적 삶의 일부 양상(몽테크리스토 백작 식의 분위기)의 관계에 대해서는 질레[207]가 1932년 12월 15일자 《두 세계의 리뷰 Revue des deux mondes》에 기고한 글을 읽어볼 만하다.

이런 식의 '초인'은 연극(특히 1848년의 연재 문학을 여러 측면에서 이어나가는 프랑스의 연극)에서 나타난다. 이는 루제리[208]의 《프리올라의 후작 Il marchese di Priola》과 《발톱 L'artiglio》 등과 같은 '고전적' 레퍼토리와 베른스탱[209]의 많은 작품에서 살펴볼 수 있다.

대중 문학의 '영웅들'

대중 독자가 대중 문학에 취하는 유별난 태도가 있는데, 작가의 이름과 개성보다 주인공을 중시한다는 점이다. 주인공들이 대중의 지적 생활의 무대로 들어가면, 원래 출발했던

'문학적' 뿌리에서 떨어져 나와 '실존 인물'처럼 여겨지게 된다. 탄생부터 죽음까지 그들의 삶은 너무나도 흥미롭다. '연재'가 아무리 억지스러워도 인기를 끄는 이유다. 예를 들어, 원작에서 영웅이 죽더라도 연재 작가가 살려낼 수 있다. 대중의 열광과 만족을 새로 이끌어내고, 새로운 내용으로 이어가면서 캐릭터의 이미지를 확장한다. 그 정도 되면 '실존 인물'이란 말을 문자 그대로 이해할 필요가 사라진다. 어떤 대중 독자는 과거의 역사 세계와 환상 세계를 구별하지 못하고, 소설 속 인물을 살짝 바꿔 실존 인물로 여기는 일도 일어난다. 이런 일들은 환상 세계가 대중의 지적 삶에서 특별한 우화적 구체성을 어떻게 확보하는지를 보여준다. 예를 들어, 서로 다른 소설의 내용이 뒤섞이는 경우는 인물들이 서로 닮아 있기 때문이다. 대중을 대상으로 하는 이야기꾼은 여러 주인공이 겪는 여러 모험을 한 명의 주인공 중심으로 묶는 것이 '지적'이라고 확신한다.[210]

연재 소설의 문화적 유래

도스토예프스키를 특집으로 다룬 《쿨투라 Cultura》[211]의 1931년판을 살펴보자. 한 에세이에서 포즈너는 도스토예프스키이 소설이 문화적으로 쉬 유형의 연재 소설에서 유래했다고 주장하는데, 옳은 말이다.212 이 주장으로 미루어 포츠너가 대중 문학에 어떤 입장을 취하는지 잘 알 수 있다. 이 에세이는 문화의 몇몇 흐름(도덕적 모티프와 관심, 감수성, 이념 등)을 타고 이중적인 표현은 어떻게 가능한지 알려준다. 이중적인 표현이란 감성적 줄거리를 기계적으로(쉬 등), '서정적'으로(발자크, 도스토예프스키, 그리고 부분적으로 위고) 나타낸다는 말이다. 당시 사람들은 이런 문학 표현의 일부가 퇴행적이라는 사실을 알지 못했다. 부분적으로 쉬가 퇴행적이었다. 처음에는 모든 사회 계층이 쉬를 읽었고 '문화'인들도 '감동'을 받았지만, 얼마 지나지 않아 쉬는 '대중에게만 읽히는 작가'로 전락했다(쉬의 작품은 처음 대충 읽을 때는 순전히 또는 거의 순전히 내용으로 또는 '문화적'으로 감흥을 불러일으킨다. 그래서 대중은 처음에는 비판 의식을 갖지 못한다. 그러다가 점점 그의 책이 때로는 인위적이고 조작된 표현을 담고 있다는 생각에 다들 공감하게 된다).

위 주제와 관련해 다음 글을 추천하고자 한다.213

1) 프라츠의 《낭만주의 문학에 나타난 육체, 죽음, 그리고 악마》(밀라노-로마: 라쿨투라), pp. X~505. (이에 대해 《레오나르도 Leonardo》 1931년 3월호에 실린 베네데토의 서평을 참조할 것. 여기서 베네데토는 프라츠가 문화의 여러 등급을 치밀하게 구분하지 않았다며 반론을 제기한다. 그러나 내가 볼 때 베네데토도 역사적·문화적 문제와 역사의 연관성을 포착하지 못한 것 같다.)

2) 에티엔Servais Étienne의 《'누벨 엘로이즈'214부터 프랑스 혁명기까지의 프랑스 소설 장르Le genre romanesque en France depuis l'apparition de la 'Nouvelle Héloïse' jusqu'aux approches de la Révolution》(아르망 콜랭Armand Colin 편집).

3) 알리스 킬렌Alice Killen의 《공포 소설 또는 월폴부터 앤 래드클리프까지의 누아르 소설과 이들이 1860년까지 프랑스 문학에 끼친 영향Le Roman terrifiant ou 'Roman noir' de Walpole à Anne Radcliffe et son influence sur la littérature française jusqu'en 1860》(오노레 샹피옹Honoré Champion 편집)과 아르틀랑Reginald W. Hartland의 《월터 스콧과 광란적 소설Walter Scott et le 'Roman frénétique'》(샹피옹 편집). (포츠너는 도스토예프스키의 소설이 '모험 소설'이라고 주장하는데, 아마도 자크 리비에르Jacques Rivière가 《누벨 르뷔 프랑세즈》에 기고한 모험 소설에 대한 논문에서 인용한 것인 듯하다. 여기서 말하는 모험 소설은 '극적인 동시에 심리적인 행위의 폭넓은 표현'을 의미하는 듯하다. 발자크와 도스토예프스키, 디킨스, 조지 엘리엇도 그렇게 이해한 바 있다.)

4) 《메르퀴르 드 프랑스Mercure de France》 1931년 2월 1일자에 실린 무플레André Moufflet의 논문 〈연재 소설의 스타일Le style du roman feuilleton〉.

하층민

'하층민'이라는 표현은 이탈리아 지식인이 대중에게 가졌던 전통적 자세와, '하층민을 위한 문학'의 의미를 이해하기 위해 중요하다. "비천하고 상처받은 이들"이라는 도스토예프스키의 표현에 담긴 뜻과는 사뭇 다르다. 도스토예프스키에게는 국민-대중의 느낌이 잠재되어 있다. 즉 대중을 대하는 지식인의 사명 의식이 담겨 있다. 객관적으로 볼 때 도스토예프스키의 대중도 아마 하층민으로 구성될 테지만, 비천함에서 벗어나 변형되어 다시 생성되어 있다. [반면] 이탈리아 지식인에게 '하층민'이란 표현은 지도와 온정으로 물든 보호의 관계를 가리킨다. 이는 두말할 필요 없이 우월성으로 충만한 느낌이고, 하나는 우월하고 다른 하나는 저열한 두 인종 사이에서나 형성될 법한 관계, 낡은 교육이 규정하는 성인과 아동의 관계를 연상시키며, 더 나쁘게는 '동물 보호 단체'식의 태도 또는 파푸아뉴기니의 식인종들을 대하는 영국 보건 관청의 태도를 연상시킨다.[215]

만초니와 '하층민'

이탈리아 문학이 대중적이지도 국민적이지도 않다는 사

실을 생각해보자. 만초니의 《약혼자들 Promessi Sposi》은 문학이 대중을 대하는 태도를 드러낸다. 대중을 조롱하듯 바라보는 '동정'에서 만초니의 가톨릭주의가 지닌 '귀족적인' 특성이 나타난다(톨스토이에게서는 나타나지 않는 특성이다). 《약혼자들》에서 대중의 예로 등장하는 인물들은 갈디노 수사(크리스토포로 수사와 대립해서), 렌초, 아녜세, 페르페투아, 루치아 등을 들 수 있다(이런 주제에 대해 다른 곳에서 언급한 적이 있다). 다음 책에 나타난 흥미로운 실마리를 보라. 초톨리[216]의 《알레산드로 만초니의 문학에 나타난 하층민과 권력자 Umili e potenti nella poetica di A. Manzoni》[라쿨투라 편집(로마-밀라노, 1931)].

초톨리의 책에 대해서는 1931년 8월에 《페가소》에 실린 크리스폴티[217]의 〈알레산드로 만초니에 대한 새로운 연구들 Nuove indagini sul Manzoni〉을 보라. 크리스폴티의 글은 '하층민들'을 대하는 예수회 가톨릭의 [귀족적] 태도를 이해하는 데 중요하다. 내가 볼 때 크리스폴티가 '예수회의 입장에서' 논지를 전개하긴 하지만, 초톨리에 비해 만초니 문학에 대한 적절한 단서를 제공한다. 크리스폴티는 이렇게 말한다. "[만초니는] 대중을 정말로 마음 깊이 사랑하지만 존중하지는 않는다. 오히려 대중이 아닌 사람들을 대하는 엄격한 시선으로 대중을 바라본다." 만초니가 대중을 존중하느냐의 문제는 사실상 중요하지 않다. 우리가 봐야 할 것은 '대중적'인

등장 인물 각각을 바라보는 만초니 자신의 심리적 태도다. 엄밀히 말해 가톨릭의 종교 형식에 입각한 특권 계급의 태도다. 만초니가 보는 대중은 '내적인 삶'도, 깊은 도덕적 개성도 없다. 대중은 '동물'이며 만초니는 가톨릭 동물 보호 단체나 취할 법한 마음으로 대중에게 자선을 베푼다.

어떤 의미에서 만초니는 부르제[218]에 대한 풍자를 상기시킨다. 부르제는 한 여자가 자기만의 세계를 갖기 위해서는 10만 프랑이 필요하다고 보았다. 이런 관점에서 만초니(와 부르제)는 완벽하게 가톨릭적이다. 그들에게는 톨스토이의 '대중적' 정신, 즉 초대 기독교의 복음 정신이 없다. 만초니가 주변 대중을 대하는 태도는 가톨릭교회가 대중을 대하는 태도와 같다. 평등한 인간으로 대하는 것이 아니라 고분고분한 상대에게 베푸는 관대한 자선의 태도다. 앞서 인용한 구절에서 크리스폴티 역시 만초니의 '편파성'을 무의식적으로 고백한다. 만초니는 '모든' 대중을 어김없이 엄격한 시선으로 보는 한편 '대중이 아닌 사람 대부분'도 엄격한 시선으로 본다. [그런 과정에서] 만초니는 상류 계급에서만 '아량'과 '고상한 생각', '위대한 감성'을 찾아낼 뿐 대중 어디에서도 비슷한 노력은 하지 않는다. 대중은 전체적으로 천박하고 동물적으로 본다는 뜻이다.[219]

크리스폴티가 지적하듯이, 만초니의 소설에서 '하층민들'이 첫 번째 서열에 있다는 사실에는 큰 의미가 없다. 만초니는 자기 소설에 주인공(렌초, 루치아, 페르페투아, 갈디노 수사 등)과 대중(밀라노의 봉기 군중, 농민들, 재봉사 등)을 포함시켜 '대중'을 등장시키지만, 정작 대중을 바라보는 태도는 '대중적이고 국민적'이기는커녕 다분히 귀족적이다.

초톨리의 책을 연구할 때 지금까지 논한 크리스폴티의 글을 기억할 필요가 있다. 만초니처럼 '예수회 회원'이 아닌(만초니는 분명 얀센주의적이고 반예수회적인 편에 속한다) 상류층 사람들이 표방하는 '가톨릭주의'는 이탈리아에서 심지어는 낭만주의 시대에서도 '대중-국민'을 창조하는 데에 기여하지 않았으며, 오히려 반국민-대중적인 모습으로 단지 고상한 궁정만을 흉내 낸다는 사실을 알 수 있을 것이다. 크리스폴티는 만초니가 대중 한가운데서 출신 사이의 갈등(롬바르디아인과 로마인 사이의 갈등, 프랑스에서는 프랑크족과 골족 사이의 갈등)을 하층민과 권력층의 갈등으로 보는 티에리[220]의 생각(프랑스의 경우에 한해)을 한동안 받아들였다는 사실만 지적한다. 초톨리는 1931년 9월 《페가소》에 실린 글에서 크리스폴티의 주장에 반론을 펼쳤다.

환경에 대한 작가의 태도

1931년 12월 27일자 《이탈리아 레테라리아 *Italia Letteraria*》

에 실린 파올로 밀라노의 기사를 읽어보자. "괴테는 예술 작품의 내용에 아무리 많은 가치를 부여해도 괜찮다고 썼다. 근대 이탈리아 소설의 '전통을 만들기' 위한 노력, 여러 세대에 걸쳐 현재까지 진행되고 있는 노력을 생각할 때 비슷한 아포리즘이 떠오를 수 있다. 어떤 사회, 아니 어떤 계급을 그려야 할까? 최근의 여러 도전은 만초니와 베르가의 작품에 등장하는 대중적이고 우스꽝스러운 인물들로부터 벗어나려는 욕망이 아닐까? 다양한 시도의 겨우 반만 성공했다면, 그 원인은 (고상하고 한가한 부르주아와 주변부의 보헤미안 사이에서) 환경을 설정할 때 겪는 어려움과 불확실성에 있지 않을까?"221

이 인용문은 문제를 기계적이고 피상적으로 제기한다는 면에서 놀랍다. 사실 수많은 작가가 환경을 묘사하기 위해 냉정하게 환경을 설정하려 시도하는 경우가 많은데, 그 과정에서 자신의 '비역사적' 성격과 도덕적, 정서적 빈곤성을 드러내지는 않는가? '내용'을 특정 환경을 선택하는 것으로만 봐서는 안 된다. 내용의 핵심은 작가와 한 세대가 환경에 대해 취하는 태도다.

작가의 태도가 한 세대, 한 시대의 문화 세계와 양식을 결정한다. 만초니와 베르가가 묘사하는 '대중적 인물들'이 아니라 대중적 인물에 대해 취하는 그들의 태도가 결정적이다. 두 작가의 태도는 상반된다. 가톨릭 가부장주의자 만초니는 대중적 인물들에 대한 깊고 본능적인 사랑이 없이 일종의 '아이러니'를 품고 있다. 가톨릭 도덕의 추상적 의무감과 피상적 감정이 빚어낸 태도다. 이런 태도는 그의 소설에 널리 스며들어 있는 아이러니로 수정되고 살아난다. 반면, 베르가는 과학과 사진에서 느낄 수 있는 냉정한 무관심의 태도를 보여준다. 그의 태도는 졸라보다 더 합리적으로 응용된 진실주의의 규범에 따른다.[222]

톨스토이와 만초니의 '대중성'

1928년 11월 11일자 《마르초코》에는 파지가 쓴 〈신앙과 드라마Fede e dramma〉라는 글이 실렸다. 이 글에는 톨스토이와 만초니의 세계관을 체계적으로 비교할 수 있는 요소들이 포함되어 있다. 그러나 "《약혼자들》이 톨스토이가 말하는 종교 예술의 개념에 완벽하게 상응한다"고 말하는 대목에는 좀 문제가 있다. 셰익스피어에 대한 비평 연구에서 나온 얘기다.

일반적인 예술, 특히 드라마 예술은 언제나 종교적이었고, 따라서 언제나 사람들에게 하느님과의 관계를 확신시키고자 하는 목적을 갖고 있었다. 어느 시대에서든 가장 뛰어난, 즉 다른 사람들을 인도할 운명을 타고난 사람들이 하느님과 관계를 맺고 있다는 생각이 깔려 있었다. … 그러다가 그런 생각을 과거와 오락에 예속시키는 예술의 탈선이 일어났다. 그 탈선은 기독교 예술에서도 생겨났다.

파지는 《전쟁과 평화》에서 가장 큰 종교적 중요성을 지닌 두 인물이 바로 플라톤 카라타예프와 피에르 베주호프라는 점에 주목한다. 이른바 대중에 속한 인물인 카라타예프의 순수하고 본능적인 사고는 베주호프의 인생관에 커다란 영향을 끼친다.

톨스토이의 특징은 바로 대중의 순수하고 본능적인 현명함이 우연한 말 한마디로 발화되면서 교양인에게 빛을 던지는가 하면 위기를 만들어내기도 하는 양상이다. 성경을 '민주적으로', 다시 말해 독창적인 자신의 영혼에 따라 이해하는 톨스토이의 가장 두드러진 종교적 특징이다. 이와 반대로 만초니는 반동적인 종교 개혁을 겪었다. 그의 기독교는 얀센주의적 귀족주의와 예수회적 대중 온정주의 사이에서 물결친다. 파지는 "《약혼자들》에 등장하는 뛰어난 영혼 크리스토포로 신부와 보로메오 추기경은 저열한 영혼들 위에 군림하면서 늘 그들을 계몽하고 인도하는 말을 찾느라 여념이 없다"고 지적한다. 만초니의 기독교는 톨스토이의 종교적 예술 계통과 본질적으로 전혀 관련이 없다. 파지가 말하는 내용은 표현의 특수한 방식이 아니라 일반적 개념과 관련된 것이다. 세계의 개념은 탁월한 정신들이 계발하지 않을 수 없으나, 현실은 하층민들, 소박한 영혼들이 표현한다.

한편 《약혼자들》에서 '우롱'과 웃음거리의 대상이 되지 않는 대중은 없다는 점을 지적해야겠다. 돈 압본디오부터 갈디노 수사, 재봉사, 제르바시오, 아녜세, 페르페투아, 렌초, 루치아까지 모두 내면의 삶이 없는 비참하고 천한 사람으로 표현된다. 내면의 삶은 크리스토포로 신부와 보로메오 추기경, 무명인, 돈 로드리고 같은 귀족들에게나 있다. 돈 압본디오는 페르페투아가 말한 것이 나중에 보로메오 추기경이 말한 내용과 똑같다는 점을 관찰한다. 문제는 실천에 있다. 페르페투아가 힌트를 준 사실은 그저 웃음의 대상이 된다. 마찬가지로 루치아의 순결 서약의 가치에 대해 렌초는 분명히 크리스토포로 신부와 똑같은 생각을 한다.[223] [또 같은 맥락에서] 루치아의 말은 무명인의 의식을 뒤흔들고 도덕적인 위기감을 불러일으키지만, 그 장면의 중요성은 톨스토이에게서 도덕적이고 종교적인 삶의 원천이자 대중의 예지로 나타나는 빛나고 예리한 무엇이 아니라 기계적인 '삼단 논법'의 성격을 지닌다.

실제로 만초니에게서도 브레시아니주의의 흔적을 어렵지 않게 찾아볼 수 있다(파리니 이전에 대중을 '온정주의적으로 개량하려는' 예수회 회원들이 있었다는 사실은 주목할 만하다. 비아넬로[224]의 《파리니, 베리, 베카리아의 청년 시절 *La giovinezza del Parini, Verri e Beccaria*》(밀라노, 1933)을 참조하라.[225] "파리니 훨씬 이전에 '천민', 또는 요즘 말로 프롤레타리아트를 밀라노의 최상층 귀족 계급의 수녀 회의보다 더 옹호하고 찬미하는 일에 저항했던" 예수회 신부 포치[226]를 지적할 수 있다 (《치빌타 카톨리카》, 1934년 8월 4일자, 272쪽).

1928년 9월 9일자 《마르초코》에 실린 두 번째 글인 〈톨스토이와 셰익스피어〉에서 파지는 셰익스피어에 대한 톨스토이의 소책자를 검토한다. 그에 대해서는 앞의 글에서 지적했다[톨스토이, 《셰익스피어에 대한 비판적 연구 *Shakespeare, eine kritische Studie*》(하노버, 1906)]. 이 책에는 크로스비[227]가 쓴 《노동 계급에 대한 셰익스피어의 태도 *L'atteggia-mento dello Shakespeare davanti alle classi lavoratrici*》와, 버나드 쇼[228]가 셰익스피어의 철학에 대해 쓴 짧은 편지도 들어 있다.

톨스토이는 기독교 이념의 관점에서 출발해 셰익스피어를 분쇄하고자 한다. 그의 비평은 예술이 아니라 도덕과 종교에 관련된다.

크로스비는 수많은 저명한 영국인들의 견해와는 반대로 셰익스피어의 모든 작품에는 대중과 노동자들에 대한 동정의 말이 거의 없다는 사실을 증명해 보인다. 셰익스피어는 자기 시대의 경향에 순응하면서 노골적으로 사회 상층 계급의 편에 섰다. 그의 드라마는 본질적으로 귀족적이다. 부르주아 대중을 무대에 소개할 때 거의 예외 없이 업신여길 만하거나 지긋지긋한 대상으로 나타내서 웃음거리로 만들었다(만초니에 대해 이미 언급한 내용을 참조하라. 표명의 정도가 좀 약한 것 말고 경향은 대동소이하다).

버나드 쇼의 편지는 '예술가'가 아니라 '사상가'로서의 셰익스피어에게 비판의 화살을 돌린다. 쇼는 문학에서는 자기 시대의 도덕을 초월하고 미래의 새로운 요구를 직감한 작가들이 제일 중요한 자리를 차지해야 한다고 역설한다. 그러나 [쇼에 따르면] 셰익스피어는 자기 시대에서 '도덕적으로' 우수하지 않았다.

톨스토이식의 도덕주의적인 경향과, 버나드 쇼처럼 이미 발생한 것에 대해 나중에 이러쿵저러쿵하는 경향을 모두 걸러내야 한다. 좁은 의미에서의 예술 비평이 아니라 문화사를 탐구하는 작업이 중요하기 때문이다. 그래서 피상적인 도덕적 내용을 소개하는 작가들, 즉 예술이 아닌 선동을 일삼는 작가들을 살펴봐야 한다. 그들의 작품에는 천박하고 비참하며 대중-국민적이 아니라 폐쇄적인 특권 계급의 세계가 들어 있다. 한 작품의 미적 탐구는 그 작품이 왜 읽히는지, 왜 대중적인지, 왜 탐구되는지, 아니면 반대로 왜 대중을 감동시키지 못하고 관심을 끌지 못하며 국민의 문화적 삶과 조화를 이루지 못하는지를 연구하는 작업이어야 한다.[229]

대중 문학과 환상

무플레[230]가 1931년 2월 1일자 《메르퀴르 드 프랑스*Mercure de France*》에 기고한 연재 소설 관련 글을 살펴보자. 무플레에 따르면 연재 소설은 환상의 필요에서 태어났다. 끝도 없이 가난한 존재들이 형벌인 듯 단조롭고 무거운 삶을 부숴 버리려고 추구했던, 아마도 지금도 추구하고 있는 그런 환상 말이다.

요점만 말해서 생각은 이러하다. 연재 소설뿐 아니라 모든 소설에 해당되는 생각이다. 연재 소설이 대중에게 어떤 특별한 환상을 보여주는지, 이 환상이 역사적·정치적 시대 상황과 맞물려 어떻게 변화하는지 분석할 수 있다. 속물주의도 있지만 고전적 연재 소설에 반영되는 민주주의적 열망이 배경으로 자리한다. 이러한 열망은 래드클리프식의 '어둠침침한' 소설, 음모와 모험으로 가득 찬 어려운 삶을 그린 소설, 범죄 소설, 추리 소설 등에서 찾아볼 수 있다. 속물은 귀족 또는 일반 상류 계급의 생활을 묘사하는 연재 소설에서도 나타나는데, 여자, 특히 소녀들의 환대를 받는다. 더욱이 하나같이 그들은 외모를 이용해 상위 계급으로 진입할 수 있다고 생각한다.

무플레는 연재 소설의 '고전'이 존재한다고 보지만, 또 다른 의미로 이해하자면 고전적 연재 소설은 위고와 쉬, 뒤마식의 다양한 색채를 지닌 '민주적' 소설로 볼 수 있다. 무플레의 글은 읽을 만하겠지만, 그가 연재 소설을 문체 등의 측면에서 '문학 장르'로 생각하는지, '대중 미학'의 허위적 표현으로 생각하는지는 더 검토해야 한다. 대중은 '내용주의자'다. 위대한 예술가들이 대중적 내용을 표현한다면 대중은 그들을 더욱 선호할 것이다. 셰익스피어와 그리스 고전 작가들, 현대에 와서는 러시아의 위대한 소설가들(톨스토이, 도스토예프스키)에게 대중의 사랑이 무엇인지에 대해 내가 쓴 글을 기억하자.[231] 같은 식으로 음악에서는 베르디를 보자.[232]

1930년 10월 4일자 《누벨 리테레르》에 실린 로스니[233]의 〈문학적 상업주의Le mercantilisme littéraire〉라는 글에는 위고가 쉬의 《파리의 비밀》이 거둔 성공(40년이 지난 지금도 출판사 주간인 라크루아가 어리둥절해할 정도의 대성공)에서 영감을 받아 《레 미제라블》을 썼다는 말이 나온다. 로스니는 이렇게 쓴다. "편집장의 의도나 연재 담당자의 의도와는 상관없이, 연재물은 저자의 취향이 아니라 독자의 취향에서 영감을 받아 생산되었다." 이런 확신은 일방적이기도 하다. 사실상 로스니는 '상업적' 문학 전체(외설 문학을 포함하여)와 문학의 상업적 측면을 관찰하는 논평만 쓴다. [그러나] '상업성'과 독자의 '취향'이 일치하는 양상은 우연이 아니다. 1848년경 쓰인 연재물들은 분명 일정한 정치적·사회적 방향을 지니고 있었다. 그래서 오늘날에도 1848년의 감성을 똑같이 경험하고 있는 독자가 읽고 연구하는 것이다.

만초니와 하층민들

1931년 11월 1일 《마르초코》에서 파지는 《약혼자들》에 나오는 "대중의 목소리는 신의 목소리"[234]라는 격언을 두고 몇 가지 의견을 제시했다. 파지에 따르면, 《약혼자들》에서 이 격언은 두 번 나온다. 한 번은 마지막 장에 등장한다. 돈압본디오는 돈로드리고의 후계자에 대해 이렇게 말한다. "[누군가는] 그가 위대한 사람이라고 하고 싶지 않을 것이다. [그러나] 나는 그렇게 말하고, 그렇게 말하고 싶다. 내가 침묵을 지킨다 할지라도 이미 아무 소용 없을 것이다. 왜냐하면 사람들이 다 그렇게 말하고, '대중의 목소리는 신의 목소리'이기 때문이다".[235] 파지는 이 엄숙한 격언이 돈압본디오가 돈로드리고의 죽음을 기뻐하는 동안 다소 과장되게 사용할 뿐, 특별한 중요성이나 의미를 지니지 않는다고 지적한다.

다른 한 번은 31장, 페스트에 대해 말하는 곳에서 나온다. "많은 의사가 대중의 목소리(여기서도 신의 목소리였을까?)를 따라가느라고 소수의 불길한 예언과 경고는 비웃고 무시했다." 여기서 "대중의 목소리, 신의 목소리"는 괄호 속에 비꼬는 투의 이탈리아어로 제시된다. 《약혼자들》(레스카Lesca 판 4

권 3장)²³⁶에서 만초니는 사람들이 어떤 시대에 당연히 진리로 받아들였던 생각을 길게 서술하며, 만약 밀라노에서 페스트가 창궐했던 당시 사람들 사이에 퍼진 생각을 오늘날 기가 막힌다고 여긴다면, 오늘의 생각도 내일에는 기가 막히는 것이 될 수 있다고 결론을 내린다. 그리고 초고에서 그렇게 길게 설명한 내용을 최종판에서는 짧은 질문으로 요약한다. "이번 경우에도 신의 목소리였을까?"²³⁷

파지는 만초니가 대중의 목소리를 어떤 경우에는 신의 목소리라고 하고, 어떤 경우에는 아니라고 한다는 점을 관찰한다. "오직 과학의 지속적 발전을 통해서 결정될 수 있는 특정 사상이나 지식에 관한 것이라면," 신의 목소리가 아닐 것이다. 그러나 "모든 인간이 본성적으로 공유하는 보편 원칙과 감정에 관한 것이라면" 신의 목소리일 것이다. 그러나 파지는 문제의 핵심을 포착하지 못한다. 만초니의 가톨릭 신앙을 고려해야 한다는 점을 모른다. 예를 들어 파지는 [충직한 하녀] 페르페투아가 주인 돈압본디오 앞에 내놓는 생각이 보로메오 대주교의 생각과 일치한다고 지적한다. 그러나 이 경우는 도덕이나 종교의 문제가 아니라, 지극히 단순한 상식에서 나오는 실용적인 신중함에 관한 문제다. 보로메오 대주교의 생각이 페르페투아의 생각과 일치한다는 지적은 파지가 보는 만큼 중요하지 않다. 나는 교회 권위가 정치적 힘과 영향력을 지녔던 시대와 정황에 관련되는 문제라고 생각한다.

돈압본디오가 밀라노 대주교에게 의지해야 한다는 페르페투아의 생각은 극히 자연스럽다(이는 돈압본디오가 어떻게 그 순간에 정신을 잃었고, 페르페투아가 더 '조직적인 정신'을 지녔음을 보여준다). 대주교가 그렇게 말하는 것이 자연스러운 이유와 같다. 이때 신의 목소리는 개입하지 않는다. 다른 예도 있다. 렌초는 루치아의 순결 서약의 효력을 믿지 않는다는 점에서 크리스토포로 신부의 견해와 일치한다. 이것도 도덕이 아니라 '사례 분석'[238]의 문제다.

파지는 "만초니는 하층민의 소설을 쓰고자 했다"고 말하지만, 실상은 파지 생각보다 훨씬 더 복잡하다. 만초니와 '하층민' 사이는 감정으로 분리되어 있다. 만초니에게 하층민은 '역사 서술의 문제'이고, 역사 소설의 '핍진성'으로 해결할 수 있다고 믿는 이론적 문제다. 따라서 하층민은 《약혼자들》에서 대중 모양의 '작은 그림자'[239]로 나타나는 경우가 많다. 만초니는 너무나 가톨릭적이어서 대중의 목소리가 신의 목소리라 생각하지 않는다. 대중과 신 사이에는 교회가 있고, 신은 대중이 아니라 교회 속으로 육화한다. 신이 대중 안에서 육화한다는 믿음은 톨스토이의 것이지, 만초니는 관계가 없다.

대중은 당연히 만초니의 이러한 태도를 느낀다. 그래서 《약혼자들》은 결코 대중적이지 않았다. 대중은 감정적으로 만초니를 멀게 느꼈기 때문에, 그의 책을 대중적 이야기가

아니라 신앙서로 여겼다.[240]

브렌나의 대중 문학

브렌나[241]의 《19세기 이탈리아의 대중 교육 문학 La letteratura educativa popolare italiana nel secolo XIX》(밀라노: F.I.L.P., 1931), 246쪽을 참조하라. 《글 쓰는 이탈리아 Italia che scrive》 1932년 3월호에 실린 포르미지니-산타마리아[242] 교수의 서평에서 다음과 같은 단서가 발견된다. 브렌나의 책은 라비차 Ravizza 문학상에서 장려금을 받았다. 바로 '대중 교육 문학'을 주제로 했기 때문이라고 생각된다. 브렌나는 [문학] 개혁의 틀을 제시했다. 개혁의 대상은 장·단편 소설과 도덕적·사회적 파급 효과가 큰 글, 드라마, 방언 문학 등을 포함한다. 18세기를 배경으로 한 이들은 19세기에 널리 유행했다. 브렌나는 [문학] 개혁이 어떤 방향에서 이루어지는지 개혁의 틀을 제시하고자 했다.

브렌나는 '대중'의 범위를 넓게 잡아 "삶의 목표를 교양에 두지 않고 예술을 가까이할 수 있는 부르주아"까지 포함시킨다. 그런 식으로 브렌나는 "대중 교육 문학의 문체가 고상함이나 세련됨과 거리가 멀다"는 점을 추론한다. "예를 들어 대중을 교육하는 문학은 《약혼자들》이나 다첼리오[243]의 소설들, 이와 비슷한 성격의 소설들, 주스티[244]의 시, 가벼운 줄거리(파스콜리와 네그리[245]의 시처럼)와 맑은 자연을 주제로 삼는 시와 같은 세련된 문학과는 거리가 멀다."

포르미지니-산타마리아는 [이러한 브렌나의 주장에 대해] 흥미로운 생각을 보여준다.

가벼운 줄거리와 맑은 자연의 주제가 대중의 교육을 촉진하는 문학과 거리가 멀다는 해석은 지극히 옳다. 실제로 지난 세기 초반에 공장 노동자와 농민 사이에서 문맹은 거의 사라지지 않았다(그러나 대중 문학은 개인의 독서를 통해서만 확산되는 것이 아니고 집단적인 독서나 다른 활동을 통해서도 퍼진다. 예를 들어 토스카나의 오월회와 남부 이탈리아의 떠돌이 이야기꾼들은 문맹이 사라지지 않은 후진 환경의 산물이다. 사르데냐와 시칠리아의 문학 경연 대회도 마찬가지다). 또 당시 육체 노동자들의 빈약한 정신에 적합한('적합한'이란 무슨 뜻인가? 문학은 새로운 요구를 만들어내지 않는가?) 책도 별로 나오지 않았다. 저자는 이런 것만 환기시킨다면 연구가 매우 협소하고 빈약해진다고 생각했을 것이다. 내가 볼 때도 그렇다. 저자의 숨은 의도는 19세기에 대중적 경향의 글이 거의 없었다는 사실과 함께 대중에게 적합한 책을 써야 할 필요를 다시 강조하는 것이었고, 또한 과거에 대한 분석을 통해 대중 문학이 어디서 영감을 얻어야 하는지 기준을 찾아야 한다는 것이었다.

저자가 작가들의 의도에 맞춰 대중에게 이르지 않고도 대중에게 봉사하고 대중을 교육했던 출판물에 저자가 시선을 주지 말았어야 한다고 생각하지 않는다. 그런 암시[246]를 통해 어떤 이유로 좋은 의도가 의도로만 남았는지 더 분명하게 설명했어야 했다. 반대로 성공을 최우선 목표로 삼고 교육은 부수적 목표로 두었던 작품(특히 19세기 후반에)들은 대중 계층에게 큰 인기를 끌었다. 이런 작품들을 검토하면서 브렌나가 예술 분야에서 멀어지는 일이 매우 잦았다.[247] 그러나 지금도 대중 사이에서 확산되고 있는 책들(예를 들어, 인베르니치오의 모순되고 복잡하며 모호한 소설들)을 분석함으로써, 이류 연극의 나들이 관객에게서 눈물과 박수를 무리하게 끌어냈던 야외의 대형 드라마들(정의와 용기에 대한 사랑에서 영감을 받았다고 하는)을 연구함으로써, 대중의 영혼이 가장 크게 솟아오르는 양상을 더 잘 찾아낼 수 있었을 것이다. 대중의 영혼이 덜 일방적이고 더 평온한 행동의 장으로 옮겨질 때, 문학이 대중을 교육할 수 있다는 비밀을 비로소 발견할 수 있었으리라는 말이다.

이처럼 포르미지니-산타마리아는 브렌나가 민속 연구에 관심이 없었다고 지적하고, 적어도 그림 형제식의 우화와 이야깃거리들 정도는 연구해야 한다고 주장한다.

포르미지니-산타마리아는 '교육적' 언어를 강조하지만

개념에 합당한 내용을 상기시키지는 않는다. 그러나 문제는 여기에 있다. 대중 교육이라는 의도를 설정한 문학의 '경향'이 시시하고 터무니없으며 대중의 내면적 관심에 제대로 응답을 못 한 나머지 오히려 비대중성이 확고하게 굳어지는 현상 말이다.

전기 소설

전기 소설이 어떤 의미에서 뒤마류의 대중적 역사 소설을 계속 이어간다는 것이 사실이라면, 이런 관점에서, 이런 특별한 분야에서, 전기 소설은 이탈리아에서 '일정한 공백을 메우고' 있다고 말할 수 있다. 코르바초 출판사가 내놓는 책이나 마추켈리의 책도 특히 볼 만하다. 그러나 주의할 사항은 전기 소설이 대중 독자를 확보한다 해도 연재 소설처럼 완벽한 의미에서 대중적이지는 않다는 사실이다. 전기 소설은 우월한 문화의 자부심을 갖고 있는 독자, 혹은 갖고 있다고 믿는 독자와, '지배 계급'과 국가의 주인이 되었다고 믿는 시골과 도시의 소부르주아 독자를 지향한다. 대중 소설의 현대적 유형인 범죄 소설과 '추리' 소설 쪽에서는 볼 만한 것이 전혀 없다. 그래서 스티븐슨, 콘래드, 런던 부류의 소설이든 현대 프랑스 부류(오를랑[248]과 말로[249] 등)의 소설이든, 넓은 의미에서 모험 소설은 볼 만한 것이 하나도 없다.

대중 문학

현재 우리 문학에 '순수한 17세기주의secentismo'가 존재한다는 사실은 문학에 정통한 비평가들의 자발적인 고백을 통해 알 수 있다. 예를 들어 알도 카파소[250]는 《레오나르도Leonardo》 1934년 3월호에 실린 운가레티[251]에 대한 논문에서 이렇게 썼다. "시인[운가레티]이 그리 간명하지 않았다면 귀가 번쩍 뜨일 만한 호평은 나올 수 없었을 것이다." 여기서 '귀가 번쩍 뜨일 만한 호평'은 "시인의 목적은 놀라움을 불러일으키는 것"이라는 [순수시 운동의] 유명한 정의를 떠올리게 한다. 그럼에도 불구하고 주목할 만한 것은 고전적인 17세기주의가 대중적이었고, 지금도 그렇게 지속되고 있다는 사실이다(대중이 시에서 다양한 이미지의 곡예를 좋아한다는 경향을 생각할 것). 반면 실제 17세기주의는 순수한 지식인들 사이에서 대중적이다.

운가레티는 '대중의' 참호에서 함께하는 동료들이 자신의 시를 좋아한다고 썼다. 맞는 말일 수 있다. 그렇게 좋아한다는 것은 '난해한'(이해할 수 없는) 시가 대단히 아름답고, 그런 시를 쓰는 작가는 다름 아니라 대중과 분리되어 이해하기 힘들기 때문에 위대한 인간이라는 정서와 맞물린 특이한 성향이다. 같은 현상이 대중이 지식인을 찬미하는 양상으로 미래파에서도 일어났다(사실상 지식인들은 찬미와 동시에 경멸의 대상이었다).[252]

라파엘로 조바뇰리의 《스파르타쿠스》

1932년 1월 8일자 《코리에레 델라 세라》에는, 1874년 6월 25일 카프레라에서 가리발디가 소설 《스파르타쿠스Spartaco》를 읽은 직후 조바뇰리에게 보낸 편지가 소개되었다.[253] 가리발디의 편지는 대중 문학의 관점에서 볼 때 매우 흥미롭다. 그도 그럴 것이, 편지에서 가리발디는 대중 소설에 대한 견해를 피력하고 있으며, 대중 문학 장르에 관련한 그의 '시학'의 주요 실마리를 남기기 때문이다. 가리발디가 읽었던 조바뇰리의 《스파르타쿠스》는 이탈리아의 얼마 안 되는 대중 소설로서, 특히 우리식의 대중 소설이 '반(反)성직자적'이고 '국민적'이라는 매우 지엽적인 특성과 한계를 지니던 그 시기에 외국에도 널리 소개되었다.

내가 기억하기로, 《스파르타쿠스》는 일정한 한도에서는 [다른 경우에도 적용될] 하나의 '방법'이 될지 특별히 시험해볼 만한 작품인 것 같다. 다시 말해 우리는 그 소설을 현대 언어로 '번역'할 수 있고, 바로크의 수사 형식에 따라 서사 언어로 정화할 수도 있으며, 기교와 문체 면에서 다른 특성으로 새롭게 변화시킬 수도 있고, 실제 살아 있는 것으로도 만들 수 있다. 새로운 시대와 새로운 감수성, 새로운 문체에 맞추는 정비 작업을 의식적으로 전개하는 작업이 중요할 텐데, 이는 대중 문학이 구전으로 전파되던 때, 아직 글과 인쇄로 고정되어 화석화되지 않았을 때 으레 있었던 일이다. 시대를 불문하고 새로운 문화에 따라 번역되고 모방된 고전 세계의 대작들이 유사한 정비 작업을 거쳐 한 언어에서 다른 언어로 변화될 수 있다면, 왜 예술적이기보다는 '문화적이고 대중적인' 가치를 지닌 《스파르타쿠스》와 같은 작품에서는 그런 작업이 이루어질 수 없고 이루어지지 않는 것일까? (이는 논의해야 할 주제이다.)[254]

이런 정비 작업은 대중 음악에서도 대중적으로 확산된 음악 모티프들을 중심으로 이루어진다. 두세 번의 개작을 거치면서 정치적으로 변하지 않는 사랑 노래가 얼마나 되겠는가? 비단 이탈리아에서만 일어나는 일이 아닌지라 대단히 흥미로운 경우를 여럿 인용해볼 수 있을 것이다(호퍼[255]의 티롤 성가가 〈몰로다이아 과르디아Molodaia Guardia〉[256]에 음악 형식을 부여한 예가 있다).

소설의 경우에는 작가가 저작권을 이용해 이를 제지할 것이나. 현재 저작권은 초판 인쇄 후 80년까지 지속되는 것으로 알고 있다(그러나 [저작권이 적용되지 않는다 해도] 어떤 작품은 개작하기 곤란할 것이다. 예를 들어《레 미제라블》,《방황하는 유대인》,《몽테크리스토 백작》등은 원형 그대로 너무나 강하게 굳어 있다).

제5장

대중 문화

과거와 현재, 초인의 문제

'국민적 특성'에 대해 말하려면 먼저 정의가 명확해야 한다. 우선 국민적인 것과 '민속적인 것'을 구분할 필요가 있다. 어떠한 기준이 필요할까? 이런 기준이 있을 수 있다. 민속적인 것은 모든 면에서, 다시 말해 '배타주의적'인 측면, 시대착오적인 측면, 보편적(적어도 유럽적) 특징이 결여된 계급의 측면에서 '지방적인 것'에 가까이 다가선다. 문화에 민속적인 것이 있기는 해도, 우리가 특별히 주의를 기울이지는 않는다. 예를 들어 멜로드라마의 언어도 민속적이고, 연재 소설의 기운을 받은 감성과 속물적 '몸짓들'도 민속적이다.

인베르니치오는 파리를 무대로 한 프랑스 연재 소설을 기계적으로 옮겨온 소설의 무대로 피렌체를 설정했다. 일종의 민속적 경향을 만들어냈다고 볼 수 있다. '초인Übermensch'의 대중적 기원을 중심으로 뒤마와 니체의 관계에 대해 많은 논의가 있었다. 바로 민속에 대한 것이다. 오늘날 가리발디가 외향적 기벽을 그대로 부리면서 다시 살아난다면, 국민적이기보다는 민속적으로 보일 것이다. 그런 모습을 보고 많은 사람들이 웃는다면, 분명 잘못된 일이다. 왜냐하면 그가 살던 당시의 이탈리아에서 가리발디는 시대착오적이지도 않았고 지방적이지도 않았기 때문이다. 오히려 당시 이탈리아 전체가 시대착오적이고 지방적이었다.

따라서 어떤 인물이 문화의 세계적 (또는 유럽적) 단계에서 동시대적일 때, 그리고 이런 단계에 (의도적으로) 이르렀을 때 '국민적'이다. 이런 의미에서 볼 때, 카부르는 자유주의 정치에서, 데 상티스는 문학 비평에서(카르두치도 국민적이지만 데 상티스보다는 덜하다), 마치니는 민주주의 정치에서 국민적이다. 가리발디와 비토리오 엠마누엘레 2세, 나폴리의 부르봉가, 그리고 대중 혁명의 주역들은 두드러진 민속적 특징을 지니고 있었다. 니체-초인의 관계에서 볼 때 단눈치오는 두드러진 민속적 특징을 보이고, 괄리노[257]는 경제 분야에서 민속적 특징을 보인다. 우월 의식을 버리지 못한 단눈치오의 경우는 연재 소설의 정신성에 직접 연결되지 않기 때문에 민속적 특징이 덜 보이기는 한다. 마치 대중에 섞여 있는 수많은 개인주의자와 무정부주의자들이 연재 소설 밖으로 갑자기 튀어나온 것 같다.

이와 같은 민속적 지방주의는 이탈리아에서 또 다른 특

징을 지닌다. 이탈리아의 민속적 지방주의는 외국인들이 보기에 이탈리아식 연극에서나 볼 법한 짓거리, 극적 과장, 연극광 같은 어떤 것, 완전히 평범한 얘기를 하다가 연극에서처럼 과장하기, 파스카렐라가 《아메리카의 발견 Scoperta dell'America》[258]에서 묘사하는 문화적 쇼비니즘의 형태, 오페라 대본에서나 볼 수 있는 언어에 열광하는 현상 등으로 나타난다.

대중 가요

루비에리[259]가 제시한 대중 가요의 구분 혹은 분류. 1) 대중에게서 작곡이 나오고 대중을 위해 부르는 노래. 2) 대중에게서 나오지는 않았으나 대중을 위해 부르는 노래. 3) 대중에게서 작곡이 나오지 않았고 대중을 위해 부르지 않아도, 대중의 사고와 감정에 맞아서 대중이 받아들인 노래.

나는 모든 대중 가요가 세 번째 범주에 속하고 그래야 한다고 생각한다. 국민 문화의 맥락에서 대중 가요를 특징짓는 요인은 예술적 가치나 역사적 기원이 아니라, 대중 가요가 공식 사회에 맞서서 세상과 삶을 인식하는 방식이다. 대중 가요의 '집단성'과 대중의 '집단성'을 탐사해야 하는 지점이나.[260]

이로부터 민속 연구의 여러 기준이 나온다. 대중은 하나의 동질적 문화 집단이 아니라, 이질적이고 다양한 여러 문화 층으로 구성되기 때문에 순수함만 따지면 역사상 나타난 특정 대중 집단과 일치하지 않을 수 있다. 그러나 역사적 '고립'의 정도가 크냐 작으냐에 따라 [그 정체성을] 어느 정도 확인할 수 있다는 점은 분명하다.261

연극과 영화

영화가 연극을 죽이고 있다는 말이 나온다. 토리노에서는 여름철에 사람들이 연극을 버리고 영화관에 몰려들어 극장이 문을 닫았다고 한다. 새로운 영화 산업이 생겨나 자리 잡았으며, 유럽 다른 나라에서도 보기 힘들게 호화로운, 늘 사람들로 붐비는 영화관들이 문을 열었다. 사람들 취향이 퇴화해버려서 연극에 불우한 날들이 다가온다는 고통스러운 우려의 바닥에 진실이 있을지도 모른다.

그러나 이런 애도가 변질된 미학과 잘못된 생각에서 비롯된 사실임을 쉽게 증명할 수 있다. 영화가 인기를 끌고 대중을 흡수하는 것은 경제적인 이유에서다. 영화는 연극이 제공하는 감각을, 더 나은 조건에서, 지성을 가장한 무대 장치나 과도한 사전 약속 없이, 지극히 똑같이 공급한다. 대부분의 연극은 인간에 대한 별 내용도 없는 피상적 사건으로 구성된다. 말하는 인형들이 무대에 등장해서 이리저리 분주하게 움직이기는 하지만, 어떠한 심리적 진실은커녕 관객의 상상력을 자극할 만한 진정성 또는 사실이 적절하게 표현된 감정도 찾을 수 없다. 부실한 심리 파악, 허위의 예술적 표현은 연극을 팬터마임 수준으로 떨어뜨린다. 연극은 이제 대중에게 포장지만 다른 삶의 환상을 불러일으킬 뿐이다. 그저 지리적 배경, 사회적 환경, 등장 인물만 그림엽서처럼 바꿔 보여줄 뿐, 예술적 호기심도 없다. 공허한 시각적 호기심만 채워줄 뿐이다.

영화가 연극에 압도적인 우위를 점한다는 사실은 아무도 부정할 수 없다. 영화는 더 완전하고 다양한 무언극으로, 즉 연기자들이 단순히 몸만 움직여도 완벽한 표현이 가능하다. 영화가 저속하거나 진부하다고 말하는 것은 비웃음을 불러일으키는 빈약한 수사법에 불과하다. 사실, 연극 배우들도 같은 방식으로 연기한다. 연극의 예술적 기능을 진정으로 믿는 사람이라면 오히려 영화와 벌이는 경쟁을 반길 것이다. 연극을 원래의 성격으로 되돌려놓기 때문이다.

대중 대부분은 단순히 (평소의 압박을 벗고 느긋하게) 눈으로 즐기는 순수한 시각적 오락을 원한다. 산업화 과정에서 연극은 최근 몇 년 동안 이런 요구를 충족시키려 노력했다. 그러면서 연극은 상업적 기획이 되어버렸고, 싸구려 만물상으로 변질되었다. 이제 연극에서 영원하고 보편적 가치를 지닌 작품은 우연히만 나온다. 영화는 똑같은 기획을 더 손쉽고 저렴한 비용으로 처리할 수 있기 때문에 연극을 능가하고 대체하려 한다. 연극 기획사와 극단들은 생명을 부지하려면 노선을 바꿀 필요가 있다는 사실을 곧 깨달을 것이다.

대중이 연극을 떠났다는 말은 맞지 않다. 오랫동안 관객 없이 공연을 이어가던 연극계에서 특이한 공연 하나가 갑자기 관객으로 가득 찬 예가 있었다. 걸작이었거나, 아니면 한때 유명세를 떨쳤던 작품이었을 수 있지만, 어쨌거나 독특한 매력을 지닌 공연이었다. 그러니 연극계는 지금 특별 공연으로 내놓는 작품들을 오히려 상설 공연으로 만들어야 한다. 셰익스피어나 골도니262와 같은 [고전] 작품들을 무대에 올리기 위해서는 비교 불가한 압도적 수준으로 준비해야 한다. 단눈치오, 번슈타인263, 바타유264와 같은 작가들은 연극 무대보다 영화관에서 더 큰 성공을 거둘 것이다. 그들이 창조한 표정과 뒤틀린 신체는 영화에서 가장 적합하게 구현되기 때문이다. [반면 연극의] 불필요하고 지루하며 무성의한 수사적 발언들은 결국 문학의 영역으로 남아 책과 도서관 속에 묻히게 될 것이다.

대중 소설과 대중극

경멸적인 의미를 담고 있는 대중극은 아레나식 드라마 또는 드람모네[265]라 불린다. 아레나라고 불리는 야외 극장이 도시마다 흔히 있기 때문일 것이다(볼로냐의 아레나 델 솔레Arena del Sole). 부테트[266]가 고전 무대(아이스킬로스, 소포클레스)에 대해 쓴 글을 살펴보자. 그가 연출가로 일했던 로마의 극단 콤파냐 스타빌레Compagnia Stabile는 볼로냐의 아레나 델 솔레에서 월요일(빨래하는 여자들의 날[267])마다 고전극을 올렸고, 예상대로 대성공을 거두었다(부테트의 연극에 관련된 회고록은 1908년과 1909년에 밀라노에서 발행된 잡지 《일 비안단테Il Viandante》에 모니첼리[268]가 처음 발표했다). 한편, 셰익스피어의 연극들이 대중을 상대로 언제나 성공을 거두었다는 사실은 위대하면서도 대중적인 예술가가 어떤 대접을 받을 수 있는지 보여준다.

1929년 11월 17일자 《마르초코》에는 가이오(오르비에토[269])의 연극평이 실렸다. 〈'당통', 멜로드라마 그리고 '생활 속의 소설'〉이라는 매우 중요한 글이다. 발췌해보면, "최근에 구성된 극단이 사람들을 극장에 불러 모을 거라는 희망을 안고 《몽테크리스토 백작》에서 《두 고아Les Deux Orphelines》[270]에 이르는 대형 스케일의 대중물을 레퍼토리로 삼았는데, 기대했던 성적을 거둔 작품은 피렌체에서 올린,

프랑스 혁명을 다룬 헝가리 작가의 최신 드라마 《당통》이었다." 데 페카르의 작품 《당통》은,[271] "극단적 자유에 대한 특별한 환상을 곁들인 감상적인 이야기"다(예를 들어 로베스피에르와 생 쥐스트Saint-Just는 당통의 재판에 참석해 당통과 열띤 논쟁을 벌인다). "그러나 너무 깊게 들어가지는 않고 쉽게 구성된 이야기다. 모더니즘적인 위험한 이탈 없이 대중극으로서 효과를 높이는 유서 깊고 적절한 방법이 돋보인다. 모든 것은 기본에 충실하고 크게 과장되지 않으며, 구조도 치밀하다. 강한 선정성과 혼란스러움은 적절히 여린 분위기로 대체되고 관객은 숨을 쉬고 공감하게 된다. 관객은 열중하고 즐긴다. 관객을 산문극[272]으로 다시 되돌리기 위해 이보다 더 나은 길이 있겠는가?"

오르비에토의 결론은 의미심장하다. 그래서 [이탈리아에서] 1929년에는 관객의 발걸음을 극장으로 돌리기 위해 《몽테크리스토 백작》과 《두 고아》를 상연해야 했고, 1930년에는 [대중에게] 신문 구독을 장려하기 위해 《몽테크리스토 백작》과 《주세페 발사모》를 연재해야 했다.

멜로드라마[273] 취향

이탈리아 대중이 문학, 특히 시에 접근할 때 거기에 내재한 멜로드라마 취향을 어떻게 극복할 수 있을까? 대중은 시가 단번에 드러나는 어떤 특징을 지닌다고 믿는다. 그 시의 특징이란 우선 운율 및 강세의 시끄러운 소리를 말한다. 그에 더해 과도하게 엄숙한 의례적 분위기, 연설적 특성, 그리고 멜로드라마적 감상주의, 즉 화려한 어휘와 결합한 연극적 표현 등을 가리킨다. 이런 [멜로드라마적] 취향은 시와 예술에 대한 친밀하고 개인적인 독서와 명상이 아니라, 집단적 표현 방식인 연설과 연극적 표현을 통해서 형성되었다. 그리고 연설이라는 말은 단지 유명한 연사가 나서는 대중 집회에서의 연설만이 아니라, 도시와 시골에서 이루어지는 갖가지 형태의 집단적 표현을 모두 포함한다. 예를 들어, 시골 지역에서는 장례식 연설과 지방법원(심지어는 화해 및 조정 법정)의 연설도 매우 인기가 있다. 모두 대중적 성격의 '팬'을 대상으로 한다. 법정에서는 자신의 차례를 기다리는 증인 등등의 사람들이 팬을 구성한다. 지방법원을 가득 채운 대중은 연설의 문장 구조와 엄숙한 어휘들을 기억에 담고 되새기며 즐긴다. 많은 사람들이 오직 연설을 듣기 위해 중요 인물의 장례식에 모여드는 경우도 적지 않다.

도시에서 이루어지는 강연, 법정 등도 같은 역할을 한다. 대중 공연장에서 벌어지는 서커스식 공연(그리고 오늘날에는 아마도 유성영화 또는 예전 무성영화의 자막 모두 멜로드라마적 스타일로 화성된 것들)이 멜로드라마적 취향과 언어를 형성하는

데 중요한 역할을 한다.

[이탈리아 대중이] 멜로드라마적 취향을 극복하는 주된 방법은 두 가지다. 첫째, 냉정한 비판을 통해서다. 둘째, 고전적 언어가 아닌 일상 언어로 쓰거나 번역된, 수사적이거나 멜로드라마적이지 않은 감정 표현으로 채워진 시집을 널리 퍼뜨리는 방법을 통해서다.

멜로드라마

나는 다른 글에서 이탈리아 대중 문학에서 음악은 다른 나라에서 대중 소설이 차지하는 예술 표현을 대체했으며, 이탈리아 문인들에 비해 음악 천재들이 대중의 인기를 더 크게 얻었다고 언급했다. 더 세부적으로 살펴보자. 첫째, 이탈리아 음악의 발전 단계를 통틀어 오페라의 번성이(즉 천재 예술가의 개인적 표현으로서가 아니라 역사적, 문화적 사실과 선언으로서) 소설로 대표되는 대중 서사시의 발전과 일치하는가 하는 문제다. 내가 볼 때는 일치하는 것 같다. 이탈리아에서 소설과 멜로드라마는 18세기에 생겨나 19세기 전반에 꽃을 피웠다. 이는 유럽 전역에 국민-대중적 민주주의 세력이 선언되고 확장되는 시기와 일치한다. 둘째, 영국과 프랑스의 대중 소설이 유럽에 확산된 때와 이탈리아 멜로드라마가 유럽에

진출한 시기가 일치하는지의 문제다.

이탈리아의 예술적 '민주주의'에는 왜 음악적 표현만 있을 뿐 '문학적' 표현은 없는가? 언어가 국민적이 아닌 세계적이었다는 것(음악이 그러했다)은 이탈리아 지식인들이 국민-대중적 특성을 결여한다는 점과 관련이 있는가? 모든 나라에서 지식인들의 자발적 국민화가 확고히 일어나고, 이런 현상이 비록 그 수위가 낮긴 했지만(18세기, 특히 18세기 후반에도 세계적이기보다는 국민적이었다) 어쨌든 확인되는 바로 그 당시에, 이탈리아 지식인은 음악을 통해 유럽인의 역할을 계속 해나간다. 우리는 [음악, 특히 오페라] 대본의 줄거리가 전혀 '국민적'이지 않고 유럽적이라는 사실을 확인할 수 있다.

이는 두 가지 의미를 갖는다. 첫째, 이탈리아 드라마의 무대가 이탈리아인 경우는 드물고 대개는 유럽 전역이고, 배경이 대중 전설이나 대중 소설에서 유래한다는 점이다. 둘째, 이탈리아 드라마의 감성과 정열이 18세기 유럽 낭만주의 감수성을 반영한다는 사실이다. [이탈리아 멜로드라마가 반영하는] 유럽적 감성은 모든 나라에서 나타나는 대중적 감성과 전적으로 일치하지 않지만, 낭만주의가 그 감성을 차용했다는 점에서 일치한다. (이 점은 셰익스피어와 고대 그리스 비극의 인기를 설명할 때도 연결될 수 있다. 등장 인물이 휘둘리는 질투, 부성애, 복수 등과 같은 원초적 감정들은 국가를 막론하고 본질적으로 대중적이다.)

따라서 이탈리아 멜로드라마와 영국과 프랑스 대중 문학의 관계는 멜로드라마에 불리하지 않다고 할 수 있다. 둘의 관계는 예술과 비평이 아니라 역사와 대중 차원의 문제이기 때문이다. 예를 들어 베르디의 대중 인기도를 보려면 쉬의 대중적 인기와 비교해야 한다는 말도 맞지만, 베르디를 쉬와 같은 급의 예술가로 비교하는 태도는 옳지 않다. 음악의 귀족적 미학주의자들(예를 들어, 바그너주의자들)은 베르디가 음악 역사에서 차지하는 위치를 쉬가 문학 역사에서 차지하는 위치와 동일시하겠지만, 둘을 그런 식으로 비교할 수는 없다. 대중 문학(예를 들어, 쉬와 후속 작가들)이 퇴행할 때는 대중 문학은 국민-대중 문학이 정치적, 상업적으로 퇴화하는 모습을 보인다. 그 모델은 바로 고대 그리스 비극과 셰익스피어다.

멜로드라마를 보는 이 관점은 대본 작가로서 특히 정치적·상업적으로 퇴행을 보인 메타스타시오[274]의 대중성을 이해하기 위한 기준이 될 수도 있다.

루이지 피란델로의 젊은 시절 노트

피란델로가 1889~1890년 독일 본에서 학생이었을 때 쓴 글인데, 1934년 1월 1일자 《누오바 안톨로지아》에 게재되었다. "우리는 우리 문학에 드라마가 없다고 한탄한다. 삶과 인간에 대한 생각이 부족하다." 그러나 이 메모는 세계관의 필요성을 다룬 독일 학생들의 논의를 되풀이할 뿐이며, 보기보다 피상적이다. 피란델로의 삶과 인간에 대한 생각은 국민-대중 차원으로 확산되기 힘들고 그저 '개인적인' 의견에 불과하다. 그럼에도 불구하고 오래 진행되어온 연극의 부식腐蝕에 관련해서는 엄청난 '비판적' 중요성을 지닌다.

브레시아니 신부의 졸개들과 피란델로

문학에 대한 나의 기록을 그로모아 피란델로를 말한다. 그에 대해서는 특별히 전쟁 중에 내가 쓴 모든 기록을 활용하여 글을 써야 한다. 당시 피란델로는 그의 작품을 요약할 능력도 없는 사람들의 비판에 시달리고 있었다(첫 공연 후 토리노의 여러 신문에 실린 《이식 Innesto》에 대한 리뷰와 나에게 [자료] 협조를 해준 베리니를 기억하자).[275] 분노하는 독자도 있었다. 피란델로가 토리노의 젊은 가톨릭 신자들의 적대적인 시위 때문에 《리올라 Liolà》[276]를 레퍼토리에서 제외시켰다는 사실도 기억하자. 1930년 4월 5일자 《치빌타 카톨리카》의 〈라자로 혹은 루이지 피란델로의 신화〉 기사를 참고하라.

내가 볼 때, 피란델로의 중요성은 예술적이라기보다 지적이고 도덕적인, 즉 문화적 성격을 지닌다. '현실의 객관성'을 상정하는 아리스토텔레스-가톨릭의 방식에 맞서서, 자신이 할 수 있는 방식인 연극으로 근대 철학의 '변증법'을 대중 문학에 도입하려 시도했다. 피란델로는 상식에 파격적인 방식으로 저항하는 낭만적인 캐릭터를 앞세워 객관성을 타파하는 변증법적 사고를 대중에게 소개했다.

이런 식이 아니면 어떻게 가능할 수 있을까? 피란델로의 드라마는 고유의 '철학적 대화'라는 특징을 겉으로 잘 드러내지 않는다. 주인공들이 현실을 이해하는 새로운 방식을 지나칠 정도로 '설명하고 정당화'하기 때문이다. 피란델로가 자기중심적 사고에서 벗어나지 못하는 경우도 많아서 그의 '변증법'은 변증법이라기보다 소피즘에 가깝다.

피란델로의 '이념'

피란델로가 '피란델리즘'을 반대하는 것은 옳을지도 모른다. 피란델로는 이른바 피란델리즘을 극장 현장에서 입증되지 않은, 가짜 비평가들이 만든 추상적 구성물이고, 문화와 이념 차원에서 편향된 이해관계를 숨기는 편리한 공식이라고 생각한다. 사실 피란델로는 항상 가톨릭 세력의 공격을 받았다. 싸구려 평론가 피노와 《모멘토Momento》가 선동하여 가톨릭 청년들이 일으킨 소란으로 《리올라》가 토리노 알피에리 극장 레퍼토리에서 제외된 적도 있다.277 《리올라》에 대한 비판은 작품의 희극성이 모호하고 거짓이라는 주장으로 시작되었지만, 사실 피란델로의 모든 연극은 그 근본적 세계관 때문에 가톨릭 세력의 공격을 받는다. 피란델로의 세계관이 어떠하든, 어떤 철학적 일관성이 있든 없든, 반가톨릭적인 것은 맞다. 반면, '인문주의적'이고 실증주의적인 전통 연극이 품고 있는 부르주아 및 프티부르주아 계급의 사실주의적 관점은 반가톨릭적이지 않다.

사실 피란델로의 세계관에 일관성이 없는 것 같기도 하다. 피란델로의 연극에서 철학을 추출할 수 없기에 그의 극을 '철학'이라고 말할 수도 없다. 그러나 피란델로의 작품에는 세계의 이해와 전반적으로 연결될 수 있는 관점들이 존재한다. 대체로 그의 세계관은 주관적이지만, 문제는 다른 쪽에 있다. 첫째, 그의 주관적 세계관이 '철학'의 방식으로 제시되는가, 아니면 등장 인물이 그 세계관을 무대에서 실현하는가? 다시 말해, [피란델로 연극에] 내재된 '철학'은 단지 '문화'와 '개인 윤리'에 불과한가, 아니면 어느 정도까지는 피란델로 연극 특유의 예술적 변형의 과정이 존재하는가? 그리고 논리적 특성을 항상 동일하게 반영하는가, 아니면 환상적 특성을 다양하게 배치하는가?278 둘째, 이러한 관점들은 개별 철학 체계를 담은 학문과 저서에서 취한 것인가, 아니면 삶, 당대 문화, 낮은 단계의 대중 문학, 민속에 존재하는 것인가?

두 번째 물음은 대단히 중요하다고 본다. 다양한 드라마를 비교 분석함으로써 이 물음에 대답할 수 있다. 농촌 생활을 묘사하는 '방언' 드라마, 문어로 구성된 드라마, 국민적이면서도 세계적인 부르주아 지식인의 삶을 묘사하는 드라마를 비교해야 한다. 그렇게 하면 피란델리즘은 방언 드라마에서 '실제로' 대중과 방언 차원에서 생각을 조직하는 다양한 방식으로 확인될 것이다. 즉, '지식인'이 대중으로 변장한 것도, 대중이 지식인처럼 생각하는 것도 아니라, 실제 역사와 지역에서 존재하는 시칠리아 대중이 생각하고 행동하는 방식 말이다. 그들이 가톨릭 신자, 토마스주의자, 아리스토텔레스주의자가 아니라고 해서 시칠리아 대중이 아닌 것은 아니다. 그들이 현대 관념론과 주관주의 철학을 알지 못한다고 해서 대중적 전통에 '변증법'의 흐름이 내재하지 않는 것도 아니다. 만약 이것이 입증된다면, 피란델리즘, 즉 피란델로 극의 추상적 지성주의가 쌓은 모든 성이 와르르 무너지게 될 것이다.[279]

그러나 피란델로 극의 문화적 문제가 이런 식으로 다 해소된다고 보지 않는다. '시칠리아' 출신 피란델로는 농촌 생활을 '방언적'이고 민속적인 방식으로 구상할 수 있는 작가다(그의 민속성은 '이교적'이고 반가톨릭적이다). 그는 '이탈리아' 작가인 동시에 '유럽' 작가다. '시칠리아인', '이탈리아인', '유럽인'이라는 비판적 자각을 가지고 있는 피란델로의 내면에는 피란델로의 위대한 '문화적' 가치와 예술적 약점이 함께 자리한다(나는 다른 곳에서 이 점을 언급했다). 이 내적 '모순'은 그의 소설에서 분명하게 드러난다(장편 소설 《일 투르노 *Il Turno*》에서는 시칠리아 여성과 스칸디나비아 선원의 만남을 묘사하며, 역사적으로 멀리 떨어진 두 '지방'을 보여준다).

중요한 질문은 이것이다. 피란델로의 비판적, 역사적 인식이 문화에서 전통적이고 관습적인 가톨릭이나 실증주의적 사고방식에 젖은 낡은 연극을 초월하고 해체하는 데 기여한 것은 사실이지만, 과연 완전한 예술적 창조물을 낳았는가? 피란델로의 지성주의가 저속한 비평(가톨릭적 편향의 비평)이 식별해낸 지성주의가 아니라고 할 수도 있다. 그렇다면 피란델로는 모든 지성주의에서 자유로운가? 그는 작가가 아니라 연극 비평가이고, 문화 비평가가 아닌가? 작가가 아니라 국민과 지역의 관습을 비평하는 사람이 아닌가? 그가 작가라면, 어떤 측면에서 진정한 작가인가? 어디서 그의 비판적 태도가 예술의 내용과 형식이 되었고, 철학자보다 우월한 '도덕론자'로서의 '지적 논쟁'은 어디에 있는가? 나는 피란델로가 '방언적'일 때 진정한 예술가라고 생각하며, 《리올라》가 대표작이라고 본다. 물론 다른 수많은 단편에서도 '문학적'

연극의 아름다움을 확인할 수 있다.

다른 데서 언급했지만, 피란델로를 비평하자면, 시칠리아 '시골뜨기'다. 이탈리아 특성뿐만 아니라 유럽 특성도 일부 갖추고 있었으나, 문명의 이 세 요소가 상충하고 대립하는 현상을 느꼈던 작가다. 이런 [복합적] 경험을 하면서 사람들 내면에 깃든 모순을 관찰하는 태도를 갖게 되었고, 나아가 인생의 드라마를 이런 모순의 드라마로 보게 되었다.

그렇지 않더라도, 시칠리아 방언 연극(《대륙의 공기Aria del continente》)[280]뿐만 아니라 모든 이탈리아 방언 연극과 대중 소설의 특징 가운데 하나는, '국민적'이거나 유럽적이고 세계적인 캐릭터로 '변신'하기를 바라는 지방 출신 인물에 대한 묘사, 풍자, 캐리커처다. 이는 아직 이탈리아 대중에게 국가와 문화의 통일이 없다는 사실을, 그들의 습관과 사고방식, 행동양식 속에 '지방주의'와 특수주의가 여전히 뿌리내리고 있음을 보여준다. 더욱이 지방 수준에서 국민적, 유럽적 차원으로 삶을 승격시킬 '기제'가 아직 없기 때문에, 개인의 '탈출'이나 '공격'은 캐리커처에 머물고, 초라하며, '연극적'이고, 우스꽝스럽게 보일 수밖에 없다.

피란델로의 극에 내재된 세계관에 대해서는, 《엔리코 4세》의 프랑스어 번역판에 크레미외[281]가 쓴 서문을 읽어볼 필요가 있다(Éditions de la 《N.R.F.》).

새로운 건축

건축의 특별한 객관적 특성. '예술 작품'은 사실상 하나의 '설계'다. 설계는 건축가와 여러 사람이 건물을 실제로 지을 수 있도록 하는 모든 도면, 계획, 계산의 집합이다. 건축가는 설계도를 통해 위대한 예술가로 평가받을 수 있다. 물리적으로 건축물을 짓지 않고서도 말이다. 건축물에서 설계는 인쇄된 책의 원고와 같다. 건축물은 예술의 사회적 외현이며 확산이다. 인쇄된 책처럼, 사람들이 아름다움에 (그것이 아름답다면) 참여할 수 있는 가능성을 제공한다는 면에서 그러하다.

틸거는 '기억'을 '예술적 외현'의 원인으로 보는 크로체를 반박하는데, 그 반박은 옳지 않다. [더 나아가 나는] 건축가는 '기억'을 위한 건축물이 아니라 설계를 필요로 한다[고 생각한다]. 크로체의 '기억'을 화가는 왜 그리고 작가는 왜 쓰는가, 또 그들은 사용과 소비만을 위해 환상을 구축하는 작업에 만족하지 않는다는 등등의 문제와 관련된 접근으로 이해하자는 것이다. 또한 모든 건축 설계는 원고나 그림보다 더 큰 '근사치'라는 특성이 있다는 점을 염두에 두어야 한다. 작가는 책의 판마다 수정을 하는데(예를 들어, 만초니의 경우처럼), [건축에서도 설계가 반복적으로 수정되고 보완될 수 있나]. 건축에서는 문제가 더 복잡하다. 건축물은 결코 완전하게 완성되지 않으며, 항상 주변 '경관'에 맞춰 조정되어야 하기 때문이다. 건축물은 책처럼 '2판'을 쉽게 만들 수 없다.

그러나 오늘날 가장 중요한 점은 이것이다. 급속히 발전하는 문명 속에서 '도시 경관'은 매우 쉽게 변하기에 위대한 건축 예술이 태어날 수 없다. '영원'을 위해 만들어진 건축물을 상상하기가 어렵기 때문이다. 미국에서는 초고층 건물이 25년 이상 지속되지 않는다고 계산한다. 25년 안에 도시 형태 전체가 변할 가능성이 있다고 보기 때문이다. 나는 위대한 건축 예술은 '실용적' 성격의 과도기 단계를 거친 후에야 태어날 수 있다고 생각한다. 이 과도기에서는 오직 대중의 기본적 필요를 최대한 편리하게 만족시키는 것을 목표로 삼아야 한다. 넓은 의미에서 개별 건축물, 개별 주택, 대중 집회를 위한 개별 장소만 아니라, 거리, 광장, 정원, 공원 등을 포괄하는 건축 복합체라는 넓은 의미를 말한다.

아드리아노 틸거, 〈왜 예술가는 글을 쓰거나, 그림을 그리거나, 조각을 하는가?〉《글 쓰는 이탈리아*Italia che scrive*》 1929년 2월호에서.

이 책은 틸거가 논리적 정합성이 부족하고 도덕적으로 경솔한 사람임을 잘 보여주는 전형적인 사례다. 틸거는 처음에는 크로체의 이론을 경박하게 비판하다가 결국 끝머리에서는 자기 이론인 것처럼 다시 제시한다. 틸거는 크로체에 의거하여 "예술적 유령[판타스마]의 신체적 외현은 본질적으로 기억과 관련한다"고 말한다. 이런 진술은 새길 만하다. 이 경우 '기억'이란 크로체에게 무슨 의미일까? 그냥 개인적 가치일까, 아니면 집단의 의미가 있는가? 작가는 자기 자신만 염두에 두는가, 아니면 다른 사람들도 생각하는 역사적 차원에 서는가?[282]

건축의 합리주의

이름에 관한 문제. 건축에서 '합리주의'는 정확히 '근대적'이라는 의미와 같다. '합리적'이라는 표현은 특정 시대의 취향에 따라 아름다움을 표현하는 방식이다. 건축에서 일어나는 [근대의 합리주의라는] 변화가 다른 예술보다 먼저 생겨난 이유는 분명하다. 건축은 '특성'뿐 아니라 '판단'에서도 '집단적'이기 때문이다. '합리주의'는 항상 존재했다. 일정한 취향에 따라, 또 재료의 내구성과 적응력이라는 기술 지식에 따라 일정 목표에 달성하려는 노력은 늘 있었다는 뜻이다.

건축의 '합리주의'가 다른 예술로 얼마나, 어떻게 확산될 수 있을지는 어려운 문제로, '사실의 비평'으로 해결될 것이다. (사실의 비평을 준비하는 지적이고 미학적인 비판이 불필요하다는 뜻은 아니다.) 건축이 본 질저으로, 그리고 삶과 직결된 특성으로 인해, 가장 개혁 가능하고 '논의 가능한' 예술이라는 사실은 분명하다. 한 편의 그림이나 책, 작은 조각상은 개인 취향으로 개인 공간에 두고 즐길 수 있다. 그러나 건축물은 그렇지 않다. (이 경우에 적절한데) 틸거의 주장을 간접적으로 기억할 만하다. 그는 건축 작품은 '비용'이나 규모 등에서 다른 예술 작품과 동일하게 비교될 수 없다고 말한다. 구성된 작품을 파괴하는 것, 즉 만들고 다시 만드는 것, 시도하고 또 다시 시도하는 것은 건축에 그다지 적용되지 않는 창작 기법이다.

네올랄리즘[283]

네올랄리즘은 개별 언어(어휘)의 병리학적 표현으로 볼 수 있다. 하지만 이 용어를 더 일반적인 의미로 확대하여, 문화적, 예술적, 지적 표현의 일련의 현상을 나타내는 데 사용할 수는 없을까? 예술과 문학의 모든 유파나 사조가 사실상 문화적 네올랄리즘의 표현이 아니겠는가? 네올랄리즘은 위기 상황에서 더 광범위하고 다양하게 나타난다.

언어와 언어체계. 모든 문화적 표현은 역사적으로 결정된 고유의 언어를 지니며, 도덕적이고 지적인 일체의 활동 또한 마찬가지다. 이때 언어는 '기술' 또는 '구조'라고도 불린다.

만약 어떤 작가가 자의적인 언어로 글을 쓴다면(즉, 병리학적인 의미에서 '네올랄리스트'가 된다면), 그리고 다른 사람들이 그 언어를 따라 쓴다면(각자의 자의적 언어로), 바벨탑과 같을 것이다.

그러나 음악, 회화, 조각 등의 언어체계(기술)가 동일한 하나의 인상을 주지는 않는다. (이 점은 심사숙고하고 깊이 생각해야 할 부분이다.) 문화사의 관점에서, 그리고 '문화 창조'(예술 창조와는 구분해야 하지만, 오히려 정치적 활동에 가까운 개념으로, 사실 이 의미에서 '문화정치'라는 말을 쓸 수 있다)와 관련하여, 문학과 다른 형태의 예술 표현(회화, 음악, 오케스트라 등) 사이에는 이론적으로 정당하고 이해할 수 있는 차이가 존재한다.

'말의' 표현은 엄격하게 국민-대중 문학의 특성을 지닌다. 예를 들어, 괴테의 시 원본은 독일인만이(혹은 독일화된 사람만이) 온전히 이해하고 되새길 수 있다. 단테의 작품도 이탈리아어를 아는 교양 있는 이탈리아인만이 완전히 이해하고 경험할 수 있다. 하지만 미켈란젤로의 조각, 베르디의 음악, 러시아 발레, 라파엘로의 그림 등은 세계 어느 나라 시민이라도 거의 단숨에 이해할 수 있다. 심지어 국제 정서를 가진 사람이 아니라 자기 나라의 지역적 범위 안에 갇힌 사람이라 하더라도 말이다.[284]

그런데 이 문제는 보기보다 단순하지 않다. 일본인이나 라플란드인[285]이 미켈란젤로의 조각상이나 베르디의 음악에서 받는 감동도 분명히 예술적 감동이다. (같은 일본인이나 라플란드인이라 해도 어떤 이들은 단테나 괴테, 셸리의 시를 듣거나 낭독자의 기교를 감상할 때 감동을 느끼지 못할 것이다.) 하지만 일본인이나 라플란드인의 감동은 이탈리아 중산층이나 교양 있는 이탈리아인의 감동과 동일한 강도나 색깔을 지니지 않는다. 이는 '음악적', '회화적' 언어가 우주 언어의 표현을 지닌다 해도, 그 이면에는 더 깊은, 더 제한적인, 더 '국민적이고 대중적인' 문화의 본질이 존재한다는 의미다.

그뿐만 아니다. 언어체계의 단계가 다 다르다. 국민-대중의 단계가 있고(그 이전에는 지방, 방언, 민속의 단계가 있을 수 있다), 그다음은 특정한 '문명'의 단계가 있는데, 이는 종교적 전통에 의해 실증적으로 결정될 수 있다(예를 들어, 기독교 전통은 가톨릭, 개신교, 동방 정교 등으로 나누어진다). 현대 세계에서는 '문화와 정치의 흐름'에 의해서도 결정될 수 있다. 예를 들어 전쟁 중에 영국인, 프랑스인, 러시아인 연설자가 이탈리아 청중은 이해할 수 없는 자국의 언어로 독일군이 벨기에에서 저지른 참상에 대해 이야기할 수 있을 것이다. 만약 청중이 연설자에게 공감했다면, 주의 깊게 듣고 '따라갔으며', 연설자를 '이해했다'고 할 수 있다. 연설에서는 '말'만 중요한 요소가 아니며, 몸짓이나 목소리의 톤 등 음악적 요소가 주된 감정의 주제나 열정을 전달한다. 그리하여 '몸짓'은 넓은 의미에서 감정의 파동을 구분하고 구성하는 역할을 한다.

문화 정책을 세우는 데 이러한 관찰은 필수적이다. 대중을 위한 문화 정책에서는 더욱 중요하다. 이는 현대 영화, 그리고 그 이전의 멜로드라마와 음악이 국제적으로 성공한 이유를 설명하는 중요한 근거가 된다.

해제

대중 문학의 열린 지평

세계의 개념은 탁월한 정신들이 계발하지 않을 수 없으나, 현실은 하층민들, 소박한 영혼들이 표현한다.

―안토니오 그람시-

1. 20세기의 가장 위대한 마르크스주의 작가

안토니오 그람시는 이탈리아의 사르데냐 섬에서 등기소 직원 아들로 태어났다. 살림살이는 궁핍했지만, 들과 숲, 바다와 같은 자연을 벗 삼아 지낸 성장 경험은 이후 풍부한 상상력의 바탕이 되었다. 사르데냐 주의 수도 칼리아리에서 고등학교를 졸업한 1911년 토리노 대학 장학생으로 선발되어 인문철학부에서 비교언어학을 공부했다. 어렸을 때부터 척추가 굽는 병을 앓았던 그는 좋지 못한 건강 상태와 타지에서의 힘든 공부에도 불구하고 토리노 사회와 정치 현장에 활발하게 참여했다. 토리노 노동자 계급 운동에 가담하고 이탈리아 사회당원으로 활동하는가 하면, 전통적인 마르크스주의를 분석하고 비판하는 글을 쓰기도 했다.

1917년에 그람시는 토리노에서 일어난 대중 파업과 공장 점거, 공장 평의회 운동에 참가했고, 1919년에는 팔미로 톨리아티Palmiro Togliatti, 움베르토 테라치니Umberto Terracini, 안젤로 타스카Angelo Tasca와 함께 《새로운 질서L'Ordine Nuovo》를 창간했다. 이 잡지의 목표는 토리노 노동자들이 공장평의회라는 자율적인 조직체를 통해 벌여나가는 자발적인 투쟁 방법을 이론으로 정리하고 정치적 수행 지침을 제시하는 것이었다. 공장평의회는 노조원이든 아니든 모든 노동자가 참여하고, 공장마다 아래로부터의 민주주의를 제공하는 대중적 유기체였다. 당시 실제로 1년에 15만 명 이상의 토리노 노동자들을 조직에 흡수했다. 1920년 4월의 총파업, 9월의 공장 점거 같은 사건을 통해 그람시는 사회당의 수정주의 노선과 맞서 싸우면서 공산주의 분파의 결성을 준비하고, 결국 1921년 이탈리아 공산당PCI(Partito Comunista Italiano)을 창당했다. 그람시는 현실의 노동 투쟁과 《새로운 질서》를 중심으로 경험과 이론의 풍부한 성과를 축적했고, 저작 활동 역시 더욱 복합적이고 정교한 차원으로 전개된다.

공장평의회의 경험은 당대 문화가 직면한 문제와 연계하여 하나의 동질적 집단을 형성하는 성과를 남겼다. 무엇보다 정당의 조직과 활동은 대중의 경험에서 직접 도출되어야 한다고 보았다. 그 결과 서유럽 사회주의 혁명은 사회 심층부이자 기본적 생산 세포인 노동 계급 내부에서 발생한다는 입장을 재확인했고, 노동 계급의 목표는 당시 사회를 받치는 자유 민주주의 제도를 전유하여 부르주아가 제대로 대처하지 못한 역사의 근본 문제들을 해결하는 토대로 사용하는 것이라 주장했다.

그람시는 이탈리아 공산당 지도부에서 가장 강력한 이론가로 급부상했다. 1922년 3월에는 모스크바에서 열린 인터내셔널(국제 노동자 연합)에 참가했다. 소련에서 일 년을 머무르며 레닌과 주요 혁명 지도자들을 알게 되고 제4차 인터내셔널 회의를 준비했다. 이즈음 줄카 슈흐트Julka Schucht와 결혼해 두 아들을 두었다. 1924년 5월 이탈리아로 돌아와 로마에 정착했고, 이탈리아 공산당 일간지인 《통일L'Unità》과 당의 이론 잡지인 《노동자 국가Stato Operaio》에 글을 썼다. 당시의 글에서 그람시는 절박한 상황과 급변하는 정치적 환경 속에서 필요에 따라 적절하게 당 차원의 대처 전략과 전술을 구사하는 구체적인 해법을 제시했다.

1924년 6월에서 이듬해 1월까지 그람시는 무솔리니를 범죄자로 규정하고 처벌을 요구하는 저항 세력을 대중과 의회 차원에서 조직했다. 1926년 1월 이탈리아에서 지하 활동을 펼치고 있던 와중에 리옹에서 열린 제3회 이탈리아 공산당

회의에 참가했다. 당시 그람시는 이탈리아 남부 문제를 다룬 글과 간행물 발간을 준비하고 있었다. 파시스트 정부가 정치 활동을 제한하는 이례적인 법령을 공포하자 동료들은 그가 위험에 처했다고 판단해 망명을 권했으나, 1926년 11월 8일 저녁 긴급 체포됐다.

처음에는 5년 형을 선고받았으나 1928년 2월 8일 열린 특별 법정에서 20년 4개월로 늘어났다. 1937년 4월 24일까지 이어진 9년의 감옥 생활은 혹독한 시련의 시기였다. 그러나 최악의 건강 상태와 고립감으로 침체와 무기력에 빠진 상태에서도 이론의 구상과 현장에 충실한 비평은 오히려 절정에 이르렀다. 마르크스주의 역사학자 에릭 홉스봄Eric Hobsbawm이 그람시의 옥중 생활은 오히려 무솔리니에게서 벗어날 수 있는 유일한 길이었다고 평할 정도였다. 그람시는 감옥 생활의 끔찍함보다는 도덕적인 나약함이나 비겁함으로 인한 불명예를 훨씬 더 나쁜 것으로 여겼다. 그래서 무솔리니에게 보내는 청원서에 서명만 해주면 감옥에서 풀려날 수 있었는데도, 사회와 역사에서 윤리적 책임을 다하고자 했다.

강제된 사유의 공간에서 그람시는 삶의 의욕과 애정이 넘치는 모습을 보여주었다. 참새를 기르고, 주위 사람들(다른 정치범과 접촉이 허용되지 않았기 때문에 일반 죄수들)을 관찰하고 함께 축구를 즐기고 대화를 나누며 그들의 삶에 대해 숙고했다. 그러면서 사회의 변화와 현실 문제를 끊임없이 생각했다. 그가 공부에 기울인 열정은 놀라웠다. 한때는 매일 다섯 종류의 신문[286]을 읽었고 일주일에 여덟 권의 책을 도서관에서 대출받았으며, 그 외에 잡지와 밀라노에서 발행되는 금융 경제 신문인《태양Il Sole》을 구독했다. 그람시가 편지에서 부탁한 책의 범위는 역사와 문학, 외국어, 경제, 정치, 철학을 망라하여 퍽 다양했다. 1929년 2월부터 글을 쓰기 시작했고, 꽤 많은 양의 편지를 주고받았다. 편지 상대는 대부분 처제인 타티아나 슈흐트Tatiana Schucht였다. 세상과 단절된 밀실에서 건강은 점차 나빠져서 첫 번째 각혈을 하더니, 2년 뒤에는 치명적인 상태에 빠졌다.

한편 타티아나 슈흐트와 로맹 롤랑, 앙리 바르뷔스, 막심 고리키, 케임브리지의 경제학자 피에로 스라파Pierro Sraffa 등을 중심으로 그람시의 석방을 촉구하는 강력하고 끈질긴 국제 반파시스트 여론이 형성되었다. 성난 여론에 밀린 파시스트 정부는 육체적으로 완전히 소진된 그람시를 포르미아의 교도소 병원으로 이송시키지만, 건강이 계속해서 악화하자 다시 로마의 일반 병원으로 옮겨졌다. 형량을 10년가량 사면받았지만 형을 마친 지 3일 만인 1937년 4월 27일에 사망했고, 유해는 로마의 '영국 묘지'에 안장되었다.

그람시는 건강 악화로 집필이 불가능해지는 1935년까지도 쉬지 않고 써서 모두 32권 2,828쪽의 분량에 달하는 글을 감옥에서 남겼다. 주제는 이탈리아 역사, 교육, 문화, 철학,

지식인, 국가이론, 여성의 지위, 카톨릭, 남부문제 등 방대하다. 지배적인 주제는 선진 자본주의라는 새로운 조건에 적용 가능한 새로운 마르크스주의 이론 개발로 요약할 수 있다. 타티아나 슈흐트는 그람시의 글 대부분을 파시스트의 감시를 피해 감옥 밖으로 빼내는 데에 성공했다.

그람시는 마르크스주의 밖에서도 폭넓은 영향력을 발휘했던 작가이자 사상가였다. 그의 연구는 19세기를 대표하는 문학비평가 프란체스코 데 상티스Francesco De Sanctis에서 20세기가 낳은 관념주의 철학자이자 역사학자 베네데토 크로체Benedetto Croce에 이르는 이탈리아 당대의 지적 흐름을 다시 읽으면서 형성되었다. 특히 '데 상티스로의 복귀'를 외치고 데 상티스의 '형식forma' 개념을 문화 창조와 사회 현실을 중개하는 심미적, 사회적 실천으로 보면서 크로체의 관념적 직관주의를 극복했다. 이는 데 상티스가 20세기 이탈리아 문화에서 새롭게 조명되는 데 결정적 역할을 했고, 아울러 20세기의 이탈리아 문화가 줄곧 현실지향성을 견지하도록 해주었다. 그람시가 이탈리아 문화 속에서 탐색하고 분석한 국민-대중 맥락은, 오늘날 새로운 대중 문학 시대를 살아가는 우리에게 예언적이면서도 시의적절한 통찰을 제공한다.

2. 새로운 문화의 건설

현실에 대한 응답

이탈리아는 수인(囚人)의 나라다. 단테와 캄파넬라, 마르코 폴로, 마키아벨리는 감옥이나 망명지에서, 레오파르디는 감옥과도 같은 폐쇄적인 환경에서 불후의 작품을 썼다. 그람시는 수감되기 전부터 당시 유럽의 사회적·역사적 정황을 인식하고 있었지만, 사색과 예지, 그리고 통찰을 통해 오늘날까지 유효한 문제 의식과 대안을 형성한 것은 옥중 생활을 통해서였다. 독특한 삶의 경험이었던 옥중 생활을 이론으로 벼리는 가운데, 삶과 추상이 서로 침투하는, 복합적이고 울림이 강한 글을 남겼다.

감옥의 상황은 그 자체가 글을 쓰기 위한 투쟁이고 실천이었다. 마땅한 공간도, 충분한 종이도, 여유로운 시간도, 만족스러운 자료도 없는 상태에서, 그것도 극도로 쇠약한 몸으로 읽고 쓰는 일은 강한 인내력과 정신력 없이는 불가능했다. 주로 메모와 편지 형식으로 쓰다 보니 체계적이지 못한 측면도 있고, 생각을 충분히 전개할 분량을 갖추지 못한 채 여기저기 산발적으로 같은 얘기가 반복되기도 한다. 사실 그의 글은 치밀한 연구의 결과라기보다는 관찰과 사색의 산물이라는 짐에서 평가되어야 한다. 실제로 내용의 사실 여부를 확인할 수 없는 경우도 있다. 다음 예를 보자.

> 파피니는 《카를리노의 여생》에서 인베르니치오에 대한 글을 썼다. 전쟁 중인 1916년쯤에 썼는데, 책으로 묶여 나왔는지는 모르겠다. … 팔미에리의 글에 실린 (파피니에 대한) 참고 문헌 소개에서 파피니 글의 출간 날짜를 발견할 수 있을 텐데, 어쩌면 기록이 내 기억과는 다를 수도 있다.[287]

이 파편과도 같은 기록과 묘사에서 옥중의 그람시가 기억을 더듬어 떠올리는 모습을 그려볼 수 있다. 이 글을 쓸 때 그람시는 감옥에 있었기 때문에, 수감되기 전인 1916년의 일은 회상할 수 있었지만 수감 이후에 《카를리노의 여생》이 책으로 묶여 나왔는지는 확인할 길이 없었다. 이런 자료의 불확실성은 오히려 수감 당시의 생생한 느낌을 전해준다.

그러나 분명 그람시의 글은 광범위한 독서의 결과로 보기에 손색이 없다. 참조한 글만 해도 범위도 넓고 양도 상당하다. 그러므로 그의 글을 자료와 사실을 떠난 사색의 결과라고만 판단하는 것은 옳지 않다. 체계적인 연구의 결과는 아닐지 몰라도, 제한된 자료의 꼼꼼한 검토, 면밀한 관찰과 깊은 사색에서 나온 독창적 결과임에 틀림이 없다. 물론 없는 시간을 쪼개어 생각하고 저술할 수밖에 없는 상황 때문에 논지가 체계적이거나 충분하게 전개되지 않아, 어떤 때는 논의를 시작하는 말을 해놓고 그냥 끝내는 경우도 있다. 그러나 다소 아쉽긴 해도 그의 글에서 해당 주제에 대해 깊이 있게 성찰하고 생각을 이어나갈 실마리와 방향은 충분히 얻을 수 있다. 그의 관심과 주장은 언제나 일관성 있게 하나로 나타나기 때문이다. 뿐만 아니라 멀리 뻗어나가는 통찰과 냉철한 분석은 시대의 도도한 흐름을 조망하고 선도하는 비범한 힘을 발휘한다.

그람시의 문장은 간결하다. 그람시는 자신의 글이 독자의 관심과 흥미를 유발하기 위해서는 "문학적 형식"이 필요하다고 보았다.[288] 이는 그저 수사적 효과가 아니라, 역사와 사회에서 살아 숨 쉬는 대중의 취향을 반영하면서 그 속으로 들어가는 효과를 내기 위한 장치를 말한다. 그람시는 "나의 모든 지적 사고는 논쟁적 성격을 지닌다. 따라서 내가 '사심 없이' 생각하거나 공부를 위해 공부하는 것은 불가능하다"고 말한다.[289] 이런 기본 자세 위에서 지식인은 자신만의 신념을 가져야 하며, 그 신념이 실천과 맞물려 이념이 되는 순간 지식은 참된 것이 된다고 강조했다. 이런 과정에서 토론과 대화, 논증이 차지하는 역할은 막대하다. 그람시는 대화의 관계에 놓이지 않는 글은 실천의 단계로 나아가지 못하고 "나쁜 문학"이 된다고 보았다.

그람시의 글은 당대 현실과 사람들과의 대화인 동시에 자신과의 대화의 형식을 띤다. 현실에 대한 질문을 스스로에게

던져 생각을 검토하는 한편, 다른 이들의 의견을 듣고 토론하며 응답하는 식이다. 그 응답의 단계에서 현실과 인간, 자신에 대한 책임을 다하려는 실천이 시작된다. 그래서 그람시는 항상 주위 현실에 대한 긴장을 늦추지 않으면서 생각을 검토하고 재구성해나갔다.

그람시는 자신의 철학을 마르크스주의 철학처럼 실천 철학이라 불렀다. 체계가 없다는 비판을 들을 수도 있으나, 중요한 것은 실천 철학이 체계가 아니라 대화 속에서 거듭난다는 점이다. 이것이 그람시가 크로체에게서 벗어난 한 가지 이유였다. 크로체는 민주주의적 현실 참여 활동이 없었던 전문적인 철학자이자 학자였다. 크로체의 철학은 여러 분과 학문(윤리학, 정치학, 경제학, 미학, 역사학, 논리학) 사이의 차이와 경계를 구분하고 구획하는 작업에 주력한 반면, 그람시는 그 학문들과 주제들을 상호 교차시키고 정치와 사회 현실에 연결시키려 했다. 체계에 대한 집중은 현실에 대한 응답을 회피하게 만들고, 현실에 대한 응답은 체계를 유연하게 조절하도록 해준다.

이러한 그람시의 '물질적' 토대는 특히 근대 국민 국가로서의 이탈리아가 당면하고 있던 문화의 문제들을 다방면에서 분석할 때 돋보인다. 지식인의 실천에 의한 '새로운 질서'의 가능성을 점검하고, 헤게모니 개념을 통해 자본주의 산업 사회와 대중 사회에서 '새로운 군주'로 떠오르는 권력의 모습과 이동을 해부했으며, 궁극적으로 "새로운 문화"의 건설로 나아가고자 했다.

대중 문학

그람시가 제기한 "새로운 문화"의 문제를 문학에 초점을 맞춰 풀어보자. 국민-대중 문학에 대한 그람시의 논의는 이탈리아의 대중 작가들이 실제로 어떻게 읽히느냐 하는 물음에서 출발한다. 문학성 혹은 미학성이라는 선험적인 비평 범주를 내세우며 작품을 재단하고 평가하는 것이 아니라 어쨌든 현실의 대중이 읽는 작품에 우선 주목한다. 작품보다 대중이 먼저이며, 텍스트보다 독자가 먼저다. 그러나 텍스트를 오로지 독자의 반응에 따라 대한다는 말은 아니다. 어떤 텍스트를 주목하고 어떻게 분석하여 가치를 매길지를 결정하는 기준은 무엇보다 독자라는 뜻이다. 그람시의 관심은 구체적 현실의 대중 독자가 지니고 있는 정서와 의식, 욕구가 구체적인 하나의 텍스트에 어떻게 작용하느냐 하는 것이다. 요컨대 대중 문학은 대중을 매혹하는, 대중을 끌어당기는, 대중이 선택하는, 대중이 좋아하는 현실의 문학이다.

그람시는 왜 대중 문학을 주목하는가? 사실 그람시가 말하는 대중과 국민의 개념은 고정되어 있지 않다. 맥락에 따라, 추구하고 지향하는 바에 따라 외피가 변한다. 그람시가 말하는 국민과 대중은 지식인의 사명의식과 실천이 깃든 개념이다. 그들은 지식인들과 함께 공동의 지평을 향해 나아가는 집단이다. 문학은 국민적일 때 대중적이고, 대중적일 때 국민적이다. 국민-대중 개념을 추구하고 지향하는 것이 문학의 바람직한 형태다. 그것을 그람시는 지적, 도덕적 내용을 갖춘 문학이라고 말한다.

지적, 도덕적인 국민-대중 문학은 위계를 적용하거나 행사하지 않는다. 국민이 대중을, 대중이 국민을 대신하고 대표하기 때문이다. 여기서 위계란 학문적 태도, 계급적 편향, 추상적이고 이론적인 지향을 뜻한다. 그람시에 따르면 이탈리아의 전통적 지식인들은 그런 관념적, 비현실적 속성에서 벗어나지 못하고 지배계급의 세계관을 옹호했기 때문에 대중에게 다가서지 못했고, 지식인의 적절한 도움을 받지 못한 이탈리아 대중은 이탈리아를 대표하는 국민의 정체성을 갖추지 못했다. 대중이 국민과 어긋나면 편협한 의미와 역할을 지닌 무엇으로 축소된다. 그람시가 파악한 대로, 이탈리아 대중이 이탈리아 국민답지 않게 외국의 '대중 문학'을 편애한 까닭이다.

그람시는 위계를 적용하거나 행사하지 않는 국민-대중 문학을 일구기 위해서는 지식인의 적극적 참여와 실천이 필요하다고 보았다. 지식인은 학문과 계급, 이론에서 전통적이고 수구적인 태도를 버리고 대중 속으로 들어가 이른바 유기적 지식인이 되어야 한다. 지식인은 대중의 길잡이로 거듭나되,

대중을 어떤 정해진 목표로 끌고 가지 말고 대중 속으로 들어가 대중과 나란히 걷는 동반자가 되어야 한다.

그람시는 무엇보다 대중이 사회의 중추를 이룬다는, 당시로서는 대단히 진보적이고 선구적인 생각을 가졌다. 대중은 역사의 능동적 추진력이기에 대중의 발전은 곧 사회 진보의 척도를 나타낸다. 그런데 사회의 중추를 이루는 대중이 이탈리아의 역사에서 한 번도 헤게모니를 쥔 적이 없었다는 그람시의 자각이 우리의 주의를 끈다. 그람시는 무엇보다 이탈리아 지식인의 철저하지 못한 반성과 게으른 실천이 원인이라고 보았다. 그런 면에서 그람시가 이탈리아의 국민 작가로 칭송받는 만초니를 반(反)대중성의 표본으로 정면 비판하는 태도는 의미심장하다.

그람시는 대중 문학을 어떻게 일구어내고 시대적·역사적 의미를 어떻게 살릴 것인가라는 문제를 던진다. 이탈리아 지식인이 대중 문학을 가꾸지 못한 이유는 무엇보다 대중과의 접점을 찾지 못했기 때문이고, 이로 인해 대중 취향의 문학 생산에 기여하지 못했기 때문이다. 그러므로 지식인의 최우선 과제는 대중과 만나는 텍스트를 쓰고 찾아내는 일이다. 또한 그람시는 전통에 대한 냉정한 비판과 지적·도덕적 개혁을 통해 새로운 문학이 탄생할 수 있다고 말한다. 그러기 위해서 지식인은 고립된 상황에서 뛰쳐나와 당대 현실과의 결속을 되찾고 국민 대중 운동의 틀 내에서 문화 통일체를 건설해야 한다. 이 통일체는 대중의 희망과 투쟁에 참여하는 지식인과 대중이 서로 언어와 사상을 교환하는 가운데 이루어진다.

그람시의 설명을 더 들어보자. 세기말과 세기초에 이탈리아에서 일종의 민족주의 감정이 일어났을 때 왜 이탈리아에서는 이탈리아인이 쓰고 출판한 책이 읽히지 않는지, 왜 이탈리아 소설은 지겹고 외국 소설은 재미있는지에 대한 자성의 목소리가 생겨났다. 이러한 민족주의적 감정이 기본 정서로 자리 잡고, 외국의 정서가 이탈리아 대중에게 헤게모니로 작용하자, 이 문제를 성찰하고 극복하려는 수많은 계획과 논쟁과 시도가 일어났다.

그러나 아무런 결과도 나타나지 않았다. 과거 역사를 찬미하고 전통으로 회귀하려는 민족주의 감정이 문제였다. 왜냐하면 그람시가 보는 이탈리아의 과거는 곧 엘리트의 과거, 가톨릭 온정주의의 과거, 귀족적 보수주의의 과거이기 때문이다. 예를 들어 과거의 전통을 가장 과격하게 파괴하려 했던 미래파는 그런 복고적 분위기 속에서 이론에만 빠져들었고, 과거를 진정하게 반성하고 비판하기보다는 사소한 문제들을 끄집어내어 학문적 토론만 일삼게 되었다. 그래서 미래파는 이탈리아 문학의 역사적 문제를 해결하지 못했고, 오히려 파시즘과 같은 전통 수구 세력과 엘리트에 영합하고 말았다. "이탈리아 지식인들은 카스트의 전통에 매여 대중, 즉 국민에게서 멀리 떨어져 있기 때문이다. 카스트 전통은 아래로부터 솟구치는 대중적인 또는 국민적인 강력한 정치 운동에 의해 흔들린 적이 전혀 없다".(57쪽)

국민-대중 논의의 배경에는 이탈리아 문학사에 대한 그람시의 전면적인 비판이 자리한다. 그람시는 문학을 논할 때 문학에만 국한하지 않고 역사, 사회, 정치, 이념의 차원을 아우르고자 했다. 문학의 미적 가치를 말할 때에도 항상 도덕적 가치와 결부시켰고, 작가 개인을 향한 찬미와 사랑을 구별하고자 했다. 말하자면 만초니의 《약혼자들》을 미적으로 찬미할 수는 있지만, 만초니의 이념적 입장을 공유할 수는 없다는 것이다. 그 두 가지가 일치한다면 만초니는 그람시의 온전한 사랑의 대상이 될 수 있을 것이다.

이러한 전망에서 그람시는 단테 이후 이탈리아 문학이 내내 유지해온 희박한 대중성을 지적한다. 인문주의 르네상스는 미래로 나아가려는 지향성에도 불구하고 대중성 측면에서는 오히려 과거로 후퇴하는 특징을 보였다. 또 계몽주의와 낭만주의도 대중이 사랑하는 대상으로서는 한계가 있었다. 이탈리아 국민 작가라 불리는 만초니는 낭만적 자유주의의 한계에서 벗어나지 못했고 절대로 대중적이지도 국민적이지도 않았으며, 오히려 이탈리아 부르주아의 부정적 측면을 뚜렷하게 드러냈다. 만초니의 《약혼자들》에서 농민들은 넓은 공간을 차지하고는 있지만, 그들의 삶은 노동이 아니라 호기심을 일으키는 기묘한 관습과 감정의 표현체로 취급됐다. 극히 피상적이고 낭만적인 농민들의 성적인 측면이 부각되고, 미모를 계급 상승의 수단으로 삼을 수 있다는 이유로 여성이 속한 농민이 비로소 주목받는 형편이었다.[290]

그람시는 리소르지멘토 혁명 시기에 일어난 어떤 논쟁은 르네상스 이전까지 거슬러 올라가는 중대한 문제의 맥을 형성한다고 파악한다. 그러나 이탈리아의 특수한 역사적 상황들에서 발아한 여러 문제들이 하나의 연결 고리로 이어져 있다는 사실을 인지하거나 명확하게 성찰할 의지를 지닌 사람은 없었다. 이따금 논쟁이 벌어지기도 했지만, 단지 흘러가는 흐름에 휩쓸려 문제를 다뤘을 뿐 뿌리부터 본격적으로 논의한 적은 없었다. 논의는 추상적이었고 역사적 전망도 없었다. 그람시는 이탈리아 지식인의 소심함에서 비롯된 이런 국면들이 바로 이탈리아 국민-대중이 처한 상황이라고 지적한다.

그람시는 국민-대중 문학의 개념으로 20세기 전반 이탈리아 문학 상황을 점검한다. 당시 이탈리아에서 대중적으로 인기 있던 작가는 졸라, 발자크, 위고, 톨스토이 같은 외국 작가들이었다. 또 당시 프랑스에서 꽤 널리 읽히던 신문 소설 형식이 이탈리아에서는 그만한 인기를 끌지 못했다는 사실은 이탈리아 문화가 비교적 덜 대중적이었다는 점을 말해준다. 프랑스의 부르주아 계급이 대혁명의 맥을 이어받아 대중의 심층부까지 꿰뚫는 문화를 만들어낸 것은 이탈리아에서 일어난 리소르지멘토가 전혀 다른 진폭으로 이어진 역사적 흐름과 뚜렷이 대조된다.[291]

위의 예들은 이탈리아에서 국민 전체를 껴안는 대중적인 문화를 창출하고 선도하는 개혁이 역사상 존재하지 않았다는 사실을 보여준다. 부르주아 계급이든, 지식인 집단이든, 헤게모니를 창출하고 운용하기에는 한계와 결함이 있었다. 이에 대해 그람시는 이탈리아에서 진정한 지적, 도덕적 개혁 및 지식인과 대중의 유기적 결합은 오직 프롤레타리아트가 헤게모니를 장악할 때만 가능하다고 주장한다.

오해하지 말 것은, 대중 문학은 한 특정 계급의 문화가 아니라, "새로운 문화"를 뜻한다는 점이다. 그람시는 특히 종속 계급의 문화를 우선 고찰하고, 그러면서 헤게모니를 장악하고 있는 문화를 이해하고 비판하는 가운데 "새로운 문화"를 위한 토양을 파악하고자 한다. "새로운 문화"는 부르주아 혹은 지배 계급 문화의 내용을 비판적으로 수용하는 한편 프롤레타리아트 혹은 종속 문화도 비판적으로 재검토한다. 이 과정에서 문화와 지식인, 대중 사이에 적대적 혹은 양자택일의 문화가 아니라 새로운 변증법적 종합이 이루어진다. "새로운 문화"의 관점을 지닐 때, 이탈리아가 정체성을 확보하지 못한 역사적 과정을 제대로 추적하고 진단하며 치유하는 길을 제시할 수 있다.

모든 논의는 "새로운 문화"를 건설하자는 주장으로 수렴된다. 그러나 그람시가 판단하기에 이탈리아 지식인들은 치열한 정치적 소명 의식과 예리한 문화적 문제 의식을 수용하지 못했고, 매개자 역할을 하지도 못했으며, 문제를 해결하려는 노력도 고립 상태를 면치 못했다. 국민의 삶을 통합하는 데 걸림돌이 되는 요소들을 과감히 없애기를 주저했기 때문이다. 그러한 거세 작업이 다시 문화의 본질적인 개혁으로 이어져 지도 집단의 이념적·정치적 주도권을 뿌리부터 흔들 정도로 커지지 않을까 우려했던 것이다. 그람시가 보는 이탈리아 지식인들은 역사의식을 결여한 수구적 집단에 불과했다.

역사적으로 이탈리아 지식인은 국민과 대중에게 다가가기는커녕 세계시민주의라는 가림막 뒤로 물러섰고, 따라서 대중과 근본적으로 분리되고 대중의 문제에 추상적으로 접근하며 지방의 특색과 전통을 고집하면서 학문의 상아탑, 까다롭고 학구적인 지방주의 전통의 철학에 갇혀버렸다. 결국 이탈리아의 특수한 시대적 요구에 나름대로 대응할 준비를 갖추지 못했고, 외국 문화에 쉽게 동화될 처지에 놓이고 말았다. 18세기 계몽주의와 19세기 낭만주의, 20세기 미래파의 작가들이 그 오래된 매듭을 풀어보려고 거듭 시도했지만 고질적 병폐는 내내 계속되었다. 이참에 본문에 나오는 그람시의 육성을 다시 한번 음미해보자.

이탈리아 대중이 외국 작가들을 편애한다는 것은 무슨 뜻인가? 이탈리아 대중이 외국 지식인들의 지적·도덕적 헤게모니를 겪고 있다는 말인가? 다시 말해 이탈리아 대중이 자기 나라 지식인보다 외국 지식인에게 더 큰 연대감을 느끼고, 그래서 이 나라에는 지적·도덕적인 국민 유대가 없다는 말인가? 대중 출신의 지식인은 없다. 간혹 대중 출신이 있긴 하지만, 그들은 대중과의 연대감을 느끼지 않으며(수사적으로는 느낄지 몰라도), 대중을 모르고 대중의 필요를 느끼지 못하고, 대중의 열망과 정서를 모른다. 그래서 지식인은 대중의 저편에 서 있는, 따로 떨어져 공중에 흩어진 무엇이다. 지식인은 특권 계급이며 대중과 유기적인 관계를 맺지도, 주어진 역할을 해내지도 못한다.(58쪽)

결국 우리 질문의 핵심은 대중 문학의 지적·도덕적 가치다. 대중이 좋아하는 작품이 자동으로 '좋은' 대중 문학이 되는 것은 아니다. '좋은', 혹은 그람시의 말을 빌려 '새로운' 문학은 대중에게 사랑을 받아야 할 뿐만 아니라 지적·도덕적 가치를 갖춰야 한다. 그렇다면 그 가치는 어디서 나오는가? 지적·도덕적 가치를 창출하고 음미하고 평가하는 지식인의 능력에서 나오는가? 아니면 대중을 향해 나아가고 대중과 함께 호흡하려는 지식인의 자세에서 나오는가?

'좋은' 대중 문학과 '나쁜' 대중 문학을 그람시는 이미 구별하고 있었다.

> 연재 소설은 대중의 공상을 대체하는 (동시에 조장하는) 하나의 백일몽이다. 프로이트와 정신분석학자들이 백일몽에 대해 주장하는 것을 보자. 이 경우 대중의 공상은 (사회적) '열등감의 콤플렉스'에 따라 좌우된다고 말할 수 있다. 이러한 콤플렉스는 금지된 죄악을 저지르는 사람들에 대한 형벌과 복수를 꿈꾸는 오랜 공상을 받쳐준다. 《몽테크리스토 백작》은 이러한 공상을 부추기고, 그래서 악의 감각을 달래고 누그러뜨리는 마취제를 마시게 하는 요소들로 가득 차 있다.(122쪽)

이 글에서 우리는 대중의 심리와 행태를 파고드는 비상한 관찰을 엿볼 수 있다. 대중은 집단 콤플렉스든 개인적 콤플렉스든 사회와 국가에 대한 상실감에 젖어 있고, 공상을 통해 보상받으려 하는데, 대중 문학이 바로 그런 마취제 역할을 담당할 수 있다는 주장이다. 물론 그람시는 이런 식의 대중 문학을 환영하지 않는다. 오히려 대중을 어루만지고 위로하면서 자신의 체제에 복속시키려 하는 지배 계급의 교묘한 지배 과정을 간파한다. 그리고 그 과정에 의식적으로든 무의식적으로든 봉사하는 지식인들의 무지하고 비열한 행태를 날카롭고 맹렬하게 비판한다. 그람시가 예로 많이 드는 《몽테크리스토 백작》과 같은 대중 소설이나 짧은 단편 고전들은 진지한 문화가 기운을 잃고 희미해지는 현실을 보여주는 징표들이다.

여기서 그람시는 공상과 모험이 과잉 공급되면서 오히려 강박이 생겨나는 역설적인 현상을 지적한다. 대중에게 공상과 모험의 쇠진은 문제가 아니다. 오히려 일상적 삶의 과도한 모험성, 실존의 과도한 불확정성이 대중을 무차별적으로 사로잡는 현상이 문제다. 모험의 과잉은 미래를 예측하고 대처하는 대중의 능력을 소진시켜서 억압을 인지하는 지적 감수성을 무디게 만든다. 그람시는 돈키호테 주변을 지키는 산초 판차가 모험의 불확정성이 아니라 삶의 확실성을 일깨워 준다는 점을 강조한다. 우리 시대에서는 디지털 가상 현실이 가짜 모험을 주도한다. 진정한 모험은 개인 주체가 스스로의 자유로운 주도권에 따를 때 가능하다.

대중 문학의 지적·도덕적 가치는 대중의 헤게모니를 창출하고 유지하는 데에서 나온다. 그람시는 이탈리아 지식인이 대중 문학을 일구지도, 발견하지도 못한 것은 그들이 지배 계급에 속해 있기 때문이었다고 진단한다. 그렇다면 거꾸로 대중 문학을 주목하자는 말은 지식인이 대중에게 다가서고 대중 속으로 들어가야 한다는 의미다. 그것이 그람시가 말하는 혁명이다. 그것은 순식간에 결판이 나는 무력 혁명이 아니라 긴 시간에 걸쳐 일어나는 지적, 도덕적 변화다. 그람시는 대중 문학의 가치를 바로 이런 긴 근본적 변화의 관점에서 바라본다. 결국 대중 문학은 지식인과 대중이 새로운 관계를 맺는 밑바탕이 된다.

헤게모니

대중 문학 또는 넓혀 말해 대중 문화는 지적, 도덕적 역할을 수행하는 한에서만 대중의 힘이 될 수 있다. 대중은 스스로 만들고 누리는 문화를 통해 사회와 역사에서 스스로의 자리를 확보하고 변화와 발전을 주도할 수 있다. 긴 시간에 걸쳐 일어나는 지적, 도덕적 변화를 설명하기 위해 그람시는 몇 가지 측면에서 우리 시대까지도 유효한 문화 분석의 틀과 의미를 만들어냈다.

첫째, 그의 글, 특히 감옥에서 쓴 글은 간결하고 함축적인 문장 속에서 늘 현실과의 긴장을 유지한다. 외부와 격리된 환경에서도 삶의 본질을 깊이 들여다보고 꿰뚫으며 '삶의 끈'을 놓치지 않았던 덕분이다.

둘째, 그는 문화를 삶으로 보았다. 당시에는 일정한 고급 문화에만 주목하는 전통적이고 형식적인 문화관이 일반적이었지만, 그는 이에 정면으로 맞서 문화를 사회와 역사 속에서 형성되고 반영되는 것으로 보았다. 문화를 단지 감상하는 고정된 대상이 아니라, 역사와 함께 살아 있는 것으로 이해했다.

셋째, 그람시의 문화론은 영국의 마르크스주의 비평가 레

이몬드 윌리엄스Raymond Williams가 말하는 문화 정치학으로 이어진다. 윌리엄스는 문화가 사회와 정치에 밀접하게 관련된 상태에서 태어나고 자라나고 변화한다는 그람시의 관점을 발전시켜, 이를 이론적으로 정립했다. 윌리엄스는 제도와 문화 같은 상부 구조는 물론이고 사회를 구성하는 기본 구조도 고착된 상태가 아니라 끊임없이 변화하는 과정이라고 주장했다. 문화를 사람들이 현실에서 참여하고 만들어가는 실천적 활동이자 사회 생산 과정의 일부로 간주했다.[292]

윌리엄스는 그람시가 마르크스주의 문화 이론에서 중요한 전환점을 마련했다고 평가한다.[293] 특히 그람시의 헤게모니 개념이 끼친 영향은 직접적이다. 윌리엄스는 문화를 인간이 만들어가는 삶 자체로 볼 수 있다고 하면서도, 이러한 정의는 문화를 너무 추상적으로 만들 여지가 있다고 지적한다. 그리고 어떤 사회든 불공정한 관계가 개입하여 불평등한 계급 구조를 형성한다는 전제 위에서 문화를 늘 정치 차원에서 파악해야 한다고 주장한다. 헤게모니 개념은 사회 과정을 힘과 영향의 배분에 연관시킨다는 면에서 기존의 문화 개념을 넘어선다.

헤게모니 개념은 정치 혹은 경제 차원에서만 볼 때 설명하기 힘든, 또는 추상적인 이론적 모형만 제시하기 일쑤인 현대의 양상들—예를 들어 여가, 사적인 삶, 일상의 문화 활동 등—에서 나타나는 지배와 피지배의 관계를 더욱 깊이 이해할 수 있게 해준다. 또 지배와 피지배 관계를 우리의 일상적 체험에서 추적함으로써 실질적 비판과 실천의 효과를 거둘 수 있다. 헤게모니가 체험적이며 하나의 삶의 과정으로 존재한다는 증거다. 헤게모니는 결코 체계나 구조일 수 없으므로 언제나 갱신되고 재구성되며 옹호되거나 수정된다. 대항 헤게모니라는 말도 여기서 생겨난다.[294] 문화를 바라보는 이러한 정치적 관점은 문화를 제도적이고 외적인 측면에서, 사회적 매개와 가치 평가를 통해 바라보는 데 도움을 준다. 문화를 사회적, 정치적인 분석과 비평에 열려 있도록 만드는 것은 바로 이 지점이다.

그람시의 이론을 다양한 측면에서 재조명한 미국 정치학자 르네이트 홀럽Renate Holub은 그람시의 헤게모니 개념을 이용할 때 프랑크푸르트학파와 어깨를 나란히 하는, 또는 그를 넘어서는, 밀도 있는 문화 분석이 가능하다고 주장한다.[295] 예를 들어 홀럽은 그람시가 대항 헤게모니를 창출할 수 있는 기술적 잠재력의 측면에서 영화 산업을 분석했다고 지적한다. 이는 아도르노나 마르쿠제와는 달리, 영화를 기존 헤게모니에 도전하는 가능성을 지닌 문화 영역으로 보았다는 의미다. 이런 면에서 벤야민과 브레히트에 가까운 그람시는 현대 문화 산업에 대해 상당히 선구적인 혜안을 보여준다.

뿐만 아니라 홀럽은 파편성과 차이, 관점의 다양성을 주목하는 그람시의 문화이론이 총체성과 객관성을 추구하는 루카치의 리얼리즘론을 넘어선다고 주장한다. 그람시는 과거처럼 창작 중심에만 머무르지 않고 사람들이 어떻게 수용하고 해석하는지를 더 중요하게 다루는 문화 연구의 방향을 제시하고, 이 과정에서 루카치의 리얼리즘 개념을 넘어서서 근대 사회 현실의 복잡성을 인식했다고 역설한다.296 헤게모니는 우리의 구체적인 삶에 침투하여 흐른다. 그래서 헤게모니 개념은 근대 이탈리아뿐만 아니라 시공간을 넘나들며 지금 우리의 삶과 문화를 분석하는 강력한 도구가 된다.

그람시는 혁명을 "긴 시간"의 사회 전략으로, 문화를 역사의 긴 호흡으로 고찰한다. 그람시는 경찰과 군대와 같은 권력 기관들이 떠받치는 국가의 소멸과 새로운 프롤레타리아 국가의 형성은 노동 세력의 다수, 즉 시민사회 다수의 의지를 읽어내고 역량을 조직화하는 노동 계급 정당의 능력에 전적으로 달려 있다고 보았다. 요컨대, 혁명의 성공은 프롤레타리아 정당과 대중 전체가 사회에 행사하는 실제적인 헤게모니에 달려 있다는 말이다. 사회 모든 구성원의 국가가 되기 시작하면서 국가는 스스로 소멸하며, 국가의 강제력과 공권력의 요소는 헤게모니가 증대하면서 거꾸로 감소한다.

그람시가 말하는 "새로운 군주"는 이러한 시민 사회를 이룩하려는 혁명 정당을 의미한다. 이는 엘리트 기득권 세력이 의사 결정 권한을 독점하는 전통적인 정당과는 다른, 마르크스주의 경향의 프롤레타리아 정당을 가리킨다. 마르크스주의 정당이 사회 다른 영역들과의 변증법적 관계 속에서 움직여 모든 구성원을 위한 국가를 건설할 수 있는 이유는 거대한 노동 대중의 적극적이고 자각적인 동의에 일상적으로 의존하기 때문이다. 이때 당의 이론은 유기적 지식인과 대중이 함께 만들어가며, 대중의 실천을 통해 검증되어야 한다. 그렇게 할 때 당은 현대 사회에서 집합 의지의 새로운 체현인 "새로운 군주"로 나타난다.

"새로운 군주"는 마키아벨리의 정치 이론에서 한 걸음 더 나아간 개념이다. 그람시는 마키아벨리의 "군주"도 단순한 개인이 아니라 집단적 과정, 즉 일정한 정치 목표를 갖는 집단 의지의 표현으로 본다. 오늘날 이 집단 의지를 표현하는 주체는 정당이다. 이런 이론적 구상을 마친 그람시는 이탈리아 공산당을 창설하고 대항 헤게모니 창출에 전력을 쏟는다.

여기서 그람시 문화론의 핵심인 헤게모니 개념이 더 선명해진다. 헤게모니는 지배 계급이 대중에게 힘을 행사하는 가치와 신념 체계를 가리키며, 종교와 교육, 미디어를 포함한다. 기본적으로 헤게모니는 사회의 경제 구조와 정치 조직뿐 아니라, 사고 방식, 이념의 방향성, 또는 인식의 형태에까지 작용한다. 그람시는 이탈리아 역사를 정치 사회와 시민 사회가 제대로 결합하지 못한 과정으로 보며, 이 관점에서 지식인의 역할을 구체적, 역사적 문제와 연관시킨다. 로마 제국과 중세 교회의 경우처럼, 이탈리아 지식인은 언제나 조국 밖에서 활동했다는 것이다. 이는 정치적 분열, 종교 개혁의 부재, 지식인과 민중의 분리와 같은 현상이 이탈리아 역사를 뒤덮게 만든 요인이었다. 민중은 근대 과학과 떨어져서 종교적 문화의 헤게모니에 종속된다. 국민-대중 문학의 부재도 여기서 비롯한다.

헤게모니는 지적·문화적·이념적 단계에서 획득되고 유지된다. 이때 지식인은 작가와 학자로서 수행했던 전통적인 역할과는 달리 정치적 조직자로서 중요한 임무를 맡는다. 따라서 교육은 그람시의 혁명 사상에서 핵심적인 역할을 한다. 앞에서 언급한 하위 집단들은 헤게모니에 어떻게 억눌리고 있는지를 알게 될 경우에만 자신의 이념 체계를 건설함으로써 그 억압에 맞설 수 있기 때문이다. 문화 연구의 역할은 바로 이러한 헤게모니의 다양한 억압 신화를 표출시키는 데에 있다. 그래서 그람시는 문화 비평을 통해 한 사회에 나타나는 지배적인 헤게모니의 실제 양상 분석에 주력한다. 그람시는 1920년대 이탈리아에서 나타난 헤게모니는 가톨릭, 관념 철학, 부르주아적 상식, 관(官) 주도의 산업 발전이라고 보고, 이러한 지배 계급의 헤게모니에 맞서 혁명적인 대항 헤게모니를 발전시키자고 제안한다.

우리가 쉽게 마주칠 수 있는 헤게모니로는 한 사회를 지배하면서 대중의 자유로운 동의를 얻어내는 '상식'이나 '신화'

가 있다. 상식은 사람들의 행동을 특정 방향으로 유도하면서 다른 가능성은 차단하여 삶의 기본 방식을 결정한다. 계급, 세대, 젠더, 종교, 환경, 인종 등 사회문화적 관계는 상식이 가리키는 방향으로 나아간다. 이런 상부구조는 전통적 마르크스주의가 말하듯 경제하부구조의 직접적 표출이 아니다. 경제와 정치, 문화는 끊임없이 서로 영향을 주고받으면서 순환하고 변화하는 관계를 이룬다. 그 불안정하고 가변적인 과정은 헤게모니의 부침과 함께 형성된다.

비슷하게 '신화'는 프랑스 기호학자 롤랑 바르트Roland Barthes식으로 이해할 수 있다. 바르트는 《신화학Mythologies》(1957)에서 신화를 대중 문학, 예를 들어 글쓰기, 스포츠, 영화, 광고, 요리 등을 통해 설명한다. 바르트는 언어 체계를 의사소통의 투명한 매체가 아니라 부르주아지의 억압의 수단으로 주시하면서, 언어 체계가 하나의 이념을 장려하고 조장한다고 주장한다. 여기서 바르트는 '읽기'의 새로운 방식을 제안한다. 독자는 텍스트의 언어가 드러내는 논리적 표피와 싸워가며 신화적인 또는 새로운 의미를 찾아내야 한다는 주장이다. 독자는 '자연스러운' 것으로 생각해온 전통적 사회 가치에 '무지'해야 하고 다원주의적 전망을 다시 열어야 한다.

그람시 입장에서 헤게모니는 한 사회에서 상식과 신화처럼 작동한다. 헤게모니 개념은 현대 사회를 특징짓는 대중 문학과, 대중 문학에 은연중 스며드는 권력 작용을 날카롭게 인식하게 한다. 헤게모니 개념의 핵심은 관념이 사회관계 안에서 물질적으로 작용한다는 것이다. 이는 사회의 물질적 · 경제적 기반에 일차적 주의를 기울이고, 상부 구조(관념)를 물질적 · 경제적 힘의 생산물로 보는 마르크스주의 사상에 중요한 공헌을 한다. 당연히, 관념과 개인이 역사에 영향을 줄 수 있다는 그람시의 시선이 막대한 영향을 끼쳤다. 그람시가 관찰하고 분석한 대중 문학에서 관념과 개인은 구체적인 개개 문화 텍스트에 끊임없이 변화하는 권력의 그물망이 어떻게 형성되어 있는지를 간파하고 드러내는 역할을 한다. 상식常識(common sense)의 진보적 버전으로서 양식良識(good sense)을 구축하고 진보 정치와 문화의 기초로 구성해내는 일이다. 이런 일을 선도하는 사람을 유기적 지식인이라 부른다.

그람시는 계급의 지배를 경제와 물질 차원보다도 정신과 심리 차원에서 관찰한다. 지배 계급은 스스로의 신념과 가치관을 피지배 계급이 받아들이고 공유하도록 설득하는 가운데 지배를 실질적으로 확보한다. 마르크스주의가 일정한 역사 법칙에 따라 자본주의 붕괴와 공산주의 도래의 필연성을 예언하는 일종의 결정론임에 비해서, 그람시는 역사는 미리 예정되지 않았다고 파악한다. 역사에 작용하는 관념-사상의 영향력을 강조하고, 개별 인간의 의지와 힘이 역사에 미칠

여지가 있다고 보는 방향으로 사적 유물론 이론을 재정립한다. 사실 이러한 경향은 당시 가장 영향력 있었던 이탈리아 지식인 크로체에게 어느 정도 빚을 지는 동시에 일정한 거리를 두고 있기도 하다. 역사를 보편적 관념의 작동으로 본다는 면에서는 크로체에 동의하지만, 보편적인 관념을 공간과 시간 속에서 물질화했다는 면에서 독자 노선을 확립한다.

국민의 삶에서 문화적 동질성과 신화의 효과를 관찰하는 그람시의 분석은 치밀하다. 국민의 삶이란 같은 언어와 문화적 경험을 공유하는 사람들의 집합적인 삶을 의미한다. 그람시는 국민적 통일은 한 국가 내 여러 사회 계층의 완전한 발전과, 사회 계층 간의 열린 경쟁적 대립을 통해서만 가능하다고 본다. 이런 식으로 사회와 경제, 권력의 물질적 관계에 작용하는 지적·문화적 영향을 강조하면서 헤게모니 이론을 구축한다.

현대 사회에서 다양한 문화 양식들이 범람하는 대중적 현상은 문화 파생물(정보와 미디어) 장악이 곧 권력임을 말해준다. 그람시는 혁명은 물리적 충돌이 아니라 지적이고 도덕적인 변화의 과정이라고 강조한다. "당신은 억압을 느낍니까?" 대답을 망설인다면 억압 속에 있다는 얘기다. 헤게모니는 칼과 총으로만 드러나는 것이 아니라 일상에서 감춰져 있다. 권력에 대한 저항은 물리적 힘이 아니라 지적인 성찰로 수행되어야 한다. 지식인의 역할이 중요하게 떠오르는 대목이다.

지식인

그람시는 국민-대중 문학 논의에서 근대 이탈리아의 여러 문제에 초점을 맞춘다. 그의 주된 현실적 관심은 당시 이탈리아에서 전개된 파시즘의 승리와 프롤레타리아트의 패배 원인을 규명하는 일이었다. 국내외에서 작동하는 역사적, 실제적 역학을 장기적인 전망과 마르크스주의 관점, 자본주의 사회 변혁 이념을 통해 분석하고자 했다. 이는 지식인의 문제이기도 했다. 지식인 문제는 국가와 시민 사회의 관계를 다시 규정하는 작업과 연결된다.

국가는 정치, 사회, 경제 형태에 대중을 순응시키는 독재 체제 혹은 강권적 기구로 이해되었다. 그람시는 여기에 시민 사회를 더하여 이상적인 국가의 모습을 제시한다. 이상적인 국가는 정치 사회와 시민 사회가 균형을 이루어 헤게모니를 산출하면서 유지된다. 이때 시민 사회는 교회, 노동조합, 학교 같은 사적 조직을 통해 특정 집단이 전체 국민에게 영향력을 행사하는 공간이 되며, 지식인은 이 시민 사회를 유지하는 역할을 한다. 시민 사회는 지식인의 책임과 연대를 통한 비판과 감시에 따라 작동할 수 있다.

그람시는 이탈리아의 중세 코무네가 몰락한 원인은 바로 지식인이 헤게모니를 행사하지 못했기 때문이라고 파악한다. 이는 당시 코무네를 지배했던 경제 계급이 지식인의 역할과 범위를 명확히 설정하지 못했기 때문이기도 하다. 또 그람시는 코무네 발전의 측면에서 볼 때 르네상스는 반동적이고 억압적이며 부분적인 운동이었다고 주장한다.297 르네상스는 스페인, 영국, 프랑스, 포르투갈에서는 근대 국민 국가를 형성하는 원동력이었지만, 이탈리아에서는 퇴행적이고 반동적인 역할을 했다.298 요컨대 이탈리아 르네상스는 본질적으로 상부 계층의 운동으로서, 오히려 지식인과 대중 사이의 격차를 심화시켰다. 이탈리아에서 종교 개혁에 반하는 반종교 개혁이 나타난 까닭도 그것이었다.

같은 맥락에서 그람시는 프랑스혁명이 피지배 계층이 지배의 실체를 규명하고 변화의 주인공으로 나선 사건이었던 반면, 이탈리아의 리소르지멘토는 일부 지배 계층이 주도한 수동적 혁명이었다고 파악한다. 프랑스혁명에서 여성과 노동자 계급 등 소외 계층은 부르주아지와 연대하여 혁명을 이끌었고, 이후에도 축적된 경험을 바탕으로 반동 세력에 맞서 싸울 수 있었다. 이처럼 프랑스혁명은 사회의 최하층을 끌어들이는 데에 성공함으로써 프랑스 사회의 경제 · 사회 · 정치 구조는 물론이고 문화와 이념에서 새로운 방향을 결정하는 쪽으로 나아간 반면, 리소르지멘토는 소수 지배 계층이 주동하여 아무런 헤게모니 변화를 이끌어내지 못한 미완의 혁명이었다는 것이다.299

리소르지멘토 시기에 이탈리아는 정치, 종교, 사회, 경제, 계급, 지역 등의 갖가지 문제가 난마처럼 얽힌 상황에 처해 있었다. 이런 상황에서 헤게모니를 형성한다는 것은 단순히 이탈리아를 이끌거나 통치한다는 뜻이 아니라, 앞서 말한 문제들을 국민의 자발적인 동의하에 해결하거나, 적어도 국민에게 일정한 방향을 제시한다는 의미였다. 지식인이 제 역할을 다하지 못하고 헤게모니 형성에 실패한 이탈리아의 역사는 리소르지멘토에서도 예외가 아니었다.

또 다른 예를 보자. 피에몬테 공국은 리소르지멘토 당시 정치, 경제, 외교의 핵심 지역이었고, 통일 이후에도 줄곧 이탈리아의 중심이 되었다. 그러나 그람시는 이 지역이 한 번도 진정한 헤게모니를 장악한 적이 없었다고 단정한다. 이탈리아 전체를 아우르는 헤게모니를 유지하지 못한 피에몬테 공국이 이탈리아 통일 운동의 중심에 섰을 때 수동적이고 불완전한 통일은 이미 예견되어 있었다. 리소르지멘토는 이탈리아가 근대 국민 국가를 뒤늦게나마 형성할 수 있었던 역사적 기회였지만, 서유럽의 다른 나라들처럼 부드러운 시대적 도약에 이르지는 못했다. 여러 가지 복잡한 문제들이 풀리지 않은 채 얽혀 있었기 때문이다. 그 결과 그람시가 죽은 뒤에도 이탈리아에서는 전후 40여 년 동안 파시즘의 잔재가 일소되지 않아, 기민당의 장기 집권 속에 부패와 조직 범죄의 뿌리가 깊어졌고, 북부 분리주의와 남부 문제가 여전히 심각해지는 등 진정한 통일 이탈리아 국민 국가의 형성이 지체되었나. 이딜리아 역시에 헤게모니의 교체까지 달성한 혁명은 없었다고 결론짓는 그람시의 통찰은 오래도록 지속된다.

그람시는 마키아벨리에 대한 연구에서, 이탈리아 지식인이 전통적으로 국민-대중적 성격보다는 교회를 모형으로 하는 세계시민주의적 성격을 지녔으며, 코무네는 하나의 생디칼리슴300적인 국가를 형성할 뿐 이 단계를 넘어 통일된 국가로 나아가지 못했다고 판단한다.301 이탈리아 지식인의 세계시민주의적 경향은 곧 이탈리아 국가와 국민 혹은 대중을 무시하는 경향이었다. 근본적으로 국민을 배제했던 이탈리아 지식인들은 교회라는 보편성 아래 다른 나라의 조직과 건설을 도와주는 사명감만을 지녔다. 그래서 단일한 국민의 틀 안에서 하나의 범주를 형성하거나 국민적 차원의 이익을 해석하는 전문화된 집단이 되지 못한 채 유럽의 지도자들을 위한 '관리자'의 역할에 머물렀을 뿐이었다.302

그람시는 이탈리아의 지식인 집단을 둘로 나눈다. 전통적 지식인은 학자와 성직자처럼 기존 사회질서를 유지하고 지배층 이념을 강화하는 이들이다. 유기적 지식인은 자기가 속한 계급이 역사적 권리를 갖고 있다는 확신 아래 그 계급을 위해 의식적 실천을 수행하는 모든 사람을 가리킨다. 그람시는 역사를 엘리트 집단의 전유물이 아니라 물질과 일상 차원에서 이루어지는 구체적 양상으로 파악한다. 그람시는 "우리 지식인은 기생충"이라는 프레촐리니의 언급은 대중과 분리된 전통적 지식인을 관찰한 뒤에 나왔다고 본다. 유기적 지식인은 그러한 분리에서 벗어나 대중의 삶에 침투하여 새로운 문화를 창출하고 평가하며 전파해야 한다. 문화는 단지 추상적이고 관념적인 무엇이 아니라, 우리 일상에 스며든 물질적이고 구체적인 삶의 형식이다. 사회 권력을 구성하고 유지하는 헤게모니에 대한 비판적 성찰 없이 이론적 사고와 철학적 담론만 내세우는 지성주의의 태도는 사회 현실을 간과하는 무지에서 비롯된다. 진정한 지식인은 현실 사회구조를 변화시키는 실천적 이론을 발전시키고, 대중과의 상호 작용을 통해 헤게모니를 재구성하는 역할을 수행해야 한다.

지적 계보와 기타 저서

그람시는 독창적인 통찰과 전망을 바탕으로 글을 썼기 때문에 특정 이론의 틀에 쉽게 가둘 수 없는 복합적인 사상가로 평가된다. 그람시에 대한 연구는 1960년대 말부터 본격적으로 시작되었다. 특히 프랑스와 영국에서 역사주의에 대항하는 알튀세르식 마르크스주의 논쟁에 의해 촉발되었고, 유럽 마르크스주의의 혁신적 기여를 통해 관심이 급부상했다.

그람시는 철학과 이론적 사유에서는 마키아벨리부터 시작해 크로체와 젠틸레, 베르그송, 소렐의 영향을, 이념에서는 라브리올라와 같은 이탈리아 마르크스주의자들의 영향을, 문학과 문화 측면에서는 단테와 데 상티스의 영향을 받았다.[003] 《아빈디*Avanti*》에 참여하게 된 1917년부터는 마르크스와 엥겔스, 레닌의 저작들을 집중적으로 연구하기 시작했다. 이론적 관심은 매우 세분화되어 철학·역사·문학사·미학·정치경제학·사회학 등을 포함했다.

19세기는 마르크스주의에 대한 실증주의적 해석이 주류를 이루었다. 사회주의로 향하는 역사의 길은 기계적이고 필연적으로 경제력이 발전해야만 가능하다는 것이다. 그런데 라브리올라는 마르크스주의를 비실증주의적 방법으로 해석했다. 이는 크로체로 이어졌지만, 헤겔 해석을 둘러싸고 라브리올라와 크로체는 크게 갈라진다. 크로체는 마르크스를 비판하고 헤겔 정신을 이론적으로 정교화했으며, 자유주의와 관념론, 그리고 부르주아 이념을 제공했다. 이렇게 크로체가 헤겔에게서 사변적 사유와 철학의 독자성을 받아들였던 반면, 라브리올라는 마르크스주의를 인간 역사의 발전 과정을 통해 변증법적 사유에 현실감을 부여하는 하나의 철학으로 이해하면서 헤겔을 참고했다. 크로체는 실증주의와 경제주의의 방식으로 마르크스를 해석했고, 라브리올라는 실천과 의식의 종합과 통일된 행위, 문화와 행위 속의 사유 등을 마르크스에게서 뽑아냈다. 그람시는 라브리올라의 편에 서서 이념과 문화, 철학을 노동의 측면과 단계로 보았다.

그람시의 사상은 이러한 지적 분위기에서 형성되었다. 그람시의 비판적 성찰은 크로체가 대중의 세계관을 무시한다는 지점에서 출발한다. 크로체가 국가와 강권력은 대중 보아

넘기고, 지적 엘리트의 영향에서 벗어나 독립적으로 움직이는 현실의 계급 세력들을 누락한다는 관찰이다. 그람시가 보기에 크로체의 가장 나쁜 점은 정치 투쟁 방법으로서의 자유와 역사과정으로서의 자유를 구분하지 못했다는 점이다. 역사과정으로서의 자유만을 내세우는 크로체의 사상은 엄격한 합리성을 잃고 사변으로 떨어지는 동시에 진부하게 되었으며, 역사를 이데올로기로 만들고, 결국 정치적 수준에서 자유를 위한 투쟁을 그만두게 만들었다는 것이다. 이는 곧 보수적이고 반동적인 경향으로 나아갔고, 의식적이든 아니든, 인정하든 인정하지 않든, 파시즘을 이념적으로 정당화하는 토대가 되었다. 이러한 비판적 입장에서 그람시는 관념의 물질성, 헤게모니, 지식인의 역할과 같은 담론을 발전시켰다.

그람시는 이탈리아 남부 문제에 큰 관심을 보였다. 이탈리아의 산업화된 북부가 농촌 경제 중심의 빈곤한 남부를 식민지화했던 경위를 예리하게 감지했고, 마르크스의 계급 투쟁 개념을 중심부와 주변부 사이의 대립의 개념으로 변경하는 정치 이론을 발전시켰다. 이 점에서 그람시의 정치 이론은 탈식민주의와 통한다. 그람시는 보이는 것과 보이지 않는 것 사이의 심연이 다른 어느 문명화된 나라보다 이탈리아에 깊게 존재한다고 말한다. 이탈리아에서는 소란스러운 광장, 열광적인 고함 소리, 깅황한 과시적 행동 등이 개인의 삶을 뒤덮고 있다. 이것이 이탈리아에 만연한 편견, 예를 들어 이탈리아 국가에 가족 단위의 끈끈한 유대가 자리하고, 하느님으로부터 민족성을 부여받았다는 등의 근거 없는 생각이 생겨난 이유다. 그람시는 겉으로 드러난 모습과 안으로 숨겨진 참된 모습 사이에 큰 차이가 있다는 점을 유념해야 한다고 당부한다.

남부 문제는 교묘하게 덮여 잘 드러나지 않는다. 《리소르지멘토 Risorgimento》에서 그람시는 남부 문제를 남부 농업 지대와 북부 산업 지대의 관계, 도시와 지방의 관계, 또 지식인의 역할과 관련해서 다룬다. 산업이 발달한 북부가 쥐고 있는 헤게모니는 남부 농민을 경제뿐만 아니라 문화 차원에서도 열등하다고 확정해버린다. 산업주의의 헤게모니는 북부만을 위해서 영속적으로 존재해왔다. 그람시는 북부의 산업주의가 일정한 리듬으로 꾸준히 범위를 확대하여 새로운 경제 지역들까지 편입시켰더라면 그 헤게모니는 정상적으로 작동하고 역사적으로도 유익했을 것이라고 말한다. 정상적 헤게모니는 낡은 것에서 새로운 것으로, 후진에서 진보로, 낮은 생산성에서 높은 생산성으로 나아가는 투쟁의 원동력이 되었을 것이고, 지역적인 것에서 민족적인 성격과 규모의 경제 혁명으로 연결되었을 것이다. 그러나 그런 일은 일어나지 않았고, 헤게모니는 오로지 북부 산업의 존재를 위해 영원히 계속되는 듯 보였다.

또한 그람시는 언어의 물질적 중요성에 눈을 돌렸다. 토리노 대학에서 비교언어학을 공부한 경력은 언어에 대한 통찰을 얻는 중요한 계기였다. 그는 지역 방언을 사용하는 사람이 표준어 사용자와 소통이 어려운 현실에서 언어가 지역과 계급을 분리하는 현상에 관심을 가졌다. 분리된 언어는 지역과 계급 사이에 의사소통의 문제를 일으키고, 대중 문학과 문화에서도 소통의 실패를 불러온다. 국민과 대중이 국가와 사회 차원에서 겪어온 역사를 함축하는 언어는 사회관계의 극적이고 능동적인 대리자다.

그람시의 글은 아직까지 완전한 전집으로 묶여 출간된 적이 없다. 《새로운 질서》에 쓴 기사들은 1954년 같은 제목으로 출판되었고, 감옥에서 쓴 서신은 《옥중 서한》(1947년 초판)이라는 책으로, 그리고 나머지 32권의 수고는 그 주제에 따라 분류되어 다음과 같은 6권의 책으로 편집되었다.

《역사적 유물론과 베네데토 크로체의 철학 Il materialismo storico e la filosofia di Benedetto Croce》(1948)

《지식인과 문화의 조직 Gli intellettuali e l'organizzazione della cultura》(1949)

《이탈리아 해방 통일 운동 Risorgimento》(1949)

《마키아벨리, 정치학, 근대 국가에 대한 메모 Note sul Macchiavelli, la politica e lo Stato moderno》(1949)

《문학과 국민의 삶Letteratura e vita nazionale》(1950)
《과거와 현재Passato e presente》(1951).

이후 그람시의 글은 나라와 출판사에 따라 다양한 주제 아래 묶여 출판되고 있다.

《새로운 질서》에서 그람시는 정치적 투쟁가이자 논객, 공장 평의회 이념의 기안자, 볼셰비키 혁명을 경험한 전파자의 모습으로 글을 쓴다. 이탈리아 역사의 중대한 시기를 조명해주는 기록인 동시에 산업 도시 토리노의 문화와 지적 · 시민적 활동이 속속들이 들어 있는 뛰어난 정기 간행물이기도 하다.

《옥중 서한》은 문학적 · 인간적 관점에서 이탈리아에서도 손꼽히는 서간문인데, 간결하고 강렬하며 함축적이고 도덕적인 그람시의 힘이 돋보인다. 다른 사람들의 세상살이를 마음 깊이 이해하는 능력이 두드러지고, 특히 어머니에게 보낸 편지와 아들에게 들려주는 동화, 부인에게 주는 격려가 빛을 발한다. 또한 이성적 판단과 환상 사이의 뛰어난 균형, 현실을 직시하면서도 평정심을 유지하고 절제하려 애쓰는 한 인간이 도드라진다. 《옥중 서한》에서 감옥은 느껴지지 않는다. 그람시는 냉혹한 감옥의 현실에서 관계를 맺었던 모든 인간과 사물에 대한 생각과 마음을 푸념이나 감상에 빠지지 않고 풀어낸다.

이에 비해 《옥중 수고》는 당시까지의 이탈리아 역사와 문화를 유물론과 마르크스주의에 따라 해석하는, 고도로 치밀하고 복합적인 글이다. 그것은 마르크스주의 사상을 벼리고 가다듬은 매우 뛰어난 글이다. 겉으로는 즉흥적이고 단편적인 읽기와 추론으로 몇몇 커다란 주제를 건드리는 것처럼 보이지만 《옥중 수고》는 집단의 '세계관'이 될 수 있는 진정한 마르크스주의 사상을 회복하자는 책이다. 이는 부르주아 보수주의의 이념을 제공하던 크로체의 관념론에 대항하는 것이었고, 마르크스주의인 척하는 속류 유물론과 기계론에 맞서 투쟁하는 것이었다.

그람시의 글은 거의 정기 간행물에 기고하기 위해, 무엇보다 감옥이라는 열악한 환경과 최악의 육체적 상태에서 쓰였기 때문에 산만하고 단편적이고 난해하며 심지어 모순적인 경우도 종종 발견된다. 그럼에도 불구하고 그의 글은 오히려 열린 해석을 가능하게 만드는 힘을 지니고 있다. 현실과의 끊임 없는 대결을 통해서 자신의 이론을 검증하고 보완해나가는 방식으로 글을 썼기 때문일 것이다.

3. 대중 문학의 새로운 지평

타자의 감수성

마키아벨리는《군주론》에서 스위스, 독일, 스페인, 프랑스 등에서 건너온 사람들을 제외한 순수한 이탈리아인으로 정화된 이탈리아를 원했다. 그는 1494년 프랑스의 샤를 8세가 손쉽게 이탈리아를 침공하는 장면을 보며 두려움을 느꼈다. 침공 이후 400여 년 동안 이탈리아는 끊임없이 외세의 지배에 시달렸다. 마키아벨리는 이탈리아의 쇠퇴를 예견하면서 이를 저지하고 싶어 했고, 외부 야만인에 대항해 이탈리아의 힘을 결집하는 일에 메디치 가문이 피렌체를 중심으로 큰 역할을 하리라고 믿었다. 1494년의 침공에 대한 마키아벨리의 이런 반응으로 이른바 '이탈리아다움italianità'이라는 문화적·윤리적 개념이 나타났지만, 통일을 위한 정치적 운동으로까지 발전되지는 못했다.

그런데 여기서 주목할 점은 '이탈리아다움' 혹은 이탈리아의 정체성을 지키고자 했던 마키아벨리의 의식에는 국민의 순수함이라는 열망이 자리한다는 비판이다. 마찬가지로 그람시의 국민-대중 개념에도 이탈리아 문화의 순수성을 강요하는 배타주의가 깃들어 있고 혹여 분열로 이어질 수 있다는 비판도 있다. 그러나 분명 그람시는 국민-대중을 '이탈리아다움'의 조건으로 꼽지 않았다. 국민-대중 개념을 설명하기 위해 어떤 선험적 의미를 전제하지 않았고, 국민-대중이 현실에서 본연의 역할을 수행하기 위해서는 차이를 포용하는 새로운 방식의 공동체가 중요하다고 보았다. 그람시는 불과 1821년에 피난을 온 알바니아계 자손이며, 할머니는 스페인의 곤살레스 가(家) 출신이었다. 그러나 그는 자신의 문화적 정체성이 이탈리아적이라고 생각했다. 이탈리아가 그의 세계였다. 자신이 두 세계로 나뉘어 있다고 생각하지 않았던 불가분의 느낌은 이탈리아에도 적용되어 이탈리아가 분열되었다고 생각하지 않았다.[304]

그람시는 추상적이고 유전적인 국민-대중 개념이 아니라 현실에서 그 개념이 구체적으로 어떻게 작동하는지, 그리고 지역, 계급, 젠더, 환경, 세대 등 사회문화적 형식들과 어떠한 실질적 관계를 맺는지 생각했다. "현실의 개인을 이해할 수 없다면, 보편적이고 일반적인 것을 이해할 수 없다"[305]. 민주주의를 추구한다면 일상의 민주주의를, 혁명을 모색한다면 일상의 혁명을, 파시즘을 경계한다면 일상의 파시즘을 경계한다는 식이다.

이렇듯 가장 현실적인 사회역사적 맥락에서 국민-대중 개념을 생각하는 그람시는 파시즘은 순간적인 일탈이 아니고, 자본주의 경제 체제도 급조된 건물이 아니라고 파악했다. 같은 의미에서 부르주아지와 자본주의의 몰락은 결코 미리 정해진 숙명이 아니다. 객관적인 정황으로 몰락을 말할 수는 있으나 자본주의는 위기를 성공적으로 극복할 내적 동력을 품고 있다. 이러한 현실을 견제할 수 있는 유일한 길은 혁명적 헤게모니를 장악하는 일이다.306 이를 위해 지식인의 역할과 정당의 기능 등 여러 전제가 필요하지만, 무엇보다 국민-대중을 이루는 개개인이 '삶의 끈'을 놓치지 않고 도덕적 태도를 견지하며 도식화를 경계해야 한다. 헤게모니 개념도, 실천 철학도 결코 하나의 완성된 체계가 될 수 없다. 실천 철학은 언제나 새로운 논의에 열려 있어야 하며, 대중이 역사적 현실과 맺는 경험적 관계 속에서 끊임없이 입증되어야 한다. 구체적이고 역사적이며 도덕적 관점에서 이탈리아를 생각하는 그람시는 언제나 '긴 시간'의 전략과 혁명을 구상했다.

그람시의 국민-대중 문학 분석은 여러 문제와 얽혀 있다. 국민-대중의 개념을 지식인, 헤게모니, 리소르지멘토, 남부 문제, 언어, 문학, 역사, 종교, 문화 전반에 포개면 근대 이탈리아의 각종 문제가 다 쏟아져 나온다. 없는 증상을 만들어 냈기 때문이 아니라 진단의 시각과 도구를 환부에 적절히 들이댔기 때문이다. 예를 들어 그람시는 유럽 문화가 아시아에 침투하는 기존의 식민지 구도가 아니라 거꾸로 아시아와 아프리카로부터 유럽에 전파되는 문화의 영향을 생각했다.307 흑인 음악과 춤은 유럽의 문화를 열광시켰고 깊고 지속적인 영향을 끼쳤다. 이에 비해 아시아의 문화, 특히 매우 복합적인 이론 체계를 갖춘 불교는 강렬하고 원시적인 효과를 나타내지는 않았다. 그럼에도 불구하고 유럽인은 아시아화를 두려워했는데, 그렇게 아프리카에 소홀한 사이에 유럽인은 흑인화되거나 최소한 혼혈 단계까지 나아갔다. 이 점을 간파한 그람시는 아시아의 종교보다 아프리카의 신화를 더 의식했다. 그러나 아시아든 아프리카든 중요한 점은 그람시가 서구 문명이 맞닥뜨린 정체성의 위기를 제대로, 즉 중심과 주변부, 주체와 타자의 적절한 관계 맺기의 차원에서 진단했다는 사실이다.

그람시의 사태 분석은 특이하다. 특히 식민 사관과 반대되는 분석에 헌팅턴의 《문화의 충돌 The Crash of Civilizations》에서 보이는 제국주의적 시각은 없다. 그람시는 유럽이 진정한 자기 성찰의 길로 나아가야 한다고 전망하고, "앞으로 유럽인은 자신의 피 속에 있는 흑인의 색소를 잡아내려 거울 속의 자신을 더욱 가까이 들여다볼 것"이라고 암울하면서도 엄중하게 경고한다. 타자성에 대한 그람시의 정치한 인식이 잘 드러나는 대목이다. 타자는 이질적이지 않고, 쉬운 연민을 품게 하지도 않으며, 단순히 중심에 대한 주변부로 파악되지도 않는다. 타자는 종속된 무엇이 아니라 대안의 방식으로 존재한다. 이런 방향에서 타자에 대한 인식은 더욱 철저히고 신중해질 수 있다. 그 인식에는 우월의 환상도 없고 열등감의 상처도 없으며 오직 대등한 관계만이 있을 뿐이다.[308] 그람시는 이탈리아 문학사에서 농후하게 나타나는, 타자를 이질적 대상이나 동정의 대상으로 보는 경향을 비판하고, 폭을 더 넓혀 근대 이탈리아뿐만 아니라 유럽 전체를 대상으로 독특하면서도 진정한 자기 성찰을 수행한다. 결국 타자의 정체성을 인정하고 인식하는 일은 '나'의 정체성을 확보하는 일이다. 이는 서구와 비서구뿐만 아니라 지배와 피지배, 지식인과 대중 등의 관계로 변주하며 생각해볼 수 있는 문제다.

끝나지 않는 혁명, "새로운 문화"

오늘날 소셜미디어와 유튜브로 범람하는 정보가 우리를 진실에서 멀어지게 하고 시선을 비뚤어지게 만든다. 우리는 이른바 확증편향의 시대, 자기 말만 하는 사회를 살고 있다. 진실을 보려는 노력은 외면하고 자기 생각만 옳다 외치는 경망한 목소리들이 세상을 혼란과 기만으로 뒤덮고 있다. 정보 테크놀로지의 혁혁한 발전은 진짜 현실을 포착하여 재현하지 않고 가공의 현실을 제작하여 확장시킨다. 이런 당면 상황에서 지식인은 진실을 향한 의식과 정서를 대중과 공유하고 집단 지성과 시대 정신을 담은 언어로 수평적 대화를 나눠야 한다. 현실이 분열되어 있다면 지식인은 그 분열을 겪고 드러내 보여주어야 한다. 그것이 바로 그람시가 강조하는 유기적 지식인의 역할이다. 작가, 예술가, 문화담당자 등의 지식인들은 대중을 선도하는 것이 아니라 대중과 함께 해야 한다는 의미를 끊임없이 새길 필요가 있다.

지금 우리 사회에서 그람시가 말하는 유기적 지식인이 나타나고 있는 것 같다. 대중 문학을 생산하고 유통시키며 해석하고 평가하는 지식인들이 많아진다. 그들은 대중 사이로 들어가서 대중의 즐거움이 어디서 어떻게 나오는지 직접 느끼고, 대중의 뜨거움을 간직하는 법을 배우는 중이다. 그러나 동시에 적절한 거리를 두고 비판적으로 관찰하고 성찰하는 활동도 중요하다. 이는 사회 전체의 유기적 관계, 즉 공동체의 삶을 활성화시키는 효과를 낸다.

유기적 지식인이라면 대중에게 인기 있는 영화, 신문, 소설, 연극, 음악, 스포츠 등이 무엇인지, 의미는 무엇인지를 생각해야 한다. 그렇다고 결코 대중의 인기에 영합하려 하거나 인기를 조작하려 해서는 안 된다. "새로운 문화"의 씨앗은 대중의 토양에서 자라나 잎을 틔우고 꽃을 피워야 한다. 그렇게 하려면 꾸준히 견디고 실천해야 한다.

이론을 실천에 옮기는 것은 마르크스주의자 그람시에게 당연한 일이었다. 사유를 삶으로, 이론을 대중의 사고와 행위로 전환시키기 위해 그람시는 자신의 생각을 이탈리아 국민의 현실에 적용하고자 했다. 정치와 정당, 지식인 등 모든 방면에서 작동하는 문화의 역할을 연구하고, 이탈리아의 구체적인 역사에서 헤게모니의 획득과 유지 과정을 추적했다.

헤게모니는 무엇보다 문화적 성격을 띠고 있기 때문에 문화의 연구는 다름 아닌 지배와 권력 행사의 구조, 관계, 방식을 파헤치고 변혁하는 목표를 지닌다.[309] 그람시는 자본주의와 제국주의와 근대성의 모순을 지적하고 그 속에서 현존하는 문화의 성격을 재고함으로써 정치, 역사, 사회적 문제의 해결을 시도한다. 문화는 문화의 연구뿐만 아니라 "긴 시기"의 전략, 즉 여타 역사적·사회적 문제의 연구와 논의로 나아가는 실천의 길이다.

대중 문학은 단순히 대중이 즐기는 차원의 문제를 넘어서 대중에게 행사되는 권력, 대중이 형성하는 권력의 문제이고, 대중이 구성해나가는 역사의 문제다. 이른바 통속 소설이 대중에게 폭넓은 호소력과 헤게모니를 행사할 수 있는 이유는, 그 소설이 대중적 이념이나 정서와 밀접하게 연결된 주제들을 대중적인 감각으로 극화하기 때문이다. 마찬가지로 만화의 대중성은 만화가 대중의 취향을 반영하기 때문에 가능하다. 지식인이 그런 소설과 만화를 저질 문화로 경멸하거나 동정과 연민을 보내지 말고, 그것들의 독자성을 인정하고 사회적, 문화적 가치를 부여함으로써 대중을 진정한 대화와 협업의 상대로 만나야 한다.

그람시가 말하는 "새로운 문화"는 여전히 새롭고 늘 새로워야 한다. 그람시가 문화의 생산보다 수용에 눈을 돌렸듯, 그람시를 받아들이는 우리 자신을 살필 때 그람시의 생각과 글은 여전히, 더욱 유효해진다. 끝없는 재해석과 재구성, 의미의 재생산 과정 속에서 그람시의 언어를 곱씹는 과정이 중요하다. 그의 생각과 글에서 우리의 이런 작업을 가능하게 하는 힘을 느낀다.

주

1 제1차 세계대전을 가리킨다.
2 Risorgimento. 원어는 '다시 솟아오르기'라는 뜻으로, 19세기 초반과 중반에 펼쳐진 이탈리아 국가 독립 통일 운동 혹은 그 시대를 가리킨다.
3 그람시는 여러 문제를 제시하고도 골고루 논의하지 않았다. 체계를 잡아 단행본을 구상하지 못하고, 자료와 정보를 입수하는 데 따라 파상적으로 썼기 때문이다. 그러므로 이 책에 나오는 각 문제에 대한 논의의 양은 일정하지 않을 것이다.
4 루제로 봉기Ruggero Bonghi(1826~1895)는 1848년 나폴리 봉기에 참여했다가 형을 살았다. 1860년 이탈리아 통일 이후 죽을 때까지 국회의원으로 활동하면서 초등학교 의무 교육을 실현시키는 데에 기여했다. 파비아, 로마, 토리노, 나폴리, 피렌체, 밀라노의 대학에서 역사, 문학, 철학을 가르쳤다. 특히 저널리스트로서 두드러진 활동을 했다. 1862년 토리노에서 《라스탐파 *La Stampa*》를 창간해 3년 동안 주간을 맡았다. 1887년에는 《라쿨투라 *La Cultura*》를 창간했고, 〈왜 이탈리아 문학은 이탈리아에서 대중적이지 않은가〉라는 논문으로 일대 논쟁을 일으켰다. 예술 언어의 아카데미즘에 반대하여 문학에서 일상적·대중적 언어를 쓸 것을 주장했다.

5   페르디난도 마르티니Ferdinando Martini(1841~1928)는 주로 아프리카에서 외교관으로 활동했다. 에티오피아에 체류했고(1897~1900), 또 식민지 장관을 지냈다(1915~1916). 이런 경험을 바탕으로 아프리카를 소재로 한 소설을 발표했다. 《이탈리아의 아프리카에서Nell' Africa Italiana》(1891)와 《아프리카Cose africane》(1896)가 대표작이다. 저널리스트로서 문학과 연극 비평을 썼으며 희곡 작가로도 많은 작품을 발표했다.

6   그람시가 말하는 "지적인 우상들"이란 고대 로마의 철학자와 문인, 중세의 신학자, 단테 이래로 배출된 고전 작가들, 르네상스의 예술가, 역사가, 철학자 등을 떠올릴 수 있다. 이들이 1860년 이탈리아 국가가 탄생하기 전까지 이탈리아의 국가적, 국민적 정체성을 받쳐 왔다.

7   베네데토 크로체Benedetto Croce(1866~1952)는 예술이 도덕적 행위에서 분리된다고 생각했다. 그러나 이런 입장은 1910년대 이전에 표명된 것이며, 1928년에 이르면 "모든 예술의 기반은 도덕적 의식"이라는 말과 함께 변화를 보인다.

8   스트라파에세Strapaese는 쿠르치오 말라파르테Curzio Malaparte가 주도한 운동으로, 이탈리아 대중의 농촌 공동체적 특징을 지키고 외국의 유행이나 근대 문명 숭배 사상에 맞서 싸우자는 주장을 폈다.

9   필리포 마리네티Filippo T. Marinetti(1876~1944)는 이탈리아 미래주의 운동의 창시자였다. 1909년 '미래주의 선언'을 발표하면서 문학과 예술에서 혁신과 변화를 촉구했다. 미래주의는 전통적 미학과 문화를 전복하고, 기계, 속도, 도시와 같은 현대적 요소를 강조했다. 이런 방향에서 폭력과 파괴, 전쟁을 미화하는 성향을 보이기도 했다.

10 조반니 파피니Giovanni Papini(1881~1956)는 초기에 마리네티와 함께 미래주의 운동에 참여했으나, 점차 전통적 종교와 철학에 관심을

보여 신앙과 인간 존재의 의미, 고통과 삶의 본질을 천착했다.

11 온정주의paternalismo 또는 가부장주의는 한 개인이나 집단의 자유를 선의의 의도로 제한하거나 억압하는 행위와 흐름을 뜻한다. 선의라 하지만 우월의식이 깃들 수 있다.

12 엔리코 코라디니Enrico Corradini(1865~1931)는 소작농 출신으로 피렌체에서 문학을 공부했고 고등학교 교사를 지냈다. 정치적 경향의 희곡과 소설을 주로 썼고, 아돌포 오르비에토Adolfo Orvieto(나중에 언급된다)와 함께 《마르초코*Marzocco*》 편집에 참여했으며, 1897년부터 1900년까지 《마르초코》의 편집장을 맡았다. 《일 레뇨*Il Regno*》를 중심으로 정치 활동을 활발히 펼쳤고 창작 활동도 꾸준히 이어나갔다. 민족주의적 관점에서 이탈리아의 제1차 세계대전 참전을 주장했고, 1911년 《민족의 이상*Idea nazionale*》이라는 주간지를 창간했다. 이탈리아 국민 연합에서 활동했고, 파시즘 정부에서는 요직에 올랐다.

13 조반니 파스콜리Giovanni Pascoli(1855~1912)는 어릴 때 부모와 형제자매의 잇따른 죽음으로 인한 상처에 평생 시달리는 가운데 시는 세상에서 자신을 보호하는 둥지라는 이른바 동심의 시론을 내세우며 주변의 일상과 사물에 대한 소박하고 애틋한 감성을 표현한 시인이었다. 이런 경향은 다소 무정부주의적인 정치 경향으로 이어졌다. 스승 카르두치의 영향으로 고전주의 전통을 이어받는 동시에 단눈치오의 언어 감각을 가져왔다.

14 코라디니와 파스콜리는 국가주의의 차원에 서서 리비아에서 식민주의 전쟁을 하자고 호소했다. '대중과 국민의 이분법'이란 둘을 대립시키고 구분하기보다는 둘의 문제를 함께 놓고 보는 문제 설정을 의미한다, 그람시의 근본 화두다. '들어가는 말'에서 밝혔듯, 그람시는 대중과 국민이란 개념들을 미리 전제하거나 고정시키지 않는다.

그들의 개념은 논의의 맥락과 추구, 지향에 따라 가변적이다. 객관적 실체가 아니라 가치적 목표에 가깝다. 예를 들어, 소시민과 노동자 계급조차도 파시즘을 지지했던 역사적 현실은 대중과 국민이 어느 한쪽의 기반이 된다는 식의 본질주의적 접근을 무색하게 한다. 어떤 형상의 옷을 입느냐에 따라 질료는 달라진다. 따라서 그람시의 입장은 대중과 국민의 개념과 가치를 비판적이고 저항적으로 끌어나가는 것에 있었다. 그것을 헤게모니라 부른다. 다만 반복하건대, 헤게모니의 방향은 선험적으로 고정되는 것이 아니라 맥락에 근거하여 유연하고 가변적이다.

15 주제페 운가레티Giuseppe Ungaretti(1888~1970)는 이탈리아 순수시 운동Ermetismo을 대표하는 시인이다. 순수시 운동은 양차 대전과 파시즘 치하의 암울한 시대 상황에서 전쟁의 경험과 인간 존재의 근본 의미를 표현하기 위해 간결하고 압축된 시어와 불명료하고 난해한 상징성을 추구했다.

16 자신을 과장된 감정극의 주인공으로 여긴다는 뜻이다.

17 이탈리아에서 문학과 표현 방식 전반이 여전히 과도한 감정 표현이나 스타일화된 형식, 연극적 표현에서 벗어나지 못하고 있다는 점을 지적하고 있다.

18 가브리엘레 단눈치오Gabriele D'Annunzio(1863~1938)는 이탈리아 퇴폐주의 문학을 대표하는 시인이자 소설가, 극작가였다. 시적 언어를 창출하는 작가로서의 우월성을 초도덕적인 자기도취의 지경까지 연장하고 이를 대중에게 과시하고 대중을 지배하려는 경향을 보였다. 정치와 군사 활동에도 깊이 관여하여 '군인 시인'으로 불리기도 했다. 대표작으로 〈죽음의 승리〉, 〈쾌락〉이 있다.

19 언론이 단눈치오의 과장된 감정적 문체를 조절하며 전달했다는 의미다. 그러나 그람시는 그 과정에서 그의 문제가 지나치게 간소화

되거나 약해졌다고 지적한다. 절제와 표현이 공존하는 문학을 생각하는 것 같다.
20 미래파는 전통적인 예술 형식을 거부하고 혁신적이고 현대적인 예술을 추구했다. '전환기의 바로크예술가들'이란 전통적 사고방식에서 완전히 벗어나지 못하는 사람들을 뜻한다. 혁신적 흐름 곁에 수구적 저항도 있다는 의미다.
21 개인에 따라 취향이 절제될 수 있지만, 국민적 취향은 감정적이고 과장된 멜로드라마와 같은 국가적 전통 문화를 반영한다는 것이다.
22 프란체스코 데 상티스Francesco De Sanctis(1817~1883)는 19세기 리소르지멘토 시기 이탈리아를 대표하는 문학비평가이자 문학사가였다. 기념비적인 대표작《이탈리아 문학사*Storia della litteratura italiana*》(1870)에서 이탈리아 문학의 발전과 특징을 체계적으로 분석하고 심원한 내용의 비평을 펼쳤다. 특히 낭만주의와 사실주의를 결합하는 독특한 관점 위에서 이탈리아 국가와 국민, 언어와 역사에서 문학이 지니는 지성적, 도덕적 함의를 탐사하고 평가했다. 그의 비평은 이탈리아 국민의 문화적 정체성 형성에 중요한 기여를 했다.
23 조반니 젠틸레Giovanni Gentile(1875~1944)는 철학자이자 교육자, 정치인으로, 칸트와 헤겔의 영향 아래 주체는 자유로운 의지와 실천을 통해 자신을 창조한다는 행동적 이상주의를 설파했다. 1933년 8월 6일자의《콰드리비오*Quadrivio*》지에 "데 상티스로 돌아가자!Torniamo a De Sanctis!"라는 제목의 기사를 실으면서, 데 상티스의 문학 비평을 다시 논의하자는 움직임을 촉발시킨다. 이에 당시 감옥에 갇혀 있던 그람시는 "데 상티스로의 복귀" 선언에 대한 생각을 메모로 남긴다. 1950년대에《옥중수고》가 출판되면서 그람시의 데 상티스 해석은 네오리얼리즘 영화, 좌익 참여 문화의 조직화, 마르크스주의에 의한 크로체의 관념론적 전통의 전복, 지식인의 임무와

문학의 역할 등에 관한 확고한 지침을 주었다.
24 진실주의verismo는 19세기 프랑스 자연주의의 영향을 받아 이탈리아에서 자라난 사실주의 문학 흐름을 가리키는 용어다. 몰개성성의 원리에 입각하여 작가의 주관적 관점을 배제하고 철저한 사실적 재현을 목표로 했다. 지방어를 그대로 살리는 등, 문학 언어의 심미성보다 도덕적 가치를 중시했다. 역사적으로 낭만주의와 퇴폐주의 사이에서 단명했지만, 문학의 사회적 역할과 과제라는 영원한 화두를 던지는 문학 흐름이다.
25 작가들이 구체적 사례 제시나 세부적 고찰 없이 생산과 노동을 국가 권력과 관련된 일반적이고 추상적인 차원에서 다룬다는 뜻이다.
26 그람시는 '민속'이라는 용어를 지배 계급의 세계관과 헤게모니의 뜻을 담아 사용한다. 그런 면에서 '민속'은 국민-대중과 대치하고, 보편성을 결여한 배타적, 시대착오적인, 지방적인 가치관을 행사하는 문화 형태다. 제5장 참조.
27 조반니 베르가Giovanni Verga(1840~1922)는 19세기 이탈리아 진실주의Verismo를 대표하는 작가였다. 베르가는 낭만주의의 비현실적 이상 추구를 비판하고, 현실과 대상의 핍진한 재현을 목표로 하는 문학적 자세와 방법을 확립하고자 했다. 대표작《말라볼리아가의 사람들》에서 운명적 몰락을 겪는 시칠리아 어민 가족을 사실적으로 묘사했다.
28 이탈리아 진실주의가 다른 나라들의 사실주의 경향들과 다르게, 이탈리아 고유의 지역 문제와 국가 통일 문제를 더 중요한 주제로 삼았음을 강조한다.
29 이에 대해서는 98쪽 '브레시아니 신부의 졸개들' 항목을 참조하자.
30 브레시아니즘 작가들이 보여주는 반민주주의적 태도는 국민-대중 운동에 거스르는 형태로 나타났을 뿐, 일관된 정치적 이념이나 철학

이 전혀 없었다. 이러한 태도는 중세의 봉건적, 계층적 사고방식에서 비롯되었다. 그들이 기득권 계층을 옹호하면서 국민-대중적 운동을 거부하는 이유는 그저 사회경제적 특권을 유지하려는 것일 뿐이었다.

31 루이지 피란델로Luigi Pirandello(1867~1936)는 시칠리아에서 성장했다. 처음에 소설가로 출발하여 극작가로 명성을 날렸다. 실존주의 경향의 작품에서 자아와 정체성, 현실과 환상을 탐사하고, 인간의 갈등과 사회적 모순을 파헤쳤다. 희곡《작가를 찾는 6인의 등장인물》에서 무대의 안팎 경계를 허물면서 실존의 여러 양상을 펼쳤고, 소설《고 마티아 파스칼》에서 자아의 변형과 삶의 복잡성, 사회적 규범의 문제를 다뤘다.

32 조수에 카르두치Giosuè Carducci(1835~1907)는 시인이자 문학비평가로, 특히 고전주의와 낭만주의를 결합한 독특한 방식과 내용의 창작을 추구했다. 고전과 근대, 개인과 사회, 주체와 객체, 국민국가와 보편적 인간 등의 이항대립을 종합하는 흐름을 엿볼 수 있다. 민족주의와 국가적 자부심을 고취하는 경향을 보였다.

33 작가가 작품에서 재미를 장착하고 그에 따라 의도한 대로 작품의 판매가 이어지는 것이 아니라, 출판 산업이 재미를 기획하고 전파하여 재생산함으로써 대중적 관심을 불러일으키고 상업적 성공으로 이어진다는 뜻이다.

34 피에로 레보라Piero Rebora(1900~1967)는 사회와 철학의 주제를 담은 시와 비평을 썼다. 초기에 초현실주의와 표현주의의 영향을 받아 기존 문학 형식을 깨고 실험적 접근을 시도했다. 이후 고전적 형식과 현대적 주제를 종교적, 철학적, 사회적 차원에서 연결하는 쪽으로 나아갔다.

35 일부 사람들은 현대 이탈리아 책이 담고 있는 저속하고 혐오스러운

내용에 대해 수치와 혐오감을 느끼는 것이 정상인데, 그런 수치심과 혐오감을 청교도주의라고 비하하고 만다. 사실은 '좋은 취향'을 추구해야 하는 과제라는 인식이 필요하다는 뜻이다.

36 시적 아우라는 예술가가 자신을 표현하고, 그 표현이 특정 문화에서 받아들여지는 과정이 일정 부분 완성된 뒤에 나타나는 예술적 특질을 말한다. 그람시는 예술은 한 번에 창조되지 않으며, 예술가들의 작품이 어떤 문화 흐름에서 의미와 가치를 찾고, 그 결과로 아우라가 형성된다는 점을 강조한다.

37 유진 퓰로프-밀러Eugene Fülöp-Miller(1885~1971)는 헝가리 출신 문학 이론가였다.《르네상스의 철학》에서 문학과 예술을 정치 및 교육 이념과 결합시켜 논의했다.

38 예수회 아카데미는 17세기 이탈리아에서 예수회가 운영한 시학(詩學) 아카데미를 가리킨다. 문학을 규격화하고, 특정한 도덕과 종교 가치에 따라 작품을 창작하게 하는 데 초점을 맞췄다. 그람시는 예수회 아카데미가 예술의 자유를 억압하고, 예술을 형식적이고 기계적인 작업으로 변질시켰다고 비판한다. 예술은 정해진 규범을 따르는 것이 아니라, 시대와 사회를 반영하며 끊임없이 변화하고 발전해야 한다.

39 그람시는 크로체가 문학과 예술을 이해하는 방식을 비판한다. 그람시는 문학과 예술의 기법을 배우지 않은 이들도 창작 능력이 있음을 강조한다. 문학과 예술의 교육은 단순히 상류층이나 특정 계층만의 특권이 아니다. 다양한 사회적 계층도 문학과 예술의 감각을 발전시킬 수 있다.

40 그람시는 크로체가 말하는 예술과 문화의 혁명적 잠재력을 인정하지만, 그것이 실제 사회 변화의 도구로 기능하려면 철학적 추상에 그치지 않고 실천적 혁명과 결합되어야 한다고 본다. 크로체는 예술

이 새로운 인간의 내적 형성을 통해 발전한다고 하는데, 그람시는 이런 주장이 사회 정치의 변화와 관계를 제쳐둔 채 예술의 가능성을 축소한다고 지적한다. 예술이 어떻게 해서 사회 실천과 혁명 활동과 같은 '남성적 요소'와 결합하여 변화를 일으키는지에 대해 더 구체적인 논의가 필요하다는 것이다.

41 자신의 입장과 의도를 떳떳하게 밝히지 않고 예술의 장식적 기능 뒤로 몸을 사리는 예술가의 태도를 비판하고 있다.

42 특정 예술 작품이 정치적 의도를 반영한다고 해서 예술적 실패인 것은 아니다. 그러나 정치 메시지를 단순히 전달하는 것이 아니라, 예술로서의 진정성과 형식을 유지해야 한다. 정치적 압력에서 나온 '인위적인 예술'은 진정한 예술이 될 수 없다.

43 이탈리아 문학의 독특한 특성(예: 고유한 문학적 특성이나 스타일)이 대중성과 상충된다는 점을 강조한다. 이 문학이 가진 원래의 특징과 독창성이 대중성과는 맞지 않아서, 유럽의 다른 유명한 문학처럼 널리 대중적 인기를 끌 수 없다는 비판적인 의견을 나타낸다.

44 파올로 폰테나이Paolo Fontenay는 20세기 초반에 활동한 작가이자 비평가, 역사학자였다.

45 문학이 대중을 교육하는 기능과 역할을 갖추기 위해서는 우선 대중으로 향하고 대중 안으로 들어가야 한다. 그렇지 않은 문학이 교육을 강조할 때 대중에게서 멀어지고 교육의 기능과 역할은 축소된다. 146쪽 '브렌나의 대중 문학' 항목을 참조하자.

46 조반니 안살도Giovanni Ansaldo(1895~1969)는 저널리스트로 활동하며, 제노바에서 간행된 《라보로Lavoro》의 부편집장을 지냈다. 파시즘 이후에는 리보르노의 일간지 《텔레그라포Telegrafo》와 나폴리의 《마티노Mattino》의 편집장을 지냈다.

47 《라스탐파》에 실린 연재 소설들은 수위나 3등 관람석에 앉는 사람

들이 지닌 세속적 취향에 따라 거의 의무처럼 알아야 하는 정보라는 의미다.

48 현실의 맥락보다는 이론의 체계에 매달리는 경향을 이른다.

49 안니발 카로Annibal Caro(1507~1566)와 이폴리토 핀데몬테Ippolito Pindemonte (1753~1828)는 시인이자 극작가로, 이탈리아 문학 언어에 대한 오랜 논쟁사에서 화려한 문체로 한 획을 그은 작가들이다.

50 카스트 전통에 매인 이탈리아 지식인들은 일상의 현실과 실천에 기반을 두는 대신에 이론과 학문에 매여 추상적으로 접근하기 때문에 국민이나 대중과 함께 호흡하지 못한다는 뜻이다.

51 움베르토 프라키아Umberto Fracchia(1889~1930)는 작가이자 철학자로서, 권력, 국가, 사회 구조와 관련하여 전통적 정치 이론과 사회 이론에 대한 비판과 대안을 제시하는 글을 썼다. 《위기의 민주주의La democrazia in crisi》, 《20세기의 정치사상Il pensiero politico del '900》 같은 책을 남겼다.

52 우고 오예티Ugo Ojetti(1871~1946)는 1926~1927년에 《코리에레 델라 세라Corriere della Sera》의 편집장을 지냈으며, 1922년에는 《페가소Pègaso》를, 1923년에는 《판Pan》을 창간했다. 또한 자서전적 에세이 《보여진 것들Cose viste》을 출판했다. 오예티는 대표적인 부르주아 작가로서 파시즘의 보수적인 문화적 경향을 주도했으며, 그런 점에서 당대의 젊은 작가들에 의해 배척당했다.

53 현재 활동하는 이탈리아 작가가 쓴 소설을 가리킨다.

54 이 내용은 1929년 8월 내무부 차관이었던 미켈레 비앙키Michele Bianchi가 출판계에 돌린 회람에서 나온 듯하다. 그는 고리키, 고골리, 도스토예프스키, 톨스토이, 투르게네프 등 러시아 작가들의 작품 판매를 금하는 공안법 때문에 출판업자와 서적상에게 내려진 과도한 규제 조치를 없애려고 했다.

55 카미유 플라마리옹Camille Flammarion(1842~1925)은 대중적인 과학서를 낸 프랑스 작가다.
56 여기서 '토착적'이란 역사적으로 이탈리아 정체성을 지탱해온, 이탈리아 고유의 맥락을 가리킨다.
57 1860년에 종결된, 리소르지멘토라 불리는 이탈리아 통일 독립 운동을 뜻한다. 이 운동은 외형적으로는 이탈리아의 건국과 함께 결실을 맺었지만, 이탈리아 내부의 복잡한 문제들을 아우르면서 진정한 독립통일국가를 건설하는 데에는 한계가 있었다. 그래서 그람시는 이탈리아 리소르지멘토를 미완의 혁명이라 부른다.
58 언어의 통일이 국가와 국민, 대중의 지적 정체성을 받쳐준다기보다 그 반대라고 말하고 있다. 즉 국가, 국민-대중의 지적 정체성이 확립될 때 언어의 통일도 가능해진다는 뜻이다. 언어의 통일이 국민 통일을 위한 필수 요소가 아니라는 주장은 만초니의 경우를 살펴볼 때 의미가 선명해진다. 만초니의 대표작 《약혼자들》은 17세기 초반 스페인의 지배를 받던 밀라노 공국을 배경으로 렌초와 루치아라는 가난한 두 약혼자가 외세와 결탁한 기득권 계층의 억압에 저항하는 과정을 그린 소설이다. 역사적 배경 위에서 허구를 적절히 섞은 이른바 역사 소설의 전형이다. 국민 문학이라 불리면서 19세기 이탈리아 리소르지멘토를 정신적, 정서적으로 받쳐준 작품이다. 그러나 그람시는 《약혼자들》 깊숙이 자리한 '카스트' 성향을 간파하고, 그것이 이탈리아의 국민과 대중의 온전한 탄생을 막는 요인으로 작동했다고 분석한다. 《약혼자들》이 문학 작품으로서 이뤄낸 뛰어난 언어적 성취가 그런 부정적 효과에 가려 빛을 발하지 못한다는 것이 그람시의 생각이다. 이러한 생각은 '데 상티스로의 복귀'를 표방하는 비평 작업에서 요점들 가운데 하나로 표출되었다.
59 피에르 장 베랑제Pierre-Jean Béranger(1780~1857)는 파리 빈민가 출

신의 대중 가요 작가이자 시인으로, 가벼운 분위기의 시를 썼다. 왕정 복고 사회를 풍자하는 글로 엄청난 대중적 인기를 얻었다.

60 조반니 궤라치Giovanni Guerrazzi는 현대 이탈리아 문화와 문학을 사회적으로 분석했고, 특히 대중 문학과 관련하여 문학 주제를 사회적 맥락과 연관 지어 연구했다.

61 카롤리나 인베르니치오Carolina Invernizio(1851~1916)는 150여 편의 소설로 19세기 후반 내내 엄청난 대중적 성공을 거둔 작가였다. 감각적인 애정물을 주로 썼고 때로 괴기 공포물을 발표했으나, 그람시를 비롯한 비평가들은 후한 평가를 내리지 않았다.

62 퐁송 뒤 테라유Ponson du Terrail(1829~1901)는 19세기 프랑스 탐정 모험 소설 장르에 혁혁하게 기여한 작가였다. 로캉볼Rocambole이라는 주인공이 등장하는 시리즈로 널리 알려졌으며, 이른바 '펄프' 또는 모험 장르의 선구자로 인정된다. 로캉볼은 형사로 변장하기도 하는, 재주가 뛰어나고 허풍스러운 범죄자다. 모리스 르블랑의 아르센 루팡에 영향을 주었다. 113쪽 '범죄 소설에 대하여' 항목을 참조하자.

63 자비에르 드 몽테팽Xavier de Montépin(1823~1902)은 프랑스를 대표하는 대중 작가로, 연재 소설을 주로 썼다. 베스트셀러 《빵 배달하는 여자La Porteuse de pain》는 연극, 영화, 텔레비전에서 여러 번 각색되었다. 표절과 외설 내용으로 물의를 일으켜 벌금형을 받기도 했다.

64 프란체스코 마스트리아니Francesco Mastriani(1819~1891)는 연재 소설로 대중적 인기를 얻었다. 나폴리 등 이탈리아 남부 하층민들을 주인공으로 하여 사회 의식과 함께 위안과 정감을 주는 줄거리로 주목을 받았다. 《소렌토의 눈먼 여인La cieca di Sorrento》(1852)는 19세기 이탈리아에서 가장 많이 팔린 소설이다.

65 오월회(伍月會)I Maggi는 중부 이탈리아에서 열렸던 전통적인 오월 축제였다. 농민들은 성경과 기사 문학, 역사 속의 인물들을 대중적 이야기로 엮어서 깽깽이를 연주하며 노래로 불렀다.

66 피아 데이 톨로메이Pia dei Tolomei는 단테의 《신곡*Ladivina Commedia*》의 [연옥] 제5곡에서 아주 잠깐 등장하여 강렬한 인상을 남긴다. 단테는 죽을 때에야 가까스로 회개한 세 영혼을 만나는데 톨로메이는 그중 마지막 영혼이다. 그녀는 마렘마 출신의 넬로라는 사람과 결혼했으나 넬로에게 살해당했다고 전해지기도 하고 자살했다고도 한다.

67 여기서 "세속인들"은 세속 문학에 종사하는 작가들을 가리킨다. 바로 이어 거론되는 "가톨릭 교도들"이 가톨릭 문학 작가 또는 종교 주제의 문학 작가들을 가리키는 것과 대비된다.

68 잔프란코 마사야Gianfranco Massaja는 대중 문학이 사회의 가치와 문제를 어떻게 반영하는가 하는 문제에 초점을 맞추며 사회와 정치 현상을 분석하는 글을 발표했다. 19세기 말에 선교사로 에티오피아(당시에는 아비시니아라 불렸다)에 파견되어 쌓은 경험을 토대로 그곳의 역사와 문화에 관한 글을 남기기도 했다.

69 우고 미오니Ugo Mioni(1870~1935)는 청소년과 대중 취향의 모험 소설을 썼고, 문학 연구자로서 이탈리아와 유럽의 문학과 역사를 사회적 맥락에서 접근하는 비평서를 냈다.

70 루카 세키Luca Secchi는 에티오피아에서 활동한 이탈리아의 신부이자 역사학자, 선교사였다. 에티오피아와 이탈리아의 역사적, 문화적 연관을 연구했다.

71 알베르트 티보데Albert Thibaudet(1874~1936)는 프랑스 문학비평가로서, 베르그송의 제자였다. 발자크, 플로베르, 몽테뉴를 주로 비평했다.

72 조아키노 볼페Gioacchino Volpe(1876~1971)는 역사학자이자 정치가였다. 역사와 문학을 연결하는 연구서를 남겼다. 무솔리니 치하 로마대 교수로 재직하면서 쓴 저작들에서 이탈리아 역사를 파시즘으로 귀결되는 발전 과정으로 묘사했다.

73 주제페 쥬스티Giuseppe Giusti(1809~1850)는 19세기 이탈리아 시인으로, 영웅들의 무용담이나 행동을 비판하고 풍자했다. 위 구절은 쥬스티의 시 〈시인과 안락의자의 영웅들Il poeta e gli eroi da poltrona〉에 나온다. '시인'과 '영웅들'의 문답 형식으로, 리소르지멘토 당시 미래만 떠올릴 뿐 현재 실천이 없는 지도자들의 안이한 태도를 비판한다. 프라키아는 볼페가 쥬스티의 구절을 너무 진지하게 해석하여 풍자의 요소를 놓쳤다고 본다. 프라키아는 이탈리아 작가들이 뭔가를 하는 듯하지만 정작 실질적 행동도, 결과도 없다는 비판에서는 뜻을 같이하지만, 볼페의 이론적, 학구적으로 편향된 태도는 현재 이탈리아 문학이 당면한 현실과 문제에 실질적으로 대처하는 데 부족하다고 생각한다.

74 프라키아는 문학이 실질적으로 국가적 현실과 대중의 삶에 맞춰야 한다는 입장에서, 출판사들의 과도한 보호주의적 태도가 문학의 진정한 발전을 방해한다고 생각한다.

75 에리히 마리아 레마르크Erich Maria Remarque(1898~1970)는 독일 반전 문학의 대표자로, 《서부전선 이상없다》와 《사랑할 때와 죽을 때》와 같은 소설을 통해 전쟁의 참상과 인간성의 붕괴를 섬세하고도 강렬한 언어로 묘사했다.

76 여기서 '반만 그렸다'는 비유는 서양 화풍에서는 전통적으로 사람의 얼굴을 전체적으로 그리지만, 다른 문화에서는 그런 방식의 표현이 불완전하게 느껴질 수 있다는 것을 의미한다. 예술적 언어의 차이는 단순히 기술이 아니라, 문화와 사회의 맥락에서 이해하고 해석

하는 데서 나온다는 것이다.

77 다른 예술 언어들, 즉 그림, 음악, 조각 등의 언어가 문학 언어와는 다른 방식으로 발전하는 현상을 가리킨다. 문학 언어와 달리 다른 예술적 언어들은 과거의 표현 방식이나 기법들을 지속적으로 유지하고 발전시키며, 또한 국제적이고 엘리트 중심의 언어로 발전해나간다.

78 즉, 미적 취향은 본능적이고 자연스러운 감각이 아니라 역사와 사회의 맥락 속에서 이루어진다는 뜻이다.

79 주제페 프레촐리니Giuseppe Prezzolini(1882~1982)는 문학 비평가이자 저널리스트로, 국민과 국가의 가치를 소중히 여기는 시각의 소유자였다. 1908년《라보체》를 창간하여 매우 영향력이 큰 저널로 성장시켰다. 1929년 미국으로 이주하여 컬럼비아대에서 가르쳤다. 프레촐리니의 에세이《미 파레...》는 1925년에 피우메에 있는 델타 출판사에서 나왔다. "미 파레..."는 '내가 볼 때는 …인 것 같아' 라는 뜻이다.

80 리소르지멘토와 함께 "이탈리아"가 존재하게 되었고, 그에 따라 이탈리아어를 어떻게 수립할 것인가 하는 문제가 제기되었다. 국민 작가라 불렸던 만초니는 토스카나어를 이탈리아 국어로 주장하면서, 이탈리아 정부는 토스카나 지방의 초등학교 교사들을 전국에 보내 토스카나어를 가르쳐 모든 방언을 대체해야 한다고 주장한다. 만초니의 주장은 1861년 직후 통일 이탈리아의 학교 제도에 상당한 영향을 미쳤다. 그러나 나라 전체에 파견된 토스카나 교사들은 멀리 떨어진 지방에 도착하고 얼마 안 가서 교실과 학생을 버리고 떠나버리는 일이 비일비재했다. 계획의 실패는 구상이 추상적이고 인위적이기 때문이었다. 그람시는 이렇게 말한다. "한 국가의 언어는 국가가 인위적으로 만들 수 없다. 이탈리아어는 스스로 만들어지는 것

이고, 그 과정은 국민들 사이의 수많은 지속적인 접촉으로 이루어진다."(Gramsci, "La lingua unica e l'esperanto") 그람시에게 언어의 역사는 사회적, 정치적 형성체들의 역사다. 이탈리아 언어 상황의 특징은 무수히 많은 방언으로 갈려 있는 대중 언어와, 하나로 통일되어 있는 교양 언어 사이에 간극이 넓게 자리한다는 사실이다. 이는 곧 지식인과 대중, 지식인과 사회 사이의 간극이다. 그람시는 언어의 문제를 문화적 헤게모니를 다시 세우는 문제로 간주한다.

81 원어 'mandarinismo'는 중국 고위 지식인이나 관료들이 사용하는 고전 언어 스타일을 가리킨다.

82 라틴어를 부활시킨 인문주의 르네상스는 단테가 속어에 대해 견지했고 당시 지식인과 작가들이 호응하여 이뤄낸 문학과 문화의 새로운 성취를 묻어버렸다. 이런 맥락에서 속어가 국민-대중의 토양을 일군 만큼이나, 인문주의 르네상스는 역사를 후퇴시키는 움직임으로 볼 수 있다. 그러나 문화 발전의 표현으로서는 진보적이라는 그람시의 관찰에서 단테의 속어가 인문주의 르네상스의 물결을 타고 이탈리아 국민-대중의 정체성 형성으로 나아갔다는 해석도 가능하다.

83 레오 페레로Leo Ferrero(1903~1933)는 작가이자 저널리스트로 활동했다. 이른 나이부터 이탈리아와 프랑스의 잡지에 글을 기고했다. 파시즘을 피해 망명했고, 1928년부터 유럽과 미국에서 프랑스의 여러 언론사의 주재원으로 활동했다.

84 이는 헤게모니를 주도하거나 조절하는 소수 무리를 가리키는 것으로 보인다.

85 그람시의 요지는 다음과 같이 정리할 수 있다. 문학은 예술적 표현이자 사회역사적 현실의 반영이다. 이 둘을 충족시키지 못할 때 연재 문학이 유행된다. 언제 문학은 대중 취향에 따라 쉽게 소비되는

문학으로, "퇴화된 형태"의 문화의 일종이다. 그러나 그렇다 할지라도 사람들에게 강한 영향을 미친다는 사실은 부정하기 힘들다. 그렇기에 연재 문학의 문화적 역할을 인정해야 한다.

86 에밀-쥘 리슈부르Émile-Jules Richebourg(1833~1898)는 《라 르뷔 프랑세즈La Revue Française》와 《르 프티 주르날Le Petit Journal》에 감성적인 대중 소설을 연재한 프랑스 작가다.

87 피에르 드쿠르셀Pierre Decourcelle(1856~1926)은 연재 속편의 기법을 발전시킨 프랑스 작가다. 속편이란 이미 만들어진 책의 뒷이야기를 뜻한다.

88 르코크Lecoq는 에밀 가보리오Émile Gaboriau(1832~1873)가, 로캉볼Rocambole은 테라유가, 셜록 홈스는 코넌 도일(1859~1930)이, 아르센 뤼팽은 모리스 르블랑Maurice Leblanc(1864~1941)이 창안한 캐릭터들이다.

89 앤 래드클리프Ann Radcliffe(1764~1823)는 영국의 대표적인 고딕 소설 작가다.

90 루이-앙리 부스나르Louis-Henri Boussenard(1847~1910)는 프랑스 대중 작가로, 다수의 모험 소설을 썼다.

91 조르주 상드George Sand(1804~1876)는 프랑스 소설가이자 저널리스트로, 여성의 권리와 사회 문제를 자유로운 사고와 감성적 표현으로 전달했다. 여자면서 남자 복장을 즐기고 남성 이름을 사용하면서 여성의 독립과 자아를 고취하고자 했다. 프랑스 혁명을 열렬히 지지했다.

92 생활 소설은 독자의 정서적 공감을 이끌어내는 문학 장르다. 일상 현실에서 흔히 마주치는 인간과 문제를 다룬다. 인물의 내면 심리와 인간 관계의 복잡한 양상에 초점을 맞추고, 간결한 줄거리와 친근한 언어 및 표현이 특징이다.

93 마리노 마추켈리Marino Mazzucchelli는 급진적 자코뱅당의 지도자로 프랑스 혁명의 주요 인물인 로베스피에르에 대한 소설을 썼다.

94 체사레 자르디니Cesare Giardini(1893~1970)는 번역가, 작가, 역사학자, 저널리스트로 활동했다. 대중 잡지에 활발하게 기고했고, 미국 작가 프랜시스 피츠제럴드Francis Scott Fitzgerald의 《위대한 개츠비》를 번역 소개했다. 몬다도리 출판사의 "탐정소설 시리즈"를 기획했고, 나폴레옹 혁명기에 초점을 맞춘 프랑스 역사물로 인기를 얻었다.

95 에우카르디오 모밀리아노Eucardio Momigliano(1888~1970)는 저널리스트이자 정치가, 역사가였다. 영국의 공화주의자 크롬웰과 영국 왕 헨리 8세의 두 번째 왕비이자 엘리자베스 1세의 어머니인 앤 불린Ann Boleyn에 대한 소설을 썼다.

96 마사니엘로Masaniello라는 별칭으로 널리 알려진 톰마소 아니엘로Tommaso Aniello(1620~1647)는 1647년 나폴리에서 스페인에 저항하는 운동을 주도했다. 폭동이 진압된 후 배신을 당하고 처형되었다. 피지배층 사이에서 폭넓고 강력한 리더십을 발휘하여 저항의 상징이 되었고, 수많은 작가와 예술가들에게 억압에 맞서는 불굴의 인물의 영감을 제공했다. 미켈레 디 란도Michele di Lando(1343~1401)는 1378년 피렌체에서 반란을 일으켰고, 콜라 디 리엔초Cola di Rienzo(1313~1354)는 1347년 치움피의 반란을 주도했다. 이들 역시 대중적 저항 운동의 지도자들이다.

97 《몬차의 수녀Monaca di Monza》는 조반니 로시노Giovanni Rosino(1776~1855)의 소설이다. 정식 제목은 '몬차의 수녀. 18세기의 역사Monaca di Monza. Storia del secolo XVII'다. 1829년에 출판되었고 19세기에 계속해서 중판이 나왔다. 만초니의 《약혼자들》에 나오는 제르트루데의 이야기를 계속 이어나긴 내용으로, 대중에게 큰 인기

를 얻었다. 소설의 배경은 17세기 이탈리아, 제르트루데는 한 귀족 가문에서 태어났다. 이 가문에는 장남만 재산과 가업을 상속하고 나머지 자식들은 어머니 뱃속에서부터 수녀나 수사가 되는 전통이 있었다. 당시 수녀원이나 수도원은 귀족 자제들을 교육시키는 기관이었다. 가문의 영향력 내에 있는 수녀원으로 보내진 제르트루데는 다른 귀족 자제들보다 더 높은 대우를 받으며 교육받았다. 그런데 다른 자제들이 교육을 마치고 귀가하여 결혼을 하는 데 반해 제르트루데는 가문의 전통에 따라 수녀가 되어 평생을 신앙으로 살겠다는 서원을 해야 했다. 그런 상황에서 집에 잠시 들른 제르트루데는 어떤 하인과 눈이 맞고 이를 아버지가 알게 된다. 아버지의 분노를 두려워한 제르트루데는 속으로는 거부하지만 가문의 뜻에 따라서 자신을 속이고 수녀가 되겠다는 맹세를 보여줘야 한다. 그러면서 아버지를 증오하고 신세를 한탄한다. 평생을 수녀원에서 보내면서 세속적 욕망을 억누르는 인물이다. 《약혼자들》의 주인공인 루치아가 속세인이면서 순결하고 절대적인 신앙으로 뭉쳐 있는 모습과 대조적으로 그려진다.

98 다리오 니코데미Dario Niccodemi(1874~1934)는 소설가이자 극작가였다. 현실과 비현실을 넘나드는 서사를 통해 인간 내면과 감정을 효과적으로 전달하고, 인간 존재와 사회적 관계를 통찰하는 작품을 발표했다.

99 일반 대중이 생각하고 인정하며 공유하는 세계관과 가치 체계를 뜻한다.

100 그람시는 《아반티Avanti》에 기고한 연극 칼럼에서 니코데미의 연극 두 편의 리뷰를 남겼다.

101 조바키노 포르차노Giovacchino Forzano(1884~1970)는 수많은 대중적 희곡을 썼고, 푸치니의 단막 희극 오페라 〈잔니 스키키〉 등 이탈리

아 주요 작곡가들의 오페라 상연을 위한 대본 작업에 참가했다.

102 파올로 자코메티Paolo Giacometti(1816~1882)의 연극 〈시민의 죽음 La Morte Civile〉은 1861년에 초연되었다.

103 극의 구조와 전개, 인물들의 대화, 장면 전환, 무대 장치 등 극적 효과를 높이기 위한 극작법을 뜻한다. 극작의 이론과 원칙의 탐구, 연극 공연의 전반적 설계와 실행까지 포함하는 개념이다.

104 헨리크 입센Henrik Ibsen(1828~1906)은 사회의 부조리한 도덕적 가치를 들춰내고 고발하는 희곡으로 국제적 명성을 떨친 노르웨이 극작가이자 연극 연출가였다. 현대극의 아버지로 불리는 그의 작품들은 《인형의 집》과 《유령》을 위시하여 셰익스피어 다음으로 세계에서 가장 자주 무대에 오른다.

105 그람시가 '이념극teatro d'idee'이라 부르는 것은 바로 앞서 언급한 "대중적 이념"을 담고 표방하는 연극을 가리킨다. 전통적인 관습에 얽매인 인간 내면의 욕망을 새로운 지적, 정서적 단계에서 인정하고 표현한다. 여기서 "진보적 카타르시스"는 그람시에게 특별한 의미를 지니는 것 같다. 즉 자기 중심적이고 정열적인 단계에서 윤리적·정치적 단계로 나아가는 것을 말한다. 이는 하부 구조가 인간 정신의 상부 구조 안에서 우수하게 발전하고 일구어지는 것을 뜻한다. 따라서 비극과 관련한 아리스토텔레스의 카타르시스의 일반적 의미는 그람시의 논지와 별 관계가 없다.

106 안젤로 가티Angelo Gatti(1875~1948)는 소설가이자 사회평론가였다. 사회 구성원의 적극적인 현실 참여와 변혁을 주장했다.

107 프란체스코 귀차르디니Francesco Guicciardini(1483~1540)는 르네상스 시대 피렌체의 역사가이자 정치인이었다. 마키아벨리와 더불어 역사학 발전의 중요 인물로 꼽힌다. 대표작 《이탈리아사La Historia d'Italia》는 당대를 사는 사람들과 사건들의 사실적 기록과 분석으로

역사학 서술의 새로운 방향을 제시했다. 그람시가 언급하는 《정치와 시민의 회고》는 정치, 사회, 윤리, 종교 주제의 220개 아포리즘으로 구성된 문학 작품이다.

108 '갈라테오'는 예의 또는 에티켓이라는 뜻으로, 사회의 특정 집단, 특히 지배 계급에 기대하는 행동과 자세의 규범을 가리킨다. 이 용어는 갈레아초 플로리몬테Galeazzo Florimonte가 쓴 《갈라테오 또는 습관에 대하여Galateo overo de' costumi》(1558)에서 유래했다.

109 가스파레 고치Gaspare Gozzi(1713~1786)는 베네치아의 비평가이자 극작가였다. 사회적 풍자, 정치적 메시지, 교육적 가치를 담은 희곡을 발표했고, 인간의 윤리적 자세를 역설하는 계몽주의 경향의 글을 남겼다. 그람시가 고치를 "하위 작가"라 부른 이유는 고치가 사회 윤리를 말한다 하더라도 《달나라Il mondo della luna》와 같은 작품에서 지배 계급의 질서와 이념을 대변한다고 보았기 때문일 것이다.

110 다니엘레 바레Daniele Varé(1880~1956)는 이탈리아 외교관이자 저술가였다. 1927년부터 4년간 중국에서 근무한 경험을 영어로 써서 여러 권으로 출간했다. 1940년대 이후에 이탈리아어로 다시 출간했으니, 그람시는 바레의 책을 읽지는 못했을 것이다.

111 에마뉘엘 베를Emmanuel Berl(1892~1976)은 프랑스의 저널리스트이자 역사학자였다. 그가 1929년에 출간한 《부르주아 사상의 죽음》이라는 책을 감옥에 있는 탓에 읽을 수 없었던 그람시는 1929년 10월 12일자 《누벨 리테레르Les Nouvelles Littéraires》에 실린 베를 자신의 기고문을 통해서 접했다. 지식인 논쟁으로 시작하는 이 책은 문학이 정치적 현실에 더 열려 있어야 한다고 호소하는 주장으로 끝을 맺는다. 지식인의 오류는 정치에 오염됐다는 데 있는 것이 아니라 부르주아 순응주의나 무정부주의적 혁명론(초현실주의)을 받아들이면서 정치적 진실을 지적인 것으로 만들었다는 데 있다. 졸라가 논한

순응주의와 혁명의 대비가 이 책에서도 나타난다.

112 장 조레스Jean Jaurès(1859~1914)는 프랑스 개혁사회당의 당수였으며 《뤼마니테L'Humanité》를 창간했다. 《사회주의 역사Histoire Socialiste》라는 책에서 프랑스 혁명에 대한 네 개의 장을 썼다. 1차 세계대전이 일어나기 바로 전에 파리의 한 카페에서 암살당했다. 졸라는 그에 앞서 1902년에 죽었다.

113 피에르 앙프Pierre Hamp(1876~1962)는 근대 사회의 산업화 과정을 주제로 다룬 프랑스 소설가다.

114 빅토르 마르그리트Victor Margueritte(1867~1942)는 졸라의 자연주의 이론을 재평가한 프랑스 소설가다.

115 앙리 바르뷔스Henri Barbusse(1873~1935)는 프랑스 공산주의 정치가이자 작가로, 전시의 참호 생활을 묘사한 《포화》를 1916년에 출판했다.

116 문학이 대중으로부터 멀어져 특권 계급의 현상이 될 경우, 대중의 존재와 가치가 더 두드러지게 되고 결과적으로 대중의 정치적, 사회적 존재감을 더 크게 인식하게 된다는 논리다. 프랑스 문학에서 자유로운 삶을 추구하는 보헤미안 흐름인 형제애는 1848년 혁명 이후 졸라의 자연주의 문학에서 부활하면서 사회의 부조리와 소외된 목소리를 전달하는 통로가 되었다. 이로써 형제애는 대중의 사회적 연대를 뜻하게 된다.

117 장 게노Jean Guéhenno(1890~1978)는 프랑스 작가이자 비평가로, 양차 대전 중의 레지스탕스 경험을 일기 형식으로 쓴 《어두운 시절의 일지Journal des années noires 1940-1944》를 남겼다.

118 아마도 에마뉘엘 베를의 글을 인용한 듯한 위의 두 문단은 프랑스어로 표기되어 있다.

119 피에르 조제프 프루동Pierre-Joseph Proudhon(1809~1865)은 프랑스

의 사회주의와 무정부주의 이론가였다. 《재산이란 무엇인가?*Qu'est-ce que la propriéte?*》에서 "재산은 도둑이다"라는 유명한 문장으로 개인 소유를 기반으로 하는 자본주의 산업사회를 통렬하게 비판했다.

120 조반니 체나Giovanni Cena(1870~1917)는 빈민층 출신의 작가로, 《누오바 안톨로자*Nuova Antologia*》에 진실주의 경향의 글을 기고했다. 값싼 감정을 거부하고 거친 현실을 섬세하게 포착하고자 했다. 《가난한 사람들*La povera gente*》은 도시와 촌락의 빈민 계층의 삶을 핍진하게 묘사하는 대표작이다. 애인이자 작가인 시빌라 알레라모 Sibilla Aleramo와 함께 아그로 로마노의 임시직 문맹 노동자들을 위한 학교와 의료 기관을 설립하는 자선 프로젝트에 합류했다.

121 안젤로 첼리Angelo Celli(1857~1914)는 위생학자 출신의 정치가로 말라리아 퇴치에 기여했다. 간호사였던 부인 안나 첼리Anna Celli(1878~1958)와 함께 질병과 건강 문제에 사회적 맥락을 적용해야 한다고 주장하고, 아그로 로마노와 팔루디 폰티네에 여러 의학교를 세워 후진을 양성했다.

122 아르투로 그라프Arturo Graf(1848~1913)는 시인이자 비평가로 활동했다.

123 줄리오 데 프렌치Giulio De Frenzi는 소설가와 극작가로 활동한 루이지 페데르초니Luigi Federzoni(1878~1967)의 가명이다. 그람시가 예시한 소설은 1904년 볼로냐에서 출판되었다.

124 조반니 체나의 〈무엇을 할 것인가Che fare?〉는 20세기 초반 이탈리아가 직면한 사회 문제를 점검하는 중요한 글이었다. 지식인과 작가, 정치인들이 빈민 계급의 곤경에 더 적극 개입하고 국가의 사회경제적 문제의 실질적 해결을 모색하도록 촉구했다.

125 아리고 카유미Arrigo Cajumi(1899~1955)는 저널리스트이자 비평가,

작가로 활동했다.

126 줄 발레스Jules Vallès(1832~1885)는 무정부주의 프랑스 작가로, 파리 코뮌에 참가했다.

127 여기서 말하는 "코뮌주의자"는 1871년의 파리 혁명 정부의 지지자를 가리킨다.

128 에밀 졸라는 《사대복음서》라는 소설 시리즈에서 19세기 프랑스 사회를 자연주의적 관점에서 들여다보며 환경과 유전에 지배받는 인간 운명을 탐사했다. 에밀 졸라는 1898년 1월 《로로르L'Aurore》 신문에 〈나는 고발한다J'accuse〉라는 글을 발표하며 드레퓌스의 승리에 결정적으로 기여했다.

129 다니엘 알레비Daniel Halévy(1872~1962)는 프랑스 역사가였다. 드레퓌스의 무죄를 위해 적극 투쟁했다.

130 피에르 도미니크Pierre Dominique는 프랑스 역사학자로 프랑스 혁명과 나폴레옹 시대의 복잡한 정치적, 사회적 변화를 분석했다.

131 아나톨 프랑스Anatole France(1844~1924)는 프랑스 소설가이자 비평가로, 풍자와 사회적 비판을 담은 작품들을 발표했다.

132 로베르토 프람폴리니Roberto Prampolini(1895~1975)는 미래파를 대표하는 화가이자 이론가였다.

133 아우구스토 몬티Augusto Monti(1881~1966)는 작가이자 철학자로, 이탈리아 근대 철학과 문학의 관계를 천착하여 20세기 이탈리아 지성사에 중요한 기여를 했다. 대표작 《산소시: 교황 이야기Sanssossî: La storia di papà》는 교회의 위선과 사회적 모순을 비판적으로 묘사한다.

134 카르두치는 고전에 해박한 학자였고 고전에 대한 낭만적 동경을 주로 표현한 작가였고, 단눈치오도 고상한 기품과 우월한 정신을 시인의 고유한 자질로 여겼다. 그에 비해 도덕심과 애국심을 고

취하는 《쿠오레Cuore》의 작가 에두아르도 데 아미치스Eduardo De Amicis(1846~1908)와 사회와 정치 비평을 쓴 루이지 스테케티Luigi Stecchetti(1882~1960)는 대중 생활과 그 정서를 담은 작품들을 발표했다.

135 그람시는 민족주의와 사회주의를 결합하려는 체나의 기획에 데 아미치스식의 소부르주아 계급의 사회주의는 끼어들 여지가 없다고 본다. 그렇게 민족주의와 사회주의가 연합한 형태는 나름의 진정성을 유지한 채 1차 세계대전 후 여러 갈래로 발전하고 있는 중이다.

136 중세 서양인들은 여러 공동체에 속해 있었다. 공동체는 가족과 장원, 도시와 촌락 등 여러 형태를 이루었고, 그들은 공동체를 위한 의무와 책임, 도덕을 수행하는 가운데 사회를 유지하는 구성원으로서 역할을 적극 완수하고자 했다. 이러한 공동체 의식 위에서 코무네comune라는 이탈리아 특유의 사회 단위가 생겨났고, 14세기부터 16세기에 이르는 르네상스 시대에 최고로 발전되었다. 그람시는 코무네를 구성하는 집단을 대중으로 파악하고, 지배 계급의 일방적이고 배타적인 권력에 대한 대중의 저항 의식을 찾아내고자 한다.

137 이에 대해서는 바로 이어지는 항목을 참조하자.

138 '메스키노Meschino'에는 가난하고 불행한 사람이라는 뜻이 있다.

139 《메스키노라 불린 궤리노Guerino detto il Meschino》(일반적으로 《게리노》라고 알려져 있다)는 안드레아 다 바르베리노Andrea da Barberino(1370~1431)의 산문 로망스로, 모험과 기사도를 담고 있다. 안드레아 다 바르베리노는 《프랑스의 왕들의 생애Le vite dei re di Francia》도 썼다. 그람시는 이 책을 1927년 밀라노 감옥에서 읽었다고 한다.

140 에밀리오 라디우스Emilio Ràdius(1904~1988)를 말하는 것으로 짐작된다. 라디우스는 저널리스트이자 작가로 여러 일간지와 잡지에 기

고했다.

141 《궤리노》와 《새로운 삶》이 특정 구절이나 내용에서 동일한 것은 아니다. 다만 중세의 문화적 배경에서 《새로운 삶》이 《궤리노》에 끼친 영향은 생각해볼 수 있다. 《새로운 삶》을 지배하는 베아트리체를 향한 단테의 사랑이 기사도 전통을 시적 형식을 통해 그리스도교의 숭고한 사랑으로 변형시킨다고 본다면, 불행을 극복하는 궤리노의 모험이 그러한 발전적 전개 양상을 이어받는다고 할 수 있다는 주장이다. 라디우스의 주장은 문헌학적으로도, 비평적으로도 엉뚱하다.

142 아르고Argo는 필명일 가능성이 높으며, 누구인지는 구체적으로 확인되지 않는다.

143 폴 니장Paul Nizan(1905~1940)은 프랑스 작가이자 정치 비평가로, 파시즘의 위험성을 논평했다.

144 이 논쟁의 요점은 폴 니장의 글 〈프랑스의 혁명 문학〉[《라 르뷔 데 비방*La Revue des Vivants*》, 1932년 9~10월호. 다음 책에 다시 실렸다. 《새로운 문화를 위하여*Pour une nouvelle culture*》, (ed.) Susan Suleiman(Paris, 1971), 33~43쪽]이다. 니장은 1927년 프랑스 공산당에 가입했지만, 1939년 나치와 소비에트의 연합에 항의하며 탈당했다. 그의 명성은 1960년대에 사르트르 등에 의해 복권되었다.

145 아르고는 새로운 문학은 국민 사이에서 스스로 생장한다고 본다. 아르고의 눈에 새로운 문학에 대한 니장의 논점은 세계시민주의의 위험을 지닌다. 니장은 아마도 세계시민주의의 눈으로 포퓰리즘 성향의 프랑스 지식인들을 비판했던 것 같은데, 내용은 다시 점검할 필요가 있다. 새로운 문학은 국민 사이에서 나오기 때문이다. 그렇다면 국민의 맥락은 어떻게 고려해야 하는가. 이런 논지에서 그람시는 문학과 정치의 관계를 들여다본다.

146 마키아벨리式으로 말해, 정치가는 현실 속의 사람들을 '있는 그대

로' 보는 동시에 어떤 목표에 도달하기 위해 '되어야만 하는' 모습을 상상한다. 그리고 목표를 향해 나아가기 위해 현 상태에서 벗어나 움직이도록 유도한다. 그것이 정치가의 일이다. 목적에 자신을 순응시키는 일이다. 이에 반해 예술가는 개인의 어떤 순간, 어떤 상태를 '있는 그대로' 사실적으로 재현한다. 정치가가 보기에 그런 예술가는 시대의 역사적 흐름에서 뒤떨어진다. 시대와 역사 속의 실제 대중과 동행하지 못하기 때문이다. 여기까지 맞다. 그런데, 예술가 개인이 인지하고 재현하는 대중이 더 실제에 가까울 수 있다. 대중은 하나의 묶음처럼 획일적인 집단이 아니다. 대중 속에는 여러 층이 자리한다. 요즘 시대에도 천동설을 믿는 층들이 있을 수 있다는 말이다. 아직까지도 볼테르가 시대를 이끈다고 보는 사람들이 있고, 문학가들의 실천을 더 믿는 사람들도 있다. 요컨대 정치가가 현실의 사람들을 있는 그대로 포착하면서도 그들을 일정한 목표를 향해 유도한다는 면에서 목표 순응적이라 본다면, 예술가는 개인의 관점에서 현실의 사람들을 있는 그대로 포착하고 만다는 면에서 목표에 비순응하는 효과를 낸다고 할 수 있다. 대중 문학은 필연적으로 역사적이고 정치적이다. 대중 속으로 들어가는 작가 개인의 의식적 실천 속에서 우리 시대의 '순응주의자들'은 의도적인 순응을 펼친다. 의도적 순응을 통해서 현실의 사람들을 정확하게 재현하는 동시에 이끈다. 사실상 독자들이 작가를 그렇게 만든다. 작가는 바로 그 점을 의식해야 한다.

147 카를로 리나티Carlo Linati(1878~1949)는 여행 작가이며, 영국 문학을 번역 소개했다.

148 미래파의 선봉 마리네티는 혁신적이고 급진적이었지만 권위적인 학문 체계의 신봉자로 변질했고, 그가 내세운 미래는 이탈리아 전통을 기계적으로 반대하는 의미밖에 되지 않는다는 뜻이다.

149 '브레시아니Bresciani 신부의 졸개'는 그람시가 이탈리아 문학계를 비판할 때 쓰던 일종의 꼬리표다. 그람시는 감옥에서 매주 《이탈리아 레테라리아》를 받아 보았다. 이 잡지는 1925년에 프라키아Umberto Fracchia(1889~1930)에 의해 《피에라 레테라리아La Fiera Letteraria》로 창간되었는데, 1929년 4월에 '이탈리아 레테라리아'로 제호를 바꾸어 1936년까지 안졸레티의 주도 아래 간행되었다. 《라 보체La Voce》의 붕괴 이후 정치에서 문학으로 방향을 선회한 《이탈리아 레테라리아》는 지식인 계급의 역할이 국가의 정신적 지도자로 나서는 일이라는 목표를 분명히 제시했고, 피렌체 언론의 논쟁적 호전성을 거부했다. 그리고 예술의 권위와 자율성을 옹호하고 이념의 자유로운 교류를 장려했다. 또한 이 언론사는 규모가 작은 피렌체 언론들보다 엘리트 냄새를 덜 풍기고자 했다.

"브레시아니 신부"는 안토니오 브레시아니Antonio Bresciani(1798~1862)를 가리킨다. 예수회 신부로서 반낭만주의 경향의 역사 소설을 썼다. 데 상티스는 그의 소설 《베로나의 유대인L'ebreo di Verona》(1851)을 자유로운 영혼의 결여와 예술적 빈약함을 들어 혹평했다. 그람시는 데 상티스의 비평을 이어받아 국민-대중의 의식과 정서를 반영하지 못하는 이탈리아 문학의 전형적 흐름을 가리키는 용어로 '브레시아니의 졸개'라는 개념을 만들고, 크로체, 젠틸레, 파피니, 운가레티와 같이 도덕적으로 저열하고 시민의식이 부족한 순응주의적 지식인들을 포함시켰다.

150 오예티의 《보이는 것들》은 1921년부터 1943년까지 일간지 《코리에레 델라 세라Corriere della Sera》에 연재한 에세이를 묶은 책이다. 당대의 사회와 일상, 문화와 문학을 가까이서 세밀하게 관찰한 내용을 담고 있다.

151 고대 로마의 의미를 불러내기 위해 "떼만과 할 일 없음"을 라틴어로

써주는 것 같다. 태만otium은 노동에 종속되지 않는 상태를, "할 일 없음non negotium"은 실질 업무에서 벗어난 상태를 의미한다. 문인임을 자처하면서 보상을 바라고 연금 권리를 요구하면서 돈 걱정에서 벗어나 아무 경제 활동 없이 여행 다니고 공상에 빠지는 것이 문인 본연의 모습은 아니라는 주장이다. 고대 로마의 사회적 가치관과 철학적 맥락에서 "태만과 할 일 없음"은 단지 게으르고 일을 하지 않는 상태보다 정신적 자유와 창조적 작업을 수행하고 덕을 추구하는 상태, 사회와 경제, 정치 등의 실용적이고 생산적인 활동을 하지 않는 상태를 가리키는 말이지만, 그러한 자유도 아무 문인에게나 자동으로 주어지지 않는다는 것이다. 스토아 철학에서 태만의 자유와 활동의 생산의 균형을 중시했다. 그람시는 태만의 자유만 주장하는 문인의 태도를 비판하고 있다.

152 예를 들어 르네상스 군주들이 예술에 대한 애정이나 심미안 때문이 아니라 자신의 특권과 지위를 과시하기 위해 펼친 예술·문학·학문의 보호 장려 정책이나 사상을 가리키는 말이다. 요약하면 궁정의 자기 과시적인 예술 장려 정책이다.

153 루도비코 아리오스토Ludovico Ariosto(1474~1533)는 르네상스 문학을 종합하는 시인으로, 장편 서사시《광란의 오를란도》는 기사 오를란도의 초현실적이고 자유분방한 모험을 그린 기사 문학의 대표작이다. 이 작품은 당시 엄청난 대중적 인기를 끌었다.

154 르네상스 문인들이 경제 활동을 했듯, 오늘날 문인들도 교수와 저널리스트 등의 일을 한다. 또는 그냥 문인 자체로서도 경제 활동 또는 생산적 작업에 종사한다고 볼 수 있다. 이하 그에 대한 설명을 이어 간다.

155 아돌포 오모데오Adolfo Omodeo(1889~1946)는 역사가이자 정치인이었다. 파시즘과 전쟁이 대중을 통합하고 국민적 정체성을 형성하

는 과정을 추적했다.

156 1913년 1월 6일 이탈리아 군대는 당시 도입된 위생 시설의 개선을 요구하며 시위하고 있던 로카고르가의 주민들에게 발포하여 일곱 명이 사망했다. 당시 《아반티》의 주간이었던 무솔리니는 폭력적인 보복을 금지하는, "아래로부터의 폭력은 학살이라는 정치적 범죄에 저항하는 인간의 반응으로, 이보다 더 정당한 폭력은 없다"라는 캠페인을 벌여 남부 농민과 북부 프롤레타리아트가 연합해야 한다고 강조했다. 《아반티》는 이 캠페인 때문에 재판에 회부되었지만 학살에서 살아남은 사람들을 증인으로 세워 무죄를 인정받았다. 1914년 6월의 사건은 안코나 군대가 반전 시위대를 학살한 사건을 말한다. 무솔리니의 《전쟁 일기》는 1915년부터 1917년까지 《이탈리아 대중 Il Popolo d'Italia》에 연재되었다. 무솔리니는 이 글에서 "위험이 상존하는 삶은 영혼들을 함께 묶어준다"고 주장하며 전쟁을 계급의 융화로 추어올렸다.

157 쿠르치오 말라파르테Curzio Malaparte(1898~1957)는 작가이자 영화 제작자, 종군기자, 외교관으로 활동했다. 1920년대 잡지 《900》을 통해 무솔리니의 파시즘을 지지했지만, 이후 파시스트당과 복잡한 관계를 거쳐 여러 번 투옥되고 가택 연금 생활을 했다. 2차 세계대전 이후에는 이탈리아 공산당에 가입했다. 전쟁 경험을 기록한 《카풋 Kaputt》(1944)과 전후 이탈리아 사회를 그린 《피부La pelle》(1949)로 국제적 명성을 얻었다. 그람시가 거명하는 그의 책은 1921년에 출간되었다.

158 '보치아니'는 《라보체》에 기고한 작가들을 뜻한다.

159 쟈니 스투파리치Giani Stuparich(1891~1961)는 제1차 세계대전 후 승전국 이탈리아가 제대로 보상받지 못했다며 이탈리아 편에 서서 싸우기 위해 1915년 당시 오스트리아-헝가디 합병 제국의 영토였

던 트리에스테에서 이탈리아로 옮겨왔다. 《내 동생과의 대화Colloqui con mio fratello》(1925)와 《1915년의 전쟁Guerra del '15》(1931)에서 참호 생활과 동생의 자살, 2년 동안의 수감 생활 등을 통해 그가 처음 보였던 전쟁 낙관론을 수정하는 내용을 썼다.

160 아르덴고 소피치Ardengo Soffici(1879~1964)는 《코빌렉, 전투 일지 Kobilek. Giornale di battaglia》(1918)에서 퇴역한 농민 출신 군인이 국민의 관심에서 멀어지는 풍경을 묘사했고, 《프리울리의 후퇴La ritirata di Friuli》(1919)에서는 지배 계급에 대한 패배주의를 비난하는 이야기를 썼다.

161 《로만초 멘실레》는 '월간 소설'이란 뜻으로, 1907년부터 1910년까지 발행된 월간문학 잡지다. 월간 소설 연재 형식은 19세기 말 20세기 초에 선풍적 인기를 끌었다. 《도메니카 델 코리에레》는 《코리에레 델라 세라Corriere della Sera》의 주말 부록으로('도메니카'는 '일요일'이란 뜻이다), 주간의 주요 사건을 요약하고 해설하며, 만화와 일러스트레이션, 대중 소설을 함께 실었다. 《트리부나 일루스트라타》는 1890년부터 1900년까지 출간된 월간 문학 및 예술 잡지로, 고급스러운 디자인과 일러스트로 유명했다. 당대의 문학과 예술의 흐름을 반영하여 최신 작품을 소개하는 등, 당시 이탈리아의 문화 지형을 형성하는 데 중요한 역할을 담당했다. 《마티노 일루스트라토》는 1886년부터 1899년까지 간행된 주간 또는 월간 문학 잡지였다. 다양한 문화 콘텐츠를 제공하여 당시 문화 흐름을 이끌었다. 그람시는 이렇게 19세기 말과 20세기 초 이탈리아의 문화를 주도했던 정기 간행물이 정작 이탈리아 국민과 대중의 지적, 정서적 맥락을 담지 못했다는 사실을 지적하고 있다.

162 발레리오 피냐텔리Valerio Pignatelli(1886~1968)는 작가이자 편집자로서, 손초뇨 출판사에서 국민-대중 주제의 문학 작품을 출간하면

서 문학과 문화의 융합을 통해 사회 문제에 비판적으로 접근하고자 했다. "왕자"라는 칭호는 귀족 가문 배경과 문학 활동에서 중요한 역할을 했다는 점을 강조하는 표현으로 보인다.

163 엠무스카 오르치Emmuska Orczy(1865~1947)는 헝가리 태생의 남작으로, 매우 대중적인 소설《붉은 나도개별 꽃Scarlet Pimpernel》(1905)을 썼고, 그만한 성공은 거두지 못한 속편을 두 편(1908, 1933) 썼다.

164 귀도 부스비Guido Boothby(1867~1905)는 오스트레일리아의 작가로 1894년 영국에 정착한 뒤 10년 동안 50편의 소설을 출판했다.

165 1876년에 창간된 일간지로, 지금까지도 이탈리아를 대표하는 오랜 전통의 신문이다.

166 조셉 콘래드Joseph Conrad(1857~1924)는 폴란드 출신 영국 작가다. 모험을 배경으로 인간의 도덕적 갈등을 파헤치는 소설을 썼다.《어둠의 심장》,《로드 짐》,《노스트로모》,《비밀 요원》이 대표작이다. 로버트 스티븐슨Robert Louis Stevenson(1850~1894)은 스코틀랜드 출신의 소설가, 여행 작가, 시인이다.《지킬 박사와 하이드 씨》,《보물섬》과 같이 모험과 판타지로 가득 찬 작품들로 유명하다. 잭 런던Jack London(1876~1916)은 미국의 소설가이자 저널리스트로, 모험과 자연주의 주제의 소설로 잘 알려져 있다.《야성의 부름》,《하얀 이빨》과 같은 소설들은 자연 속에서 맺는 인간과 개 사이의 관계를 중심으로, 모험과 생존 이야기를 펼친다. 강렬한 서술과 사실적 묘사로 독자에게 깊은 공감을 준다.

167 이는 문맥상《도메니카 델 코리에레》를 가리키는 것으로 보인다.

168 카사 손초뇨Casa Sonzogno는 1818년 밀라노에 설립된 출판사로 1866년 일간지《세콜로Secolo》를 창간했다.

169 잔프란코 리슈부르Gianfranco Richubre(1892~1950)는 독창적 서술

기법과 실험적 문체로 작품을 썼던 작가였다. 그의 대표작 《물방앗간의 각종새》는 인간의 심리와 사회적 이슈를 탐구하는 소설로서, 독자에게 깊은 통찰과 감동을 제공하여 당시 문학 흐름에 기여한 혁신적 가치를 잘 보여준다.

170 폴 드 코크Paul de Kock(1793~1871)는 파리 생활을 배경으로 한 많은 성애 소설을 쓴 대중 작가다. 당시 유럽 전역에서 널리 읽혔다.

171 에도아르도 페리노Edoardo Perino(1845~1895)는 이탈리아의 저명한 편집인이자 출판가였다. 특히 19세기 말 이탈리아 출판계에서 대단히 중요한 인물로 평가된다.

172 주제페 네르비니Giuseppe Nerbini(1867~1934)를 가리킨다. 1897년 자신의 이름을 딴 네르비니 출판사를 세워 1930년대까지 단행본, 주간지, 만화 등 대중과 관련된 활발한 출간 활동을 벌였고, 1932년부터 토폴리노Topolino라는 제목의 주간지를 창간하여 사망하던 해인 1934년까지 편집인을 맡았다. 이 주간지는 1949년까지 꾸준하게 나왔다.

173 "반성직자주의"를 이해하기 위해서는 이탈리아 성직 계층이 전통적이고 역사적으로 사회를 선도하는 상류 계급으로 군림했다는 사실을 생각할 필요가 있다. 대중의 취향을 우선하고 대중을 위한 문학에 종사하는 지식인, 작가, 출판업자들은 반성직자주의 성향을 지닐 수밖에 없었다. 프란체스코 도메니코 궤라치(1804~1873)은 19세기 이탈리아 리소르지멘토를 이끈 정치가이자 작가, 저널리스트로서, 중산층을 대변하는 지식인이었다. "궤라치의 전통"은 정치경제적 이념을 문화 분야에 적용할 필요를 뜻한다.

174 아드리아노 살라니Adriano Salani(1834~1904)는 19세기 이탈리아를 대표하는 편집인 겸 출판인이다. 1862년 피렌체에서 아드리아노 살라니 출판사를 설립했다. 살라니 출판사는 아직도 출판을 이어가고

있는 몇 안 되는 전통적 출판사들 가운데 하나다. 이탈리아에 〈해리 포터〉 시리즈를 소개하여 엄청난 판매량을 기록했다. 옥중에서 그람시의 머릿속에는 대중 문학을 출판하는 작가와 출판가들의 이름이 줄줄이 떠올랐던 것 같다.

175 세상일을 몰라라 하면서 방구석에 처박혀 탁상공론만 한다는 뜻이다.

176 피에로 파리니Piero Parini(1894~1993)는 저널리스트이자 정치가, 군인이었다.

177 "두 인종"은 경험이 서로 다른 집단이라는 뜻으로, 이탈리아인과 외국인을 가리킨다. 외국으로 이주한 이탈리아인들이 겪는 문화적 갈등을 지적하고 있다.

178 베른과 웰스, 포는 모험과 추리, 과학의 측면에서 대중 독자의 관심과 흥미를 불러일으킨 작가들이다. 그람시는 베른의 상상력이 가능 세계를 창출하는 면에서 뛰어나지만, 웰스와 포에 비해 독창적이지 않다고 판단한다. 베른의 상상력이 과학의 한계에 갇혀 있는 반면, 웰스와 포의 상상력은 과학을 뛰어넘기 때문이다. 대중이 이해하기 더 쉽다는 장점도 있으나, 독창적인 상상의 부족 때문에 대중에게 계속 호소하지는 못한다는 것이 그람시의 평가다.

179 길버트 체스터턴Gilbert K. Chesterton(1874~1936)은 영국 작가이자 철학자, 신학자로, 특히 브라운 신부가 탐정으로 등장하는 시리즈물로 큰 인기를 얻었다. 브라운 신부가 등장하는 연재소설은 악의 본질, 도덕적 실천, 믿음의 가치 등 인간이 묻고 따라야 할 근본 문제들을 인간 내면 깊숙한 곳에서 파헤친다. 그람시가 말하는 "심리적 기법"이란 단순한 기교나 논리가 아니라 인간 영혼의 직관적 이해라는 측면에 더 가까이 다가선다는 면으로 이해해야 하며, 그런 맥락에서 체스터턴은 코난 도일과 같은 당대의 다른 탐정소설가들과

구별된다.

180 아돌포 파지Adolfo Faggi(1881~1959)는 20세기 초반 미스터리, 모험, 낭만적 도피와 같은 주제로 대중 소설을 쓰면서 당시 이탈리아 대중 문학 지형을 넓히는 데 관여했다.

181 이집트령 수단의 점령을 놓고 영국과 프랑스가 대립하다가 양국 부대가 1898년 파쇼다에서 만났을 때 갈등이 절정에 달해 전쟁의 기운마저 감돌았다.

182 '유명 사건cause célèbre'은 사회적 관심과 흥미를 끄는 중요 이슈, 인물, 논쟁 등을 뜻하는 프랑스어다. 드레퓌스 사건처럼 19세기 말 프랑스 사회를 뒤흔든 정치 스캔들은 '유명 사건'이라는 용어가 정착하는 데 결정적 역할을 했다. 드레퓌스를 옹호했던 루시앙 데스카베Lucien Descaves와 같은 인물들이《유명 사건Cause Célèbre》이라는 잡지를 1901년부터 1902년까지 발간하기도 했다. 이 잡지는 이탈리아에도 번역되어 읽혔다.

183《방황하는 유대인Le Juif Errant》은 으젠느 쉬가 1844년부터 1845년까지《르 콘스티튜넬Le Constitutionnel》('입헌'이라는 뜻)에 연재한 소설이다. 이 연재 덕분에《르 콘스티튜넬》의 판매 부수가 10배 가까이 늘어났다. 등장 인물 로댕은 박해받는 프로테스탄트들의 후손들이 순교자의 명성을 상속받지 못하도록 그들을 잡아들이는 일을 책동한 예수회 행동 대원으로 나온다.

184 로돌프 왕자는 으젠느 쉬가 일간지《주르날 데 데바Journal des Débats》('토론지'라는 뜻이다)에 1842년부터 1843년까지 연재한 소설《파리의 신비Les mystères de Paris》에 등장하는 인물이다.《파리의 신비》는 사랑, 야망, 범죄, 고통의 주제를 아우르며 파리 사회의 복잡한 사회적, 도덕적 그물망을 촘촘하게 짜서 보여준다. 이야기는 교활한 백작 부인 맥그레고어와 비극적 운명의 루돌프 왕자를 중심으

로 전개된다. 마르크스는 《신성 가족》에서 《파리의 신비》의 관념적 경향에 강한 비판을 가했다.

185 그람시가 말하는 "순수 모험 소설"이란 예컨대 사법 질서에 만족하지 못하는 개인이 통쾌한 사적 복수를 수행하는 내용의 소설을 가리킨다. 개인은 민주주의 시민의식이라는 가면을 쓰고 나타나기도 하면서, 공공의 사법 질서와 정면 대결을 벌인다. 이런 설정은 대중의 즉각적인 흥미를 유발한다.

186 프리드리히 실러Fridriech Schiller(1759~1805)의 《메시나의 신부 Die Braut von Messina》(1803)는 실러의 작품 가운데 비교적 덜 알려진 연극이다. 그리스 비극에서 영감을 받았으며, 두려움, 복수, 운명의 주제들을 엮어나간다.

에른스트 호프만E. T. A. Hoffmann(1776~1822)은 어두운 분위기의 초현실적 심리물로 알려진 독일 작가, 작곡가, 예술가다. 독일 낭만주의와 고딕 소설, 현대 호러물, 그리고 에드거 앨런 포와 지그문트 프로이트와 같은 작가들에게 영향을 주었다. 독특한 문체와 분위기가 오늘날도 독자들의 시선을 끈다.

앤 래드클리프Ann Radcliff(1764~1823)는 고딕 문학을 대표하는 영국 작가다. 음울하고 신비로운 분위기, 심리적 공포와 폭력, 복합적인 감정 상태를 담아냈다.

오노레 발자크Honoré de Balzac(1799~1850)의 《인간 희극》은 소설, 일화, 에세이 등 90여 편의 개별 작품들을 연결하여 나폴레옹 이후의 프랑스 사회를 계급 갈등, 도덕, 인간 본성 등의 차원에서 조명한 일종의 연작집이다. 보트랭Vautrin은 《인간 희극》 가운데 〈고리오 영감〉 등에 나오는, 신비롭고 권위적이면서 도덕적으로 모호한 유형의 인물이다. 여러 이름을 써가며 여러 삶을 살았고, 범죄에 관련된 과거를 감춘, 지적인 인물로 그려진다. 때로 발자크 자신이 피력하는, 이상론과 냉소 사이의 긴장이 담긴 사회 비평을 반영한다. 발자크의 문학 세계에 등장하는 여러 유형의 인물들을 종합적으로 제시한다고 볼 수도 있다.

187 자베르는 《레 미제라블》에서 장 발장의 흔적이 있는 곳이면 어디든 나타나는 근면 성실한 경찰관이다.

188 에밀 가보리오Émile Gaboriau(1832~1873)와 형사 르코크Lecoq는 프랑스 탐정 소설 장르에서 선구적 인물들이다. 가보리오가 창조한 인물 르코크는 예리한 관찰과 논리적 추리, 과학적 수사 능력으로 인기를 끌었는데, 코난 도일의 셜록 홈스와 같이 이후에 더 유명해진 캐릭터의 원천으로 간주된다. 그의 이름을 딴 《르코크 씨Monsieur Lecoq》(1869)와 같은 작품이 있다.

189 앙리 자고Henry Jagot(1858~1933)가 1928년(그람시는 1930년으로 착각한 듯 보인다) 베르제 르브로Berger-Levrault 출판사에서 펴낸 《비도크Vidocq》는 범죄자이면서 경찰 경력의 사설 탐정이었던 실존 인물 으젠느 프랑수아 비도크Eugène François Vidocq(1775~1857)를 주인공으로 하는 소설이다. 비도크는 근대 범죄학과 수사학의 선구자로 평가된다. 극적인 전개와 전환으로 가득 찬 매력적인 삶을 살았던 그는 프랑스 범죄사에서 전설적인 인물이 되었다. 비도크가 자신의 모험적 삶을 담은 《비도크의 회고록Mémoires de Vidocq》(1828)은 나오자마자 선풍적 인기를 끌었다.

190 루이지 필리포Luigi Filippo는 루이 필리프 1세Louis Philippe I(1773~1850)를 가리킨다.

191 가브리엘 게일은 체스터턴의 소설 《시인과 광인The Poet and the Lunatics》(1929)의 주인공이다.

192 《시민의 죽음Morte civile》은 이탈리아 국민 작가로 일컬어지는 알레산드로 만초니Alessandro Manzoni의 비극으로 1820년에 초연되었

다. 개인이 사회의 거대한 시선 앞에서 어떻게 정신적 사망 선고를 받는지 그려낸다. 《두 고아Due orfanelle》는 이탈리아 극작가 조반니 바티스타 니콜리니Giovanni Battista Niccolini의 희곡으로 1827년 초연되었으며, 19세기 이탈리아 연극사에서 중요한 작품으로 꼽힌다. 두 소녀가 사회적 생존을 위해 맞닥뜨리는 가난, 죄, 도덕적 딜레마를 다룬다. 《마르틴 교황의 등광주리Gerla di papà Martin》는 이탈리아 극작가 조반니 니콜리니Giovanni Niccolini(방금 거명한 조반니 바티스타 니콜리니와 다른 사람이다)의 대표작으로, 사회 정의, 빈부격차, 종교적 위선을 다룬다. '등광주리'는 교황이 지고 있는 책임과 은총의 무게를 상징한다. 역사상 마르틴이란 이름의 교황은 두 명 있었으나, 이 작품에서 마르틴 교황은 종교 권위와 도덕 책임과 관련한 허구적 캐릭터다.

193 필리포 부르치오Filippo Burzio(1852~1931)는 이탈리아 작가이자 저널리스트, 연극 비평가로 두드러진 활동을 벌였다. 당시 전통적인 지성주의와 떠오르는 대중 매체 사이를 연결하면서 깊은 통찰력을 발휘하여 대중 문학 발전에 크게 기여했다.

194 《문화론》은 필리포 브루치오가 1898년 출간한 문화 비평서로서, 산업화와 도시화와 함께 대중 매체가 떠오르는 당대 상황에서 대중 문학이 문화 의식을 어떻게 형성하는지의 문제를 이른바 전통적 고급 문화와 관련하여 논의하고, 더불어 지식인 및 작가의 책임도 빼놓지 않고 다룬다.

195 발자크의 작품 《고리오 영감》에 등장하는 보트랭은 젊고 야심찬 라스티냐크가 양심을 버리고 자기 발전에만 몰두하도록 부추기는 악인이다. 《고리오 영감》에서 그는 이렇게 말한다. "수백만 명의 인간 쓰레기 가운데 압도적으로 명민한 사람, 심지어 법도 마음대로 휘두르는 명민한 사람이 열 명은 있다. 네가 그중 하나다. 네가 평범한

인간보다 우위에 선다면, 머리를 쳐들고 곧바로 앞으로 나아가라."
196 뤼시앙 드 뤼뱅프레Lucien de Rubempré는 발자크의《인간 희극》의 주인공이다.
197 빈첸초 모렐로Vincenzo Morello(1860~1933)는 우익 민족주의 작가로 라스티냐크라는 필명을 사용해《트리부나 일루스트라타*Tribuna Illustrata*》에 글을 기고했다. 그람시는 1918년《대중의 함성*Il grido del popolo*》에서 그에 대해 엄중한 비판의 날을 들이댔다.
198 코라도 브란도Corrado Brando는 단눈치오의 연극 〈사랑보다 더한 것 Più che l'amore〉(1905)에 나오는 초인적 인물이다. 단눈치오는 이 연극을 빈첸초 모렐로에게 헌정했다.
199 주제페 모난니Giuseppe Monanni(1887~1952)는 반전주의와 무정부주의 성향을 지닌 서지학자이자 출판업자로, 1928년 니체 전집을 편집하고 출간했다.
200 '보트랭의 친구'는 마리오 조다Mario Gioda(1883~1924)를 가리킨다. '군중Folla'은 파올로 발레라Paolo Valera(1850~1926)가 발행한 밀라노의 저널(1901~1904, 1913~1915)의 제목이자 발레라의 소설(1901)의 제목이다.
201 니체의 초인 개념이나 관습적 도덕에 대한 저항이 뒤마와 발자크의 대중 문학에 기원을 둔다는 생각을 가리킨다.
202 제임스 페니모어 쿠퍼James Fenimore Cooper(1789~1851)는 미국 소설가로,《모히칸 족의 최후》,《파일럿》과 같은 모험 로맨스로 이름을 날렸다.
203 '야만인'은 초기 파시스트 집단에 붙여진 이름이었고, '강철끈'은 파시스트 비행사 이탈로 발보Italo Balbo의 별명이었다.
204 종교 문학에 대한 오모데오의 이러한 견해는 크로체의 논문에서 인용되었다. 〈철학과 종교의 역사 서술La storiagrafia della filosofia e reli-

gione〉, La critica, 27권(1929) 4호, 173쪽 참조.

205 요세프-아르튀르 고비노Joseph-Arthur Gobineau(1816~1882)는 프랑스 역사가이자 철학자로, 인종 간의 평등, 잡혼을 통한 '피의 저질화'를 역사 설명의 열쇠로 삼았다. 그의 저서로는 《인종의 불평등에 관한 에세이Essai sur l'inégalité des races humaines》(1853~1855)가 있다. 그의 생각을 발전시킨 것은 바그너의 양자인 체임벌린Houston Stewart Chamberlain(1855~1927)의 반유대 사상이었는데, 나중에 히틀러에게 영향을 주었다. 트라이츠케Heinrich von Treitschke(1834~1896)는 민족주의 역사가이자 이론가로서, 강하고 약한 민족들 사이의 갈등, 독일의 팽창, 독일 외부에 있는 독일 민족들의 자기 결정권 등을 연구 주제로 삼았다.

206 '프랑스어법'이란 프랑스어의 전형적인 어휘나 구문, 표현을 이르는 용어로, 프랑스어가 아닌 언어에도 스며들어 있는 프랑스어 문체 구조나 용법까지도 가리킨다. 프랑스어와 문화가 유럽 전역에 특히 지식인과 지배층에서 상당한 영향을 끼쳤던 17세기와 18세기에 특히 두드러졌다. 그람시는 쉬의 《파리의 신비》에 나타나는 '프랑스어법'의 징후를 말하는 것 같다. 19세기에 쉬의 작품은 널리 읽힌 대중 문학으로서, 유럽에 널리 퍼져 있던 프랑스의 문화적 지배력을 반영한다. 일상 언어에도 프랑스어의 표현과 용어가 침투했다. 이런 맥락에서 '프랑스어법'은 쉬와 같은 프랑스 작가들이 유럽에 끼친 문학적 영향을 뜻하며, 뒤마 문학에서 나타나는 '초인'이 대중적으로 널리 퍼진 흐름과 유사하다고 할 수 있다.

207 루이 질레Louis Gillet(1876~1943)는 프랑스 문학 비평가로 프루스트와 베르그송에 대한 연구서를 남겼다.

208 루제로 루제리Ruggero Ruggeri는 이탈리아에서 베른스탱의 단골 주역 배우였다.

209 앙리 베른스탱Henry Bernstein(1876~1953)은 프랑스의 극작가다.
210 '지적intelligente'이란 용어. 환상 세계가 개개인의 삶에 밀착된 구체적 맥락을 띠고 나타날 수 있는 것은 대중의 지적 생활 속에서다. 지적으로 된다는 것은 곧 소통과 생산을 의미한다. 뛰어난 연재 소설 작가들은 주인공을 대중 독자의 열광과 만족에 맞춰 새롭게 변신시켜나간다. 그리하여 주인공은 실제로 존재하는, 대중 독자들과 함께 울고 웃는 구체적인 이웃이 된다. 이런 과정에서 작가와 독자는 사회역사적 맥락 속에서 소통 관계를 형성하고 그 맥락에 응답하는 일을 함께 도모한다. 문학은 살아 있는 무엇이 된다.
211 시인이자 비평가 조반니 파피니Giovanni Papini와 철학자 주제페 프레촐리니Giuseppe Prezzolini가 창간한 문학지 《쿨투라》는 1907년부터 1916년까지 발간되었다. 20세기 초반 이탈리아 문학과 문화에서 모더니즘 경향을 주도하는 역할을 했고, 특히 미래파 운동을 이끌었다.
212 그람시가 언급하는 블라디미르 포츠너Vladimir Pozner의 에세이는 '도스토예프스키와 연재 소설'이라는 제목으로 《쿨투라》 X(1931), II, 128~150쪽에 실린 글이다. 포츠너는 도스토예프스키가 앤 래드클리프나 매튜 루이스Matthew Gregory Lewis의 고딕 소설과 월터 스콧Walter Scott의 역사 소설을 당대 사회를 다루는 서사로 변형하는 과정을 면밀히 추적하여 보여준다. 포츠너는 도스토예프스키가 대중 연재 소설의 형식과 내용에 일정 부분 빚을 지고 있다고 보았다.
213 그람시는 이하 다섯 권의 책에 관해 저자와 제목뿐만 아니라 출판사와 출판연도, 쪽수, 그리고 관련 서평들까지 자세히 소개하고 있다.
214 장 자크 루소Jean-Jacques Rousseau의 소설로 이성보다는 감성에 호소하는 작품이다. 서간체 장편 소설로 중세부터 전해오는 수사와 수녀의 낭만적인 사랑 이야기를 다루었다. 내용은 실제 있었던 일이라고

한다.

215 이로 미루어 그람시가 말하는 대중은 지식인들과 함께 공동의 지평을 향해 나아가는 집단 또는 공동체라는 지위와 개념을 얻는다.

216 안토니오 초톨리Antonio Zottoli(1892~1967)는 기독교의 사회적 가치를 천착한 문학 비평을 남겼다. 《약혼자들》을 분석하면서 그는 도덕적·종교적 성찰이 만초니 문학에서 중심 역할을 한다고 보았다. 크리스폴티가 대중을 바라보는 만초니의 심리적·사회적 태도를 문제 삼았다면, 초톨리는 만초니가 민중을 이해하고 구원의 가능성을 제공하려 했다고 보았다.

217 필리포 크리스폴티Filippo Crispolti(1892~1964)는 이탈리아 문학 비평가로, 가톨릭과 민중에 관련한 만초니 연구로 잘 알려져 있다. 문학이 사회적, 도덕적 가치와 어떻게 연결되는지에 대해 깊은 질문을 던졌다.

218 폴 부르제Paul Bourget(1852~1935)는 심리 분석과 도덕적 갈등을 잘 묘사했던 프랑스 작가다. 상류층의 삶과 도덕적 타락을 비판하며, 근대화의 부정적인 측면을 그려냈다.

219 이탈리아 일반 대중이 외세와 지배층의 억압과 착취를 끝내고 극복하는 대서사를 펼친 만초니의 《약혼자들》은 19세기 이탈리아 독립통일운동의 흐름에서 국민 문학으로 자리 잡았다. 《약혼자들》에서 대중을 향한 만초니의 깊은 애정을 확실하게 느낄 수 있다. 그러나 그의 "엄격한 시선"은 상류층에게서는 위대한 아량과 감성을 찾아내는 반면 대중에게서는 내면의 깊이도, 자유의지에 따른 도덕성도 찾아내지 못한다. 《약혼자들》에 등장하는 대중은 고난을 겪고 극복하는 과정에서 자주적 태도와 힘을 보여주지 못하고, 모든 문제를 하느님의 초월적 섭리에 따라 해결하는 의존적 계층으로 묘사된다. 그람시는 만초니의 시선과 태도에는 대중과 함께하려는 진정성이

없다고 간파한다. 만초니의 대중 사랑은 대중을 보호하는 '주인'의 것일 뿐, 역사를 함께 이끌어가는 동반자 의식은 없다는 비판이다.
220 오귀스탱 티에리Augustin Thierry(1795~1856)는 프랑스의 자유주의 역사가다. 그는 역사를 정복자와 피정복자의 갈등의 연속으로 보는 견해를 발전시켰다. 그의 견해에 따르면 정복자는 지배 계급이 된다(예를 들어 영국에서는 색슨족을 정복한 노르만족이 지배 계급이었고, 프랑스에서는 골족을 정복한 프랑크족이 지배 계급이었다). 만초니는 전통적 연대기 작가들이 무시한 대중의 역사적 역할에 대한 티에리의 이러한 관심에 영향을 받는다. 그는 샤를마뉴가 롬바르디아 왕국을 무너뜨리고 이탈리아를 정복한 이야기를 그린 《아델키Adelchi》(1821)를 집필했다. 그람시가 지적하듯이, 마르크스는 티에리와 다른 프랑스 부르주아 역사가들에게 계급 투쟁 개념의 빚을 졌다고 지적했다. 마르크스가 엥겔스에게 보낸 편지(1854년 7월 27일)를 참조하라.
221 복잡한 사회 계층 사이에서 적절한 환경을 정의하는 어려움이 있다는 주장이다.
222 소설 안에서 등장 인물들의 태도나 감정에는 가톨릭 도덕이 깔려 있고, 그에 따른 의무감이나 표면적인 감정은 아이러니를 통해 더 복잡한 양상으로 나타나게 된다. "아이러니"란 얕고 겉으로만 보이는 감정과 표현을 뜻한다. 이에 비해 베르가는 진실주의 창작론에 입각하여 자신의 관점이나 감정을 개입시키지 않는 방식으로 대중의 현실을 있는 그대로 재현하고자 했다. 그람시가 말하는 "냉정한 무관심의 태도"란 작가의 감정을 글에 개입시키지 않는다는 의미로 볼 수 있지만, 베르가의 태도는 윤리적이라는 면에서 대중에 대한 연민과 애정을 품고 있었다.
223 만초니의 《약혼자들》은 렌초와 루치아가 자신들의 결혼을 방해하

고 루치아를 차지하려는 돈 로드리고의 계략에 맞서 싸우다가 결국에는 결혼해서 행복하게 산다는 내용으로, 민중과 귀족의 대립이 저변에 설정되어 있다. 소설 초반에 돈 압본디오는 렌초와 루치아에게서 결혼 주례를 부탁받지만 돈 로드리고의 협박을 이기지 못해 이를 거부한다. 그의 하녀인 페르페투아는 돈 로드리고에게 그보다 더 권력 있고 신망받는 사람인 보로메오 추기경을 찾아가 일을 해결할 실마리를 찾으라고 말하지만 그는 이를 듣지 않는다. 그런데 소설 후반부에서는 보로메오 추기경이 일을 모두 해결하는 인물로 등장한다. 보로메오 추기경은 페르페투아가 처음에 말했던 것을 똑같이 말하며 일을 처리한다. 그러나 중요한 점은 페르페투아와 보로메오 추기경의 말이 일치했다고 하더라도 둘의 차이는 너무나 크다는 사실이다. 즉 페르페투아의 말은 단지 실마리로서의 역할을 할 뿐이고 도덕이나 의식을 동반하지 않는 것이었던 반면, 보로메오 추기경의 말은 고도의 지적·도덕적 의식과 함께 실제적 해결로 이어진다. 둘의 말이 일치하는 것은 다만 우연일 뿐이고, 수다쟁이 페르페투아가 우연히 보로메오 추기경의 고귀한 의식에 연결되는 부분은 희극적으로 처리된다. 마찬가지로 렌초가 약혼자인 루치아의 순결 서약에 대해 품는 생각도 렌초 고유의 것이라기보다는 크리스토포로 신부의 영향권이나 사고의 범주 안에 있다. 그람시는 이런 식으로 《약혼자들》에 등장하는 대중이 내적인 삶이 없는, 그저 웃음거리의 대상으로 그려졌다고 비판한다. 대중의 말과 행동, 생각은 이미 내적인 삶을 지닌 귀족의 영향권 내에 들어 있다는 관찰이다.

224 카를로 안토니오 비아넬로Carlo Antonio Vianello(1895~1951)는 문학 연구자이자 비평가로, 특히 18세기 이탈리아 계몽주의 연구에 주력했다. 인용된 저서에서 주제페 파리니, 피에트로 베리, 체사레 베카리아 같은 계몽주의자들의 생애와 사상의 발전 과정을 다뤘다.

225 주제페 파리니Giuseppe Parini(1729~1799)는 시인으로, 계몽주의를 받아들여 문학을 교육의 기획으로 실천했다. 피에트로 베리Pietro Verri(1728~1797)는 경제학자이자 작가였다. 잠바티스타 베카리아Giambattista Beccarìa(1716~1781)는 토리노 대학의 물리학 교수였다. 또는 법학자이자 경제학자였던 체사레 베카리아Cesare Beccarìa(1738~1794)를 가리킬 수도 있다.

226 프란체스코 포치Francesco Pozzi(1751~1831)는 프랑스 혁명과 이탈리아 리소르지멘토의 흐름에서 상류 귀족 계층의 권위를 비판하고 피지배층을 옹호했던 예수회 신부였다.

227 어네스트 크로스비Ernest Crosby(1856~1907)은 미국의 개혁적인 작가였다.

228 조지 버나드 쇼George Bernard Shaw(1856~1950)는 아일랜드 극작가이자 비평가였다.

229 톨스토이는 셰익스피어를 도덕과 종교의 관점에서 비판한다. 크로즈비는 셰익스피어가 대중에 대한 연민을 거의 드러내지 않았고 상류층의 가치관과 이익을 옹호한다고 주장한다. 문학은 새로운 사회적 요구를 반영해야 한다고 생각한 버나드 쇼는 셰익스피어가 시대의 도덕과 규범에 순응하고 미래의 새로운 가치를 제시하지 못했다고 지적한다. 이들에 비해 그람시는 셰익스피어의 대중성과 예술성을 강조한다. 셰익스피어가 단순히 상류층의 도덕적 가치를 전달하는 데 그치지 않으며, 복잡한 사회적 갈등과 인간의 심리를 탐구한다고 평가한다. 그람시의 입장은 예술과 문화를 미적 차원보다는 문화사의 관점으로 탐구해야 한다는 것이다. 예술과 문화는 단순한 미적 분석의 대상이 아니기 때문에, 어떻게 대중이 좋아하는지, 왜 대중의 관심을 끌지 못하는지의 문제를 구체적으로 파악해야 한다.

230 앙드레 무플레André Moufflet(1883~1948)는 프랑스의 언어학자이자

문학 비평가였다.

231 대중이 작가와 예술가들에게 주는 사랑의 문제는 사회적 맥락에서 고찰해야 한다. 대중이 특정 작가와 예술가를 받아들이는 이유는 그들이 역사와 정치의 의미를 담은 작품을 대중의 정서와 사고방식에 맞춰 내놓기 때문이다. 그람시가 대중의 사랑에 관해 썼다는 글은 구체적으로 확인되지 않지만, 문화 헤게모니에 관련된 내용일 것이다.

232 그람시는 베르디의 오페라가 대중의 감정을 넘치도록 담고 있는 일종의 멜로드라마였다고 생각한다.

233 쥐스탱 로스니Justin. H. Rosny(1859~1948)는 공상 과학 소설을 쓴 프랑스 작가다. 동명의 형J.H.Rosny aîné과 함께 'J.H.Rosny'라는 필명을 사용했다. 공동 작업이 깨진 후에는 J.H.Rosny jeune라는 이름을 사용했다.

234 Vox populi, vox Dei. 라틴어로 표기되었다. 원래 로마 시대에 사용된 이 표현은 권력자가 대중의 의견에 의지해야 함을 강조하는 의미다.

235 이 문구를 풀어 다시 쓰면 다음과 같다. "누군가 다른 사람을 긍정적으로 평가할 때, 또 다른 누군가는 그렇게 하고 싶지 않을 수도 있다. 다른 누군가에 해당할 수 있는 '나'는 진실을 말하고자 한다. 그런데 진실을 말하지 않아도 아무 문제가 없다. 이미 모두가 말하고 있기 때문이다. 대중의 목소리는 곧 신의 목소리이기 때문이다."

236 1916년 문학비평가 주제페 레스카Giuseppe Lesca의 감수로 나온 판본을 가리킨다.

237 그람시는 《약혼자들》에서 페스트가 창궐하던 17세기 초반 당시 의사들이 대중의 목소리를 절대적으로 신뢰했던 장면을 인용한다. 그러나 대중의 목소리가 항상 신의 목소리는 아니다. 대중이 언제나 절대적 진리를 품고 말하지는 않는다는 뜻이다. 시대와 사회가 달라

지면 대중의 목소리에 담긴 뜻이나 느낌도 달라진다.
238 실제 사례에 따라 판단하고 대응하는 방식을 가리킨다.
239 우스꽝스럽거나 모호한, 과장되거나 어리숙한 캐릭터라는 뜻이다.
240 이 문장은 만초니가 대중과 교회, 그리고 신의 관계를 어떻게 바라보았는지를 설명하고 있다. 만초니는 대중의 목소리가 신의 뜻을 나타내는 것이라고 보지 않으며, 신은 대중 속이 아니라 교회를 통해 나타난다고 믿었다. 이러한 신학적 태도는 《약혼자들》이 대중적인 작품으로 받아들여지지 않는 이유를 설명해준다. 대중은 이 책을 단순히 신앙의 교훈으로 여겼기 때문에 책은 대중적 서사시가 아니라 신앙 서적의 성격을 띠게 되었다.
241 에르네스티나 브렌나Ernestina Brenna(1886~1970)는 아동 문학 및 교육 전공 교수로, 기고와 저술 활동을 활발하게 벌였다.
242 에밀리아 포르미지니-산타마리아Emilia Formiggini-Santamaria는 교육학자이자 저술가로서, 대표작 《교육과 학교의 역사Storica della pedagogia e scuola》는 아직도 판매되고 있는 스테디셀러다.
243 마시모 다첼리오Massimo D'Azeglio(1798~1866)는 정치가이자 소설가, 화가였다. 온건한 자유주의자로서 공공 교육의 필요를 주장하고 장려했다. "이탈리아를 만들었으니 이제 이탈리아인을 만들어야 한다."는 유명한 말을 남겼다.
244 주제페 주스티Giuseppe Giusti(1809~1850)의 풍자로 가득 찬 시는 19세기 전반 오스트리아 지배에 저항하는 이탈리아 국민 사이에서 널리 읽혔다.
245 아다 네그리Ada Negri(1870~1945)는 전통적 관습과 형식에 얽매이지 않고 마음에서 우러나오는 감정을 자연스러운 문체에 실어 표현한다는 찬사를 받은 여류 시인이었다.
246 즉 대중과 분리된 대중 교육 문학이 있다는 간단한 언급이나 알림.

247 여기서 말하는 "예술 분야"란 문학 이론과 학문적 연구를 이른다. 브렌나가 대중 문학을 현장 중심으로 연구하면서 학문 분야에서 멀어지는 것은 사실이지만, 현장 중심의 연구와 분석은 문학이 어떤 지점에서 어떤 형태로 대중을 교육할 수 있는지 비밀을 찾아내도록 해준다는 뜻이다.

248 피에르 맥 오를랑Pierre Mac Orlan(1882~1970)은 프랑스 소설가이자 작곡가였다.

249 앙드레 말로André Malraux(1901~1976)는 프랑스 소설가이자 예술이론가였고, 문화부 장관을 지냈다. 《인간 조건La Condition Humaine》이 대표작이다.

250 알도 카파소Aldo Capasso(1909~1997)는 시인이자 소설가로, 타인과 세상 속에서 어우러져 살아가는 모습을 투명한 표현으로 재현한다는 이른바 '서정적 사실주의' 운동을 이끌었다. 순수시 운동 시인들과 밀접하게 교류했다.

251 주제페 운가레티Giuseppe Ungaretti는 이탈리아의 순수시 운동의 대표적 시인이다. 순수시 운동을 지칭하는 이탈리아어 에르메티스모 Ermetismo는 '난해한 시'라는 의미를 지니며, 간결하고 압축적인 시 형식과 시어를 통해 의미나 메시지, 이미지 등을 불러일으키고 암시하는 효과를 노렸다. 그람시는 순수시 운동의 시들이 잘못된 초인적 개념에 입각해 있다고 비판한다.

252 '17세기주의'는 바로크 시대의 세계관과 심미적 표현 방식을 가리킨다. '17세기주의'는 당대 시인 잠바티스타 마리노Giambattista Marino(1569~1625)가 형식미를 추구하며 창작한 시에 붙여진 경멸적이고 비판적인 용어다. 마리노의 시학은 이 책에서 그람시가 인용한 마리노의 구절 "시인의 목적은 놀라움을 불러일으키는 것이다"로 거칠게 요약되면서 20세기의 순수시 운동과 연결된다. 그람시는

'17세기주의'는 17세기나 20세기 초반에 대중적으로 퍼졌다고 하지만, 사실 17세기에는 지식인들 사이에서나 유행했으며, 마찬가지로 20세기의 순수시 운동도 지식인들이 즐기는 난해한 문학이라고 진단한다.

253 라파엘로 조바뇰리Raffaello Giovagnoli(1838~1915)의 《스파르타쿠스》(1894)는 기원전 73~71년에 일어난 스파르타쿠스의 반란을 다룬 책이다. 여기에는 주세페 가리발디Giuseppe Garibaldi의 편지가 실려 있다. 조바뇰리는 1848년부터 이듬해까지 이어진 로마 전투에서 가리발디와 함께 싸웠다. 그는 리소르지멘토 시기의 역사서를 쓰기도 했다.

254 그람시는 대중 문학 작품이 시대와 사회에 따라 재구성되는 가능성과 필요를 말한다. 고전은 본래의 바탕을 유지하면서 해석을 통해 시대와 사회에 따라 변신하지만, 그런 '고전'의 힘을 갖추지 못한 대중 문학 작품은 개작과 '번역'을 통해 새로운 시대와 사회에 응답하는 문학으로 거듭날 수 있다는 생각이다. 예를 들어, 가리발디가 읽었다는 《스파르타쿠스》라는 대중 소설을 리소르지멘토의 맥락에서 파시즘 치하의 맥락으로 옮겨오는 과정에서 가리발디의 해석을 새로운 사회 상황에 맞춰 전유하는 것뿐만 아니라 《스파르타쿠스》 자체를 새롭게 읽고 새로운 의미에 연결하는 작업이다. 그람시는 다분히 탈식민주의의 '다시 쓰기' 전략을 언급하고 있다.

255 안드레아스 호퍼Andreas Hofer(1629~1684)는 바로크 시대의 독일 작곡가였다.

256 〈몰로다이아 과르디아〉는 '젊은 자위대'라는 뜻의 러시아 혁명가革命歌다.

257 리카르도 괄리노Riccardo Gualino(1879~1964)는 20세기 초중반 재계의 거물이자 예술품 수집가였다.

258 체사레 파스카렐라Cesare Pascarella(1858~1940)의 《아메리카의 발견》(1894)은 콜럼버스의 여행기를 로마 방언을 사용해 유머러스하게 만든 극이다. 이 극은 위대한 이탈리아인과 그의 신대륙 상륙에 대한 육감을 찬미하는 것으로 끝난다.

259 에르몰라오 루비에리Ermolao Rubieri(1818~1879)는 시인이자 정치가였다. 피렌체를 중심으로 리소르지멘토 운동에 적극 가담했고, 여러 매체에 글을 발표했다.

260 대중 가요가 권위와 전통 규범에 도전하는 메시지를 담는 경우가 종종 있다는 뜻이다. 단순한 표현에 그치지 않고, 대중의 삶과 감정이 사회 시스템과 충돌하는 양상을 보여주는 매개체 역할을 한다. 이미자의 〈동백꽃 처녀〉가 한일협정 당시 정치적 상황에서 왜색을 이유로 금지곡이 된 정황을 생각해보자. 김민기의 〈아침이슬〉도 서정성이 풍부한 가사와 곡조가 유신체제 아래서 저항의 아이콘이 되었다. 이 대중 가요들이 처음부터 자체로 저항의 메시지를 담았다기보다, 사회 시스템의 필요에 따라 그렇게 주조된 측면이 크다는 점은 아이러니다. 결과적으로 필요에 따라 해석되고 의미가 부여되어 맡겨진 역할을 담당했다. 바로 이 점에서 그람시가 말한 세 번째 범주의 의미를 새길 수 있다.

261 대중의 문화적 특성이나 사고방식은 특정한 역사적 사건이나 집단이 아니라 시대와 환경에 따라 다양한 형태로 나타날 수 있다. 그러나 사회와 역사의 차원에서 얼마나 '고립'되었느냐에 따라 더 구체적이고 독특한 문화적 특성과 사고방식을 지니게 된다.

262 카를로 골도니Carlo Goldoni(1707~1793)는 연극 대본의 문학적 완성도를 높이면서 18세기 전까지 이탈리아 연극을 대표했던 콤메디아 델라르테의 전통을 혁신한 극작가다. 특히 대중의 현실적 언어와 삶은 무대에서 성공적으로 형상화했다.

263 앙리 번슈타인Henri Bernstein(1876~1953)은 프랑스 극작가이자 연극 연출가로, 부르주아 계급의 도덕과 야망을 주제로 한 심리극을 썼고, 여러 작품이 영화로 각색되었다.

264 앙리 바타유Henri Bataille(1872~1922)는 프랑스 극작가이자 시인으로, 세기말 세기초에 유럽에서 큰 인기를 얻었다. 그의 연극은 초창기 영화 시나리오로 자주 각색되었다.

265 아레나식의 드라마 또는 드람모네dramma o drammone da arena란 특히 대형화된 드라마를 가리킨다. 웃음이 나올 정도로 지나치게 조잡한 구성과 장치로 만들어진, 그래서 하나의 독립된 장르로 인정하기도 어려운 극을 가리킨다.

266 에도아르도 부테트Edoardo Boutet(1856~1915)는 극작법 전문가로서, 극작과 문학 비평, 연극 이론에 관한 글을 발표했다. 특히 실용적인 극작법을 제시하여 연극 현장 종사자들에게 유용한 지침을 제공했다.

267 "빨래하는 여자들의 날"은 월요일을 뜻한다. 일반적으로 부유층이 주말을 이용해 여가로 문화 생활을 즐기는 데 반해, 하층민들은 주중에, 특히 부유층이 일을 시작하느라 가장 분주한 월요일에 여가를 즐겼다는 말이다. "세탁부"란 그런 하층민을 상징적으로 표현한 말이다.

268 툴리오 모니첼리Tullio Monicelli(1891~1961)는 극작가이자 극작법 전문가였다. 이탈리아 전통 극작 형식에서 벗어나 새로운 방식으로 사회와 개인의 문제를 무대에 올리고자 했다.

269 아돌포 오르비에토Adolfo Orvieto(1891~1963)는 극작가이자 연극이론가로, 이탈리아 연극의 혁신적 접근법에 기여했고, 여러 편의 희곡을 통해 당시 사회와 정치 문제, 인간의 내적 갈등과 사회적 억압을 표현했다. 가이오Gaio는 오르비에토의 필명이다. 이탈리아어로

'gaio'는 '즐거운', '명랑한'이라는 뜻으로, 오르비에토 작품의 기본 성격을 말해준다.

270 《두 고아》는 으젠느 코르몽Eugène Cormon(1810~1903)과 아돌프 데느리Adolphe Dennery(1811~1899)의 작품으로, 연극으로 상연되어 큰 성공을 거두었다.

271 야노스 데 페카르János De Pekar는 프랑스 혁명의 주요 인물인 조르주 당통의 활동과 고난, 비극을 담아낸 희곡 《당통》을 썼다. 역사적 사실을 바탕으로 개인 감정과 내면의 갈등을 깊이 탐구했다는 평가를 받는다.

272 산문극teatro di prosa은 시가 아닌 일상적 산문으로 작성된 대본을 사용한 연극을 가리킨다. 리듬과 운율을 통해 감정과 분위기를 강조하는 시극과 달리, 산문극은 자연스럽고 현실적인 일상 대화와 행동을 담았기 때문에 평범한 삶의 문제와 갈등, 감정과 경험에 관객이 쉽게 공감하도록 만든다. 오르비에토가 대표 극작가로 꼽힌다.

273 과장된 감정과 극적인 상황을 중심으로 전개되는 드라마를 가리킨다.

274 피에트로 메타스타시오Pietro Metastasio(1698~1782)는 시인이자 오페라 대본 작가로서 18세기 이탈리아 오페라에서 가장 중요한 인물로 평가된다. 모차르트, 하이든, 페르골레시와 같은 작곡가들의 음악이나 아리오스토(《미친 오를란도》)와 같은 작가의 문학을 오페라 대본으로 개작하여 대중적 인기를 누렸다. 시인의 경력을 살려 우아한 문장을 구사했고, 사랑과 복수, 용서와 같은 메시지의 분명한 전달, 비극적이고 고귀한 영웅 캐릭터의 창조 측면에서 뛰어났다. 18세기 계몽주의를 반영하면서 합리주의와 도덕성을 강조하고 개인보다는 국가와 가족을 우선하는 경향을 보였다.

276 피란델로가 1909년 발표한 단편 《이식》의 주인공은 어떤 사건 때문

에 자신과 주변을 인지하지 못하는, 일종의 이식된 상태에서 정체성의 혼란을 겪는다. 나중에 연극 〈작가를 찾는 6인의 등장 인물〉에서 결실을 맺는 피란델로의 실존주의가 잘 반영된 초기 작품이다. 토리노의 비평가들의 반응은 일정치 않았다. 니노 베리니Nino Berrini(1901~1991)는 피란델로에 관한 자료를 정리하고 보존하여 그의 문학 연구에 지대한 기여를 했다.

276 1916년 발표한 희극 〈리올라〉에서 피란델로는 발랄한 젊은 여주인공 리올라를 통해 특히 성적 정체성과 개인의 자유를 구속하는 사회 규범을 비판한다.

277 사베리오 피노Saverio Fino는 저널 《모멘토》를 중심으로 활동했던 연극 평론가였다. 피란델로의 《리올라》는 1921년 토리노의 알피에리 극장에서 초연되기로 예정되었는데, 피란델로에 대해 비판적 입장을 취했던 피노의 영향으로 상연이 취소되었다. 피노는 이 연극이 이탈리아 사회의 도덕과 가치관을 해친다고 주장했다.

278 피란델로 문학의 기본 구도인 현실과 비현실, 논리와 환상의 대립에 대한 질문들이다.

279 그람시 특유의 지성주의intellettualismo는 지식인과 이념의 역할을 비판적으로 바라보는 개념으로, 비판과 실천을 간과하고 이론적이고 추상적인 사고에만 의존하는 태도를 가리킨다. 그람시는 이 개념을 통해 사회 변화와 권력 관계를 이해하고, 그와 관련해 지식인이란 누구이고 어떤 역할을 해야 하는지를 연구한다. 그람시는 지성주의가 사회 현실과 관계를 맺지 않고 순수 이론적 사고나 철학적 담론에 빠지는 경향이 있으며, 지식인들은 현실의 사회구조를 변화시키는 실천적 이론을 발전시켜야 한다고 보았다.

280 〈대륙의 공기〉는 시칠리아 지방 전통과 분위기를 여실히 담아낸 니노 마르톨리오Nino Martoglio의 연극이다.

281 벤자민 크레미외Benjamin Crémieux(1888~1944)는 프랑스 작가이자 비평가였다. 이탈로 스베보와 루이지 피란델로와 같은 실존주의 작가들을 프랑스에 소개했다.

282 작가의 개성은 집단적인가? 집단의 내부가 분열되어 있다면 무엇을 재현해야 하는가? 이때 기억은 어떤 역할을 하고, 어떤 한계를 지니는가? 예술적 판타스마의 물리적, 신체적 발현은 기억에서 나온다. 이때 기억은 개인 차원인가, 집단 차원인가. 집단무의식, 시대정신, 세계관의 문제다.

283 네올랄리즘neolalismo은 개인적이고 자의적인 표현으로 인해 사회적 소통이 어렵거나 외부와 절연되어 고립된 예술적 또는 언어적 표현을 의미하는 개념이다. 그람시는 이 개념을 통해 예술과 문학에서 기존의 규범과 기준을 무시하고, 지나치게 개인적인 스타일을 추구하는 경향을 설명한다.

284 그람시는 단테의 《신곡》이 이탈리아어가 도달한 최고의 문학이지만, 엘리트의 한계도 지닌다고 보는 것 같다. 앞에서 표방한 입장과 모순되기도 하는 이런 언급은 새겨 이해해야 한다. 그람시는 유럽의 셰익스피어, 톨스토이, 도스토예프스키와 같은 작가들이 국민-대중 문학을 발전시킨 반면, 이탈리아 작가들은 그러지 못했다고 비판한다. 그 대신 이탈리아에는 문맹자가 많은 남부에서 인기가 많았던 오페라와 대중 가요가 비슷한 역할을 했다고 관찰한다. 바로 그런 점에서 단테의 《신곡》의 대중성을 생각할 필요가 있다. 단테는 많은 사람들이 접하도록 하려고 《신곡》을 일상적이고 대중적인 언어로 구성했고, 언어의 구술적, 청각적 기능을 극대화하여 문자를 이해하지 못하고 책을 구할 수 없었던 당시 대중 사이로 유통시키고자 했다.

285 다플린드는 북유럽의 스칸디나비아반도 북부와 핀란드 북부, 러시

아 북서부에 걸친 지역을 가리킨다. 주로 사미Sámi족이라고 불리는 라플란드인은 언어, 문화, 전통을 공유한다. 사미족은 특히 유목 생활과 순록 사육으로 알려져 있으며, 자연과 밀접한 관계를 맺고 살아왔다.

286 《Il Corriere della sera》, 《La Stampa》, 《Popolo d'Italia》, 이탈리아 신문, 《Secolo》. 그람시가 이 신문들을 볼 수 있도록 허가된 것은 1927년 2월이었다. Antonio Gramsci, *Lettere dal carcere* (Torino: Eianudi, 1975), 1927년 2월 19일. 《태양》은 당시 그람시가 갇혀 있던 감옥의 2,500명 수감자 중 최대 80명 정도만 신청하여 본 신문이다. 정치범을 포함해 대부분의 죄수가 읽은 신문은 《일간 스포츠Gazzetta dello sport》였고, 그다음으로는 《도메니카 델 코리에레Domenica del corriere》(일종의 일요판 신문), 《일 코리에레 데이 피콜리Il corriere dei piccoli》(어린이 신문) 등이 인기가 있었다. 얼마나 체계적인 글을 읽느냐에 따라 문화의식의 견고함의 차이가 드러난다고 보았던 그람시는 그 현상을 신문의 종류에도 적용했다.

287 이 책 60~61쪽을 참조하라.

288 Antonio Gramsci, *Lettere dal carcere*, 1927년 2월 26일.

289 위의 책, 1930년 12월 15일.

290 Antonio Gramsci, *Letteratura e vita nazionale*(Torino: Riuniti, 1975), 15쪽.

291 이는, 앞에서 언급한 대로, 이탈리아 지식인이 코즈모폴리턴적 성격을 지닌다는 사실과 관계가 깊다.

292 Raymond Williams, "Base and Superstructure in Marxist Cultural Theory" (1973), *Problems in Materialism and Culture*(Verso, 1980), 31~49쪽, 43쪽.

293 Raymond Williams, *Marxism and Literature*(Oxford: OUP, 1977), 108쪽.

294 위의 책, 111쪽.

295 르네이트 홀럽,《그람시의 여백》, 정철수 외 옮김(이후, 2000).

296 위의 책, 17쪽.

297 Antonio Gramsci, *Il Risorgimento italiano* (Torino: Einaudi, 1975).

298 Antonio Gramsci, *Lettere dal carcere*, 1931년 9월 7일.

299 그람시의 이런 분석은 20세기 이탈리아에서 국민의 '지적이고 도덕적인 개혁'의 필요성을 역설한 최고의 지성인이자 이론가로서의 모습을 잘 보여준다. 그람시가 주장한 개혁은 근대 이탈리아에서 역사적으로 결여되어 있던 대중의 '국민화'와 국가의 조직화를 실현하는 추동력이었다. 이를 파시즘적으로 이해해서는 곤란하다. 파시즘도 대중주의와 국민화의 특징을 지녔으나, 그람시가 대중의 깨어 있는 의식을 목표와 기준으로 삼아 대중 문학을 평가한 반면, 파시즘은 이른바 '사유하지 않음'을 전제로 대중을 전체화하는 특징을 보였다. 대중 개혁의 부재는 이탈리아의 통일을 수동적이자 미완으로 만든 가장 결정적인 요인이었다. 그람시는 종종 프랑스를 예로 들면서, 프랑스는 대중을 능동적으로 껴안는 대혁명 덕분에 진정한 통일을 이루었다고 말한다. 다음 책을 참조하라. Gervasoni Marco, *Antonio Gramsci e la Francia. Dal mito della modernita alla Scienza della politica* (Unicopli, 1998).

300 생디칼리슴은 국가를 포함한 자본주의 사회 질서를 철폐하면서 생산 단위로 조직된 노동자 조직에 바탕을 두고 사회 질서를 수립하기 위해 노동 계급의 직접 행동을 주장하는 운동을 가리킨다.

301 마키아벨리에 대한 그람시의 글은 다음 책으로 묶였다. *Note sul Macchiavelli, la politica e lo Stato moderno*. (Torino: Einaudi, 1949).

302 Antonio Gramsci, *Lettere dal carcere*, 1931년 7월 3일. 이런 사실은 르네상스와 로마 제국까지 거슬러 올라간다. 이탈리아 지식인이 수행한 코즈모폴리턴적 역할의 연구는 그람시의 주요 연구 주제 중 하나

로서, 마르크스주의 사상에 대한 독창적인 공헌 가운데 하나다. 이 내용은 *Gli intellettuali e l'organizzazione della cultura* (Torino: Einaudi, 1949)와 *Note sul Macchiavelli, la politica e lo Stato moderno* (Torino: Einaudi, 1949)에 주로 수록되어 있다.

303 박상진, 《이탈리아 리얼리즘 문학 비평 연구》(부산외국어대 출판부, 2002) 참조.

304 Antonio Gramsci, *Lettere dal carcere*, 1931년 10월 12일.

305 위의 책, 1928년 11월 19일.

306 루치아노 그루피, 《그람시의 헤게모니론》, 99쪽.

307 그람시의 저서 《지식인과 문화의 조직》 중 〈중국 문화에 대한 짧은 노트〉와 〈일본 문화에 대한 짧은 노트〉를 참조하라.

308 그람시의 이런 입장은 지금도 저명한 엘리트 학자들에게서 공공연히 묻어나는 서구 중심적 사고에서 벗어난 것이라는 점에서 특기할 만하다. 그람시는 객관성, 보편적 진리, 객관적 사실의 수립을 목표로 하는 빈 학파의 논리 실증주의에 맞서 프랑크푸르트학파와의 연대성을 보여주는 동시에, 그를 넘어서 하버마스조차 생각지 못했던 비서구적인 사고방식을 드러낸다. 이는 특히 만초니의 《약혼자들》, 피란델로의 연극, 입센의 〈인형의 집〉과 같은 문학 작품의 사회적 분석에서 출발한 것으로, 에드워드 사이드Edward Said, 호미 바바Homi Bhabha, 가야트리 스피박Gayatri Spivak 등에 의해 제기된, 문화의 차이와 교류를 논하는 탈식민주의 이론에 연결될 수 있다.

309 그람시의 이러한 연구에 비해 1960년대의 이탈리아 작가 파솔리니Pier Paolo Pasolini는 마르크스주의 이념과 가톨릭 종교에 대한 희망을 펼치지 않는다. 파솔리니는 아무 희망이 없는 삶을 완전히 대중적인 형식으로 묘사한다. 그를 통해 파솔리니는 일시적인 위안이나 거짓된 메시지를 거부하고 삶 자체에 의미를 둔다. 예를 들어 파솔리니

의 《폭력적인 삶》(세계사, 1995)에는 어떠한 희망도 없는 로마 하층민의 삶이 그들의 언어로 생생하게 그려져 있다. 이렇게 볼 때 그람시의 영향을 많이 받은 파솔리니에게서 우리는 또 다른 의미를 발견할 수 있다. 그렇다면 그람시는 왜 유효한가? 파솔리니의 몫이 삶의 의미라면, 그람시의 몫은 삶의 변혁이다.

더 읽어야 할 자료들

해제에서 소개된 그람시의 저작들을 포함해 가능한 한 국내에서 구할 수 있는 책들을 소개한다.

스티브 존스, 《안토니오 그람시. 비범한 헤게모니》, 최영석 옮김(엘피, 2022)
그람시의 성장과 지적 형성, 정치적 발전을 요약하여 소개하고, 이어 국민-대중의 개념, 현대 혁명에서 상부 구조가 맡는 역할, 헤게모니의 의미, 지식인의 책무, 포드주의에 대한 대처 등 그람시의 철학과 정치 이론, 문화 이론을 일목요연하게 정리해준다. 대중 문화 연구에서 '그람시로의 복귀'의 중요성과 가치를 짚고, 그람시 연구 자료를 충실하게 제공하여 그람시 입문서로 손색이 없다.

루치아노 그루피, 《그람시의 헤게모니론》, 최광열 옮김(전예원, 1986)
헤게모니 개념은 그람시의 사상에서 가장 중요한 위치를 차지한다. 저자는 이 개념을 다른 주요 개념들과 연관시켜 새롭게 설명하면서 특히 레닌의 사상과 깊은 연계성이 있음을 보여준다. 레닌에서부터 남부 문제, 유물론, 마키아벨리, 크로체, 국민-대중 문학, 그리고 존재와 사고라는 철학의 일반 개념까지 포괄하고 있다. 헤게모니 개념을 둘러싼 여러 문제들에 대한 짧으면서도 적실한 소개서다.

르네이트 홀럽, 《그람시의 여백》, 정철수 외 옮김(이후, 2000)

이 책은 루카치, 브레히트, 벤야민, 블로흐, 메를로 퐁티, 하버마스, 리오타르, 푸코에 이르는 그람시의 문화 이론을 다루고 있다. 그람시의 문화 이론은 후기 자본주의 사회에서 문화가 일상에 미치는 급진적 효과에 대해 적절하게 사고할 수 있는 가능성을 열어준다. 저자는 특히 대중 문학을 새로운 혁명 방식의 중심에 놓았다는 면에서 그람시를 탁월한 마르크스주의자로 평가한다. 그람시의 사상을 해석하고 재구성하면서 현재의 시공간에서 그람시 사상의 실천 가능성과 의미를 재검토한 책이다.

안토니오 그람시, 《감옥에서 보낸 편지》, 양희정 옮김(민음사, 2000)

그람시가 수인으로 지내면서 보낸 편지를 묶은 책이다. 헤게모니와 지식인, 남부 문제, 가톨릭 문제, 리소르지멘토, 이탈리아 문화와 예술 비평 등 그람시가 사유한 거의 모든 주제들이 친숙하고 인간적인 문체로 씌어 있다. 특히 그람시의 일상적 고뇌와 삶의 현장을 엿볼 수 있다는 점에서 살아 있는 그의 육성을 들을 수 있는 가장 적절한 책이다.

안토니오 그람시, 《그람시의 옥중수고 1, 2》, 이상훈 옮김(거름, 1997)

그람시가 1929년 2월부터 감옥에서 쓴 글을 모은 방대한 책이다. 처제인 타티아나 슈호트가 이탈리아 파시스트의 감시를 피해 감옥 외부로 빼낸 글들인데, 처음에는 러시아로 밀반출되었다가 다시 이탈리아에 역수입되면서 세상에 알려지게 되었다. 외부와 단절되고 냉혹한 감시와 검열이 이루어지고 건강이 극도로 악화된 가운데 그람시에게 남은 유일한 실천이었던 지적인 탐구와 기록을 보여주는 대작이다. 그람시 사유의 특징은 모두 이 책에 살아 있다고 할 수 있을 정도로 그의 사상이 집대성된 책으로, 후대의 마르크스주의 발전에 지대한 공헌을 했다.

월터 애덤슨, 《헤게모니와 혁명—그람시의 정치이론과 문화이론》, 권순홍 옮김(학민사, 1986)

이 책은 그람시의 철학이 서구 마르크스주의의 전통을 다시 세우는 데 결정적인 역할을 한다는 주장을 펴고 있다. 그람시의 이론은 비록 체계적이고 완성된 글을 통해 제시되지는 않았지만 엄청나게 혁신적이고 당대의 정치와 문화의 문제점들을 망라한 것이었으며, 특히 헤게모니 개념을 통하여 자본주의와 국가의 상호 메커니즘을 일찌감치 파악하고 대안을 제시했다는 점에서 대단히 선구적인 것이었다고 평가한다.

제임스 졸, 《그람시, 그 비판적 연구》, 이종은 옮김(까치, 1984)

그람시의 생애와 사상을 치밀하게 간추린 글이다. 한 사람의 생애와 사상을 함께 엮어 읽는 것은 그 사람의 의지가 역사와 사회의 제약과 조건에 의해 어떻게 제한되며 또한 어떻게 그것을 극복하는지를 잘 알게 해준다는 점에서 연구의 출발점이라 할 수 있다. 특히 그람시는 20세기의 가장 탁월한 마르크스주의 사상가로서, 인간의 정신과 물질적 조건이 아우러지는 과정을 몸소 실천한 뛰어난 사례로 평가된다. 짧은 책이지만, 그람시의 원전을 토대로 그의 삶과 사상을 아울러 추적함으로써 그람시에 대한 전반적인 통찰을 가능하게 해준다.

칼 보그, 《다시 그람시에게로》, 강문구 옮김(한울, 1991)

마르크스주의를 무엇보다 실천의 철학으로 파악하는 그람시의 입장을 시민 사회와 대중 문학, 그리고 그들이 빚어내는 사회 운동의 차원에서 설명한다. 저자는 그람시의 철학이 마르크스주의를 진보적으로 재해석하면서, 해방 운동으로서의 마르크스주의가 자본주의 사회에서 갖는 전략적 적실성에 주목하고 있다. 특히 저자는 그람시가 마르크스주의의 문화 혁명 이론을 종합적으로 제시하고 있다는 해석을 내린다.

Erika Engstrom and Ralph Beliveau, *Gramsci and Media Literacy: Critically Thinking about TV and the Movies*. (Lexington Books. 2021.)

이 책은 그람시의 문화 헤게모니 이론을 활용하여 지배 이데올로기가 대중 매체를 통해 확산하고 유지되는 과정과 방식을 추적한다. 대중 매체를 독해하는 실제 사례들은 그람시의 이론이 소셜 미디어나 가상 현실과 같은 최신 테크놀로지가 창궐하는 현대 사회에서 문화의 본질과 실제 작동 방식을 분석하고, 일정한 대안적 헤게모니를 창출하는 데 대단히 유용하다는 점을 일깨워준다.

Peter Mayo, *Hegemony and Education Under Neoliberalism: Insights from Gramsci*. (London: Routledge. 2015.)

신자유주의 시대에서 교육에 관련된 그람시의 통찰을 집중적으로 끌어와 재구성한 책이다. 그람시의 이론을 교육 문제에 단순히 적용하기보다는 구체적인 교육 현장에서 일어나는 문제들에 새로운 관점과 도구를 지니고 접근하려는 목표를 제시한다. 나아가 신자유주의의 폐단과 한계를 지적하고 거기에 대항하는 여타의 비판적 교육 사상가들과 그람시의 문화 이론을 비교하고 연결함으로써 통찰의 지평을 더욱 확장해나간다.

David Forgacs·Geoffrey Nowell-Smith (ed.), *Selections from Cutural Writings*, (trans.) William Boelhower(Cambridge: Harvard University Press, 1985)

그람시의 철학과 문화론에 대해 오랫동안 연구한 데이비드 포가치가 편집한 두꺼운 책으로, 여기저기 흩어져 있던 문화에 관한 그람시의 글들을 주제별로 깔끔하게 묶어놓았다. 프롤레타리아 정치와 문화, 미래파, 연극 비평, 피란델로, 단테, 언어와 민속, 국민 국가, 만초니, 대중 문학, 저널리즘과 같은 주제들을 모아 모두 10장으로 구성했다. 복잡한 그람시의 원전에서 문화직인 내용을 체게저으로 분류하고 추출했음은 물론 주제와 관련된 기존의 분석과 의견들을 함께 모았다. 또한 통찰력과 깊이를 갖춘 서문과 주해는 이 책이 그람시의 문화론을 이해하는 데 필수 도서임을 확실히 보여준다.

Gervasoni Marco, *Antonio Gramsci e la Francia. Dal mito della modernità alla Scienza della politica*(Unicopli, 1998)

대단히 철저한 문헌학적 고증을 통해 그람시가 프랑스 문화 및 정치와 맺은 관계를 추적한 책이다. 당대 지식인들의 국경을 넘은 교류의 단면을 엿볼 수 있다. 또한 로맹 롤랑, 소렐, 앙리 바르뷔스, 르낭에 이르는 많은 지식인들을 통해 혁명과 민주주의, 지식인의 역할, 노동자 운동, 사회주의 운동의 모습을 볼 수 있다. 그람시의 전기를 중심으로 그람시의 위상을 정확하게 그려주고(특히 1918년에서 1926년까지), 그람시가 당시 유럽 공산주의 혁명의 주역들 중 하나였음을 보여준다.

옮긴이에 대하여

박상진

한국외국어대에서 이탈리아 문학을 공부했고, 영국 옥스퍼드대에서 문학이론으로 문학박사 학위를 취득했다(2000). 미국 하버드대학교(2006~2008)와 펜실베이니아대학교(2012~2013), 캘리포니아대 버클리 캠퍼스(UC Berkeley)(2019~2020)에서 방문교수로 단테와 비교문학을 연구했다. 부산외대에서 이탈리아 문학과 세계문학, 동서문명비교, 르네상스, 예술사 등을 가르쳤으며, 현재 작가, 번역가, 인문학연구자로 활동하고 있다. 오랫동안 인문학과 비교문학의 기반 위에서 단테를 연구하고 단테에 관해 글을 썼으며, 2020년에 단테 연구 업적을 인정받아 이탈리아에서 제47회 플라이아노(Flaiano) 학술상을 수상했다. 단테의 모든 저서를 번역하고 자세한 주해를 단 '단테 전집'을 준비하고 있으며, 단테와 《신곡》 등 저서들에 대한 해설서, 단테 관련 에세이를 쓰고 있다. 단테의 보편성을 비서구 맥락에서 재고하는 '단테와 세계문학' 프로젝트를 추진하고, 《신곡》을 무대에 올리는 각색 작업도 수행하며, 이탈리아 문학과 예술에 대한 에세이를 쓰거나 번역하는 일을 병행하고 있다.

《이탈리아 문학사》, 《이탈리아 리얼리즘 문학비평 연구》, 《에코 기호학 비판: 열림의 이론을 향하여》, 《열림의 이론과 실제: 해석의 윤리와 실천의 지평》, 《지중해학: 세계화 시대의 지중해 문명》, 《비동일화의 지평: 문학의 보편성과 한국문학》(문체부우수도서), 《단테 '신곡' 연구: 고전의 보편성과 타자의 감수성》(학술원우수도서), 《사랑의 지성: 단테의 세계, 언어, 얼굴》, 《A Comparative Study of Korean Literature: Literary Migration》, 《단테가 읽어주는 '신곡'》, 《단테: 내세에서 현세로, 궁극의 구원을 향한 여행》, 《우리 시대 단테 읽기》, 《단테를 사랑한 예술가들》 등을 썼고, 《신곡》(3권)과 《데카메론》

(3권)을 비롯하여 《보이지 않는 도시들》, 《아방가르드 예술론》, 《근대성의 종말》, 《대중 문학론》, 《수평선 자락》, 《꿈의 꿈》, 《레퀴엠》, 《인도야상곡》, 《귀스타브 도레가 그린 단테 알리기에리의 '신곡'》, 《연기인간》, 《군주론》 등을 옮겼으며, 《지중해, 문명의 바다를 가다》를 엮었다.

대중 문학론

초판 1쇄 발행 | 2025년 7월 8일
초판 2쇄 발행 | 2025년 8월 14일

지은이 | 안토니오 그람시
옮긴이 | 박상진

펴낸이 | 김준성
펴낸곳 | 책세상
등록 | 1975년 5월 21일 제2017-000226호
주소 | 서울시 마포구 월드컵로23길 38 2층 (04011)
전화 | 02-704-1251
팩스 | 02-719-1258
이메일 | editor@chaeksesang.com
광고·제휴 문의 | creator@chaeksesang.com
홈페이지 | chaeksesang.com
페이스북 | /chaeksesang
트위터 | @chaeksesang
인스타그램 | @chaeksesang
네이버포스트 | bkworldpub

ISBN 979-11-7131-163-7 04080
　　　979-11-5931-221-2 (세트)

* 잘못되거나 파손된 책은 구입하신 서점에서 교환해드립니다.
* 책값은 뒤표지에 있습니다.

책세상문고·고전의 세계

- **민족이란 무엇인가** 에르네스트 르낭 | 신행선
- **학자의 사명에 관한 몇 차례의 강의** 요한 G 피히테 | 서정혁
- **인간 정신의 진보에 관한 역사적 개요** 마르퀴 드 콩도르세 | 장세룡
- **순수이성 비판 서문** 이마누엘 칸트 | 김석수
- **사회 개혁이냐 혁명이냐** 로자 룩셈부르크 | 김경미·송병헌
- **조국이 위험에 처하다 외** 앙리 브리사크·장 알만 외 | 서이자
- **혁명 시대의 역사 서문 외** 야콥 부르크하르트 | 최성철
- **논리학 서론·철학백과 서론** G W.F. 헤겔 | 김소영
- **피렌체 찬가** 레오나르도 브루니 | 임병철
- **인문학의 구조 내에서 상징형식 개념 외** 에른스트 카시러 | 오향미
- **인류의 역사철학에 대한 이념** J. G 헤르더 | 강성호
- **조형예술과 자연의 관계** F. W.J. 셸링 | 심철민
- **사회주의란 무엇인가 외** 에두아르트 베른슈타인 | 송병헌
- **행정의 공개성과 정치 지도자 선출 외** 막스 베버 | 이남석
- **전 세계적 자본주의인가 지역적 계획경제인가 외** 칼 폴라니 | 홍기빈
- **순자** 순황 | 장현근
- **언어 기원에 관한 시론** 장자크 루소 | 주경복·고봉만
- **신학-정치론** 베네딕투스 데 스피노자 | 김호경
- **성무애락론** 혜강 | 한흥섭
- **맹자** 맹가 | 안외순
- **공산당선언** 카를 마르크스·프리드리히 엥겔스 | 이진우
- **도덕 형이상학을 위한 기초 놓기** 이마누엘 칸트 | 이원봉
- **정몽** 장재 | 장윤수
- **체험·표현·이해** 빌헬름 딜타이 | 이한우
- **경험으로서의 예술** 존 듀이 | 이재언
- **인설** 주희 | 임헌규
- **인간 불평등 기원론** 장자크 루소 | 주경복·고봉만
- **기적에 관하여** 데이비드 흄 | 이태하
- **논어** 공자의 문도들 엮음 | 조광수
- **행성에 관한 철학적 논구** G W.F. 헤겔 | 박병기
- **성세위언―난세를 향한 고언** 정관잉 | 이화승

책세상문고·고전의 세계

- **문화과학과 자연과학** 하인리히 리케르트 | 이상엽
- **황제내경** 황제 | 이창일
- **과진론·치안책** 가의 | 허부문
- **도덕의 기초에 관하여** 아르투어 쇼펜하우어 | 김미영
- **남부 문제에 대한 몇 가지 주제들 외** 안토니오 그람시 | 김종법
- **나의 개인주의 외** 나쓰메 소세키 | 김정훈
- **교수취임 연설문** G.W.F. 헤겔 | 서정혁
- **음악적 아름다움에 대하여** 에두아르트 한슬리크 | 이미경
- **문사통의** 장학성 | 임형석
- **국가론** 장 보댕 | 임승휘
- **간접적인 언어와 침묵의 목소리** 모리스 메를로퐁티 | 김화자
- **나는 고발한다** 에밀 졸라 | 유기환
- **아름다움과 숭고함의 감정에 관한 고찰** 이마누엘 칸트 | 이재준
- **결정적 논고** 아베로에스 | 이재경
- **동호문답** 이이 | 안외순
- **판단력 비판** 이마누엘 칸트 | 김상현
- **노자** 노자 | 임헌규
- **제3신분이란 무엇인가** E. J. 시에예스 | 박인수
- **법학을 위한 투쟁** 헤르만 칸토로비치 | 윤철홍
- **개인숭배와 그 결과들에 대하여** 니키타 세르게예비치 흐루시초프 | 박상철
- **법의 정신** 샤를 루이 드 스콩다 몽테스키외 | 고봉만
- **에티카** 베네딕투스 데 스피노자 | 조현진
- **실험소설 외** 에밀 졸라 | 유기환
- **권리를 위한 투쟁** 루돌프 폰 예링 | 윤철홍
- **사랑이 넘치는 신세계 외** 샤를 푸리에 | 변기찬
- **예기·악기** 작자 미상 | 한흥섭
- **파놉티콘** 제러미 벤담 | 신건수
- **가족, 사적 소유, 국가의 기원** 프리드리히 엥겔스 | 김경미
- **모나드론 외** G.W.라이프니츠 | 배선복